[수정 제5판]

텍스트언어학의 이해
- 언어학적 텍스트분석의 기본 개념과 방법 -

클라우스 브링커 지음

이 성 만 옮김

[수정 제5판]

텍스트언어학의 이해

– 언어학적 텍스트분석의 기본 개념과 방법 –

클라우스 브링커 지음

이 성 만 옮김

Klaus Brinker

Linguistische Textanalyse
Eine Einführung in Grundbegriffe und Methoden

© Erich Schmidt Verlag GmbH & Co., Berlin 1985

옮긴이 머리말

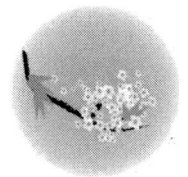

한국에 텍스트언어학이 소개된 것은 1970년대 중반부터로 생각된다. 그러나 진정한 의미에서 텍스트언어학의 이론과 실제가 학자들에 의해 논의되기는 1991년에 한국텍스트언어학회가 창립되면서일 것이다. 텍스트를 언어학적으로 분석할 수 있는 서구의 이론이 처음으로 단행본으로 소개되기는 독일 함부르크 대학교의 텍스트언어학자인 클라우스 브링커의 『텍스트언어학의 이해 - 언어학적 텍스트 분석의 기본 개념과 방법』이 1994년 6월에 출간되면서부터였다.

이 책은 1985년에 독일어로 처음 출판된 이후 2002년에 수정 제5판에 이르기까지 독일어권 대학교에서 명실상부한 텍스트언어학의 기본학습서로 인정받고 있다. 본 역자도 독일유학시절에 이 책으로 텍스트언어학의 기본골격을 배웠다. 귀국 후에 현재의 배재대학교에서 강의를 하게 되면서 우리말로 된 입문서의 필요성을 절감하고 이 책의 제3판(1994년 간)을 한국어로 번역하게 되었다. 지식이 일천하여 적지 않은 오역과 모호한 표현들로 독자들에게 혼란만 가중시킨 꼴이 된 듯하여 노심초사하였음에도 텍스트언어학에 대한 관심이 커지면서 이 역서도 덩달아 많은 독자들을 확보하는 영광을 얻게 되었던 것 같다.

그 동안 이 책은 저자에 의해 여러 번 수정을 거치면서 2002년에 제5판에 이르게 되었다. 이에 본 역자는 이 수정 제5판을 새로 번역하면서 기존 번역에서 미진하였던 용어와 표현들을 가다듬고, 원본의 제시문을 적절하게 우리말로 번역하여 누구나 쉽게 텍스트언어학에 접근할 수 있도록 노력하였다. 이 책은 언어학적 텍스트 분석의 기본 개념과 방법을 총체적으로 제시하고 있는데, 각 주제를 개관하면 다음과 같다.

· 텍스트의 문법적 구성방식
· 텍스트의 주제적 구성방식
· 텍스트의 의사소통적 기능
· 텍스트의 유형화 기준 및 방법

　　언어학적 텍스트 분석은 텍스트 구성과 텍스트 이해의 규칙성을 조망할 수 있는 통찰력을 길러줄 뿐 아니라 낯선 텍스트를 이해하고 스스로 텍스트를 생산할 수 있는 능력을 극대화시켜 줄 것이다

　　번역은 언제나 모험이자 특이한 경험이다. 남의 생각과 사상을 역자의 것으로 소화하여 다시 또 다른 남에게 올바로 전달해야 하는 일은 번역자들만이 겪을 수 있는 고통이 아닐까? 아무튼 이 번 번역에서도 미처 발견하지 못한 잘못이 있을 것이다. 이는 모두 번역자의 몫이다.

　　끝으로 이 책을 선뜻 출판하여 주신 역락출판사의 이대현 사장님과 독자 친화적인 편집에 정성을 기울인 박윤정 디자이너께도 감사드린다.

2003년 12월
이 성 만

차 례

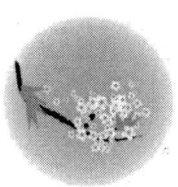

옮긴이의 머리말 ▪ 5

제 1 장 머리말 ———————————————————— 11

제 2 장 텍스트의 개념 ———————————————— 15

2.1 '텍스트'의 일상언어적 사용 ▪ 15
2.2 텍스트의 언어학적인 개념 ▪ 18
    2.2.1 들어가기 / 18
    2.2.2 언어체계 지향적 텍스트언어학의 텍스트 개념 / 19
    2.2.3 의사소통 지향적 텍스트언어학의 텍스트 개념 / 21
2.3 통합적 텍스트 개념의 구상 ▪ 24

제 3 장 텍스트 구조의 분석 —————————————— 29

3.1 들어가기 ▪ 29
3.2 텍스트의 기본 단위로서 문장 ▪ 30
3.3 텍스트 응집성의 문법적 조건 ▪ 37
    3.3.1 재수용의 형태 / 37
    3.3.2 재수용 원리의 의미 / 57

차 례

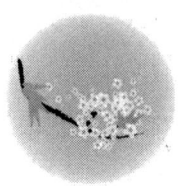

3.4 텍스트 응집성의 주제적인 조건들 ▪ 62

   3.4.1 재수용 관계와 주제적인 텍스트구조 / 62

   3.4.2 프라그 학파의 주제부 - 설명부 개념 / 68

   3.4.3 반 다이크의 거시구조와 초시구조 개념 / 73

   3.4.4 텍스트 주제와 주제 전개 / 77

3.5 주제전개의 기본 모형들 ▪ 88

   3.5.1 기술형 주제전개 모형 / 88

   3.5.2 설명형 주제전개 모형 / 96

   3.5.3 논증형 주제전개 모형 / 103

제 4 장 텍스트 기능의 분석 ─────────────────── 115

4.1 들어가기 ▪ 115

4.2 이론적인 바탕으로서 언어행위 개념 ▪ 117

   4.2.1 언어행위 개념 / 117

   4.2.2 발화수반표지 / 122

   4.2.3 발화수반구조의 분석 / 125

4.3 텍스트 기능 개념 ▪ 129

   4.3.1 텍스트 기능 - 진정한 의도 - 텍스트 효과 / 129

   4.3.2 텍스트 기능의 텍스트 분석적 규정 / 131

차 례

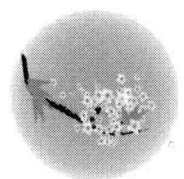

4.4 텍스트의 기본 기능들 ▪ 133

    4.4.1 지금까지의 분류 제안들 / 133

    4.4.2 제보 기능 / 144

    4.4.3 호소 기능 / 150

    4.4.4 책무 기능 / 163

    4.4.5 접촉 기능 / 165

    4.4.6 선언 기능 / 167

4.5 텍스트 기능과 텍스트 구조의 관계 : 예시 분석 ▪ 170

제 5 장 **텍스트 유형의 분석** —————— 177

5.1 문제제기의 설명 ▪ 177

5.2 일상언어에서의 텍스트 유형 ▪ 180

5.3 텍스트 유형의 언어학적인 개념 ▪ 183

5.4 분류 기준들 ▪ 186

    5.4.1 기본 기준으로서의 텍스트 기능 / 186

    5.4.2 맥락적인 기준들 / 187

    5.4.3 구조적인 기준들 / 192

    5.4.4 기준들의 계층화 / 193

5.5 분석 단계의 예시적인 서술 ▪ 195

차 례

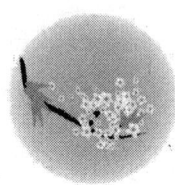

제6장 요 약 —————————————————————— 201

6.1 언어학적 텍스트 분석의 범주와 기준들에 관한 총괄적인 개관
　■ 201

6.2 분석 단계의 개관 ■ 203

참고문헌 ■ 207

한글색인 ■ 223

사항색인 ■ 229

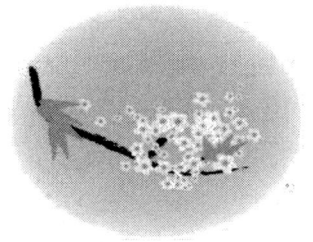

제 1 장   머리말

이 책에서는 언어학적 텍스트 분석의 기본 개념과 방법론을 소개하겠다.

언어학적 텍스트 분석의 목표는 구조, 즉 문법적 구성과 주제적 구성 그리고 구체적인 텍스트의 의사소통적 기능[1]을 규명하고 검증 가능하도록 서술하는 일이다. 이에 따라 언어학적 텍스트 분석은 텍스트 형성(텍스트 구성)과 텍스트 이해(텍스트 수용)의 규칙성을 조망할 수 있는 통찰력을 길러주고 또 자신의 텍스트 능력을 개선하는 데, 다시 말해서 낯선 텍스트를 이해하고 스스로 텍스트를 생산할 수 있는 능력을 촉진시키는 데 도움을 줄 수 있다.[2]

---

1)[*] 의사소통(적) 기능(kommunikative Funktion)에서 '의사소통적'이란 표현은 오늘날 특히 언어학에서 다양하게 번역되어 사용되고 있는데, '커뮤니케이션', '의사소통', '의사전달', '통화', '통보' 등의 표현들이 그러하다. 여기서는 맥락에 따라 '의사소통' 또는 '(의사)소통'의 두 가지 용어를 주로 사용하기로 한다. 그러나 두 용어 사용에서 의미상의 차이는 없다. 아래에서 별표('*')된 각주는 옮긴이의 것임.

2) 물론 이로써 언어학적 텍스트 분석을 위해 얻은 지식들이 바로 생산적인 능력의 확장으로 통한다고 가정하면 안 된다. 텍스트의 규칙 지식을 규칙에 준거한 텍스트 생산으로 곧바로 전환시킨다는 입장은 너무 단순한 생각인 것 같다. - 이 책에서 발전시킨 텍스트 언어학적 분석 장치가 텍스트 생산을 위해 얼마나 효과적으로 사용될 수 있을 것인지에 대해서는 브링커(Brinker, 1988)에서 명시되었다.

이론적·개념적인 관점에서뿐만 아니라 방법론적인 관점에서 보면, 언어학적 텍스트 분석은 비교적 새로운 언어학적 원리인 텍스트언어학을 통하여 규정되고 있다. 텍스트언어학은 구체적인 텍스트의 바탕을 이루는 텍스트 구성의 일반적인 조건과 규칙들을 체계적으로 기술하고 텍스트 수용에서 갖는 이들의 의미를 밝혀내는 일을 주된 과제로 삼고 있다.

텍스트언어학과 관련시켜 보면, 이는 물론 극히 단순화시킨 표현에 지나지 않는다. 이 '텍스트언어학'이란 명칭의 배후에는 부분적으로는 극히 상이한 개념들을 수반한 수많은 텍스트언어학적 방향들이 숨어 있다. 그러나 이들 방향의 공통점은 언어학적 분석의 가장 큰 관계 단위가 문장이 아니라 텍스트라는 입장이다.

이 책의 핵심은 다양한 텍스트언어학적 연구 경향들을 서술하는 일이 아니다. 텍스트 모델들은 이미 수많은 언어학적 출판물들의 서술 대상이었다. 우리는 오히려 일차적으로 응용 중심적인 서술을 꾀하면서 일관성 있는 텍스트언어학적 기술 장치를 통합적인 바탕 위에서 발전시켜 구체적인 텍스트와 텍스트 단편들을 예로 들어 구체화하고자 하였다. 때문에 우리는 이러한 목표와 관련하여 특히 중요한 연구 업적들의 특성을 설명하는 작업에 한정시켰다. 나아가서 그때 그때의 문제를 설정하기 위하여 중요한 문헌은 주석과 문헌 색인의 도움으로 '해결'될 수 있었다.

다음 장의 이론적인 토대로서 우리는 이미 공론화된 텍스트 구조와 텍스트 기능의 구분을 선택하였다. 이 때 문제삼은 것은 복합적 현상인 '텍스트'를 더 정확하게 기술할 수 있도록 학자가 취한 분석상의 구분이다. 구체적인 텍스트, 곧 의사소통 과정에 삽입된 언어 형성체에서 구조와 기능은 그러한 일정한 의사소통 목적에만 이용되는 단위를 이룬다.

텍스트 기능과 텍스트 구조는 언어학적 분석에서는 분리될 수는 있지만, 그렇다고 서로 완전히 따로 떼어 연구해서는 안 된다. 왜냐하면 이들 사이에는 여러 가지 맥락 관계들이 성립하는데, 이러한 관계들을 기술하는 작업이 바로 텍스트언어학의 과제이기 때문이다. 여기서는 규칙적인 관계, 곧 언어적인 행위 체계에 의해 규정된 관계가 전면에 놓이며, 텍스트를 생산하고 수용할 때의 시의적인 심리적 진행 과정은 논의에서 제외된다. 바로 이런 문제를 논의하는 분야가 심리언어학이며, 텍스트언어학은 그런 과정의 중요한 체계 제약적인 전제들을 기술한다.

이 책은 모두 4장으로 구성되어 있다. 먼저 일상언어에서는 텍스트가 어떻게 이해되고 있으며, 다음으로 학문적으로는 '텍스트'라는 단위가 어떻게 정의되고 있는지 간단히 논의하겠다(제2장). 텍스트언어학의 핵심적인 이론적 입장을 서로 연결시키고자 한 텍스트 개념을 배경으로 하여, 제3장에서는 문법적인 텍스트 구성과 주제적인 텍스트 구성(텍스트 구조)의 기본적인 조건들을 논의한 다음, 제4장에서는 의사소통 과정에서 텍스트의 역할을 다룬다. 마지막으로 제5장은 텍스트 유형의 분석을 집중적으로 조명하였다. 이렇게 발전시킨 분석 범주와 분석 기준들은 체계적인 개관의 형태로 요약된다.

이 책은 자습뿐 아니라 독어독문학의 학부 과정과 - 적어도 학습 노선에 따라서는 - 대학 진학반의 독일어 수업에서 사용될 수 있도록 집필하였다.

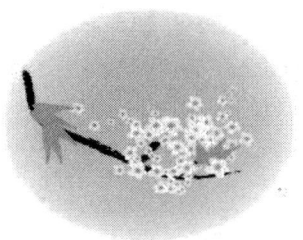

제 2 장   텍스트의 개념

2.1 '텍스트'의 일상언어적 사용

언어학적으로 텍스트 개념을 논의하기에 앞서 먼저 일상언어에서는 텍스트가 어떻게 이해되고 있는지 간단히 살펴보겠다. 언어사용에 관한 이러한 성찰은 특히 다음과 같은 이유에서 텍스트를 학문적으로 연구하는 데 중요한 전제가 됨을 뜻한다. 이미 암시하였듯이, 텍스트언어학의 핵심은 능력 있는 언어참가자가 구체적인 의사소통 상황에서 대개 무의식적으로 처리하는 텍스트 구성과 텍스트 수용의 일반적인 조건들을 기술하는 일이다. 그러므로 일상 소통에서 나타나는 언어 단위들(대개 문장들)의 연쇄를 텍스트로 이해할 것이냐, 아니면 응집력이 없거나 무의미한 문장들의 반복으로 볼 것이냐는 정의 문제를 논의함으로써 기본적인 텍스트화의 토대가 되는 규칙들을 찾아낼 수 있을 것이다. 수용자는 - 임의의 문장들이 공간적, 시간적으로만 긴밀하게 연결되어 있고 순전히 공간적인 자질들을 통해서만 응집력 있는 특징을 보일 때 - 이 임의

의 문장들을 서로 독립된 문장들로, 아니면 개개의 텍스트들로 파악하기보다
는 하나의 텍스트로 해석하는 경향이 있다. 그러나 이 말은 임의의 개별적인
문장 연속체이면 무엇이나 텍스트로 수용된다는 뜻은 아니다.[3] 다음의 두 가
지 예를 살펴보면 이 점이 분명해질 수 있다.

(1) Die Frankfurter Feuerwehr hat ein Gerät vorgestellt, mit dem Menschen aus
bis zu 200 Meter hohen Häusern gerettet werden können. Es ist eine mobile
Seilbahn, die über am Haus befestigte Seile mit einer auf einem Lastwagen
fahrbaren Gondel verbunden ist. Bisher sind Feuerwehrleitern maximal 30
Meter lang.

<인용 : 디 벨트 일간지(Die Welt): 1980. 06. 04.>

프랑크푸르트의 소방대는 200m 높이까지의 집에서 사람을 구조해 낼 수 있는
기구를 소개하였다. 이것은 움직이는 케이블 철로와 같은 것인데, 집에 부착된
케이블을 통해 화물차로 운행할 수 있는 곤돌라와 연결되어 있다. 지금까지
가장 긴 소방대 사다리는 30m이다.

(2) Ich habe leider nicht genug zu lesen. Die Kommission hat den Vorschlag
abgelehnt. In den Ferien bleibt niemand gern zu Hause.

나는 유감스럽게도 읽을 거리를 충분히 가지고 있지 않았다. 그 위원은 제안
을 거절했다. 휴가 중에는 그 누구도 집에 머물고 싶어하지 않는다.

독자들은 (1)을 거리낌없이 텍스트라고 인정할 것이다. 반대로 (2)에 대해
서는 그런 입장을 취하지 않을 것이다. 내용적 · 주제적인 국면에서는 이러한
판단을 다음처럼 설명할 수 있을 것이다. (1)에서는 문장들이 하나의 통일된
주제('새로운 장비')를 통해 서로 연결되어 있다.

문장 [1] : 장비의 성능

---

3) 니켈(Nickel, 1968,15), 프리스(Fries, 1971,220), 반 다이크(van Dijk, 1972,2ff.), 에르머트
(Ermert, 1979,20) 참조.

문장 [2] : 장비의 기능 방식
문장 [3] : 옛날 장비(소방대 사다리)와의 비교

반대로 (2)의 경우 전혀 통일된 주제를 가지고 있지 않다. 문장 [1]은 더 자세히 규정하기가 곤란한 '나 ich'와 관계가 있고, 문장 [2]는 '그 die' 위원회를 논하고 있는데, 어떤 위원회를 두고 말하는 것인지 분명하지 않다. 예 (2)의 경우는 결국 응집력이 없는 문장 연쇄, 이른바 '비(非) 텍스트'와 관련이 있는 것 같다.[4] 언어적인 형성체들이 어떤 언어적 특성들을 보여주어야 하는지를 보다 정확히 밝혀내기 위해서, 일상언어에서 텍스트로 간주되기 위해서는 '텍스트'라는 단어가 어떤 언어적 맥락이나 어법에서 사용되고 있는지 살펴볼 필요가 있다. 현대 독일어 사전들은 '텍스트 Text'의 사용 방식을 다음과 같이 제시하고 있다.[5]

- ein langer, gedruckter Text; einen Text verstehen, vortragen, auswendig lernen, korrigieren, ¨uberfliegen, kommentieren, ¨andern, erg¨anzen, entstellen, ¨ubersetzen …
- den vollen Text einer Rede abdrucken, nachlesen; der Text eines Vertrages, Telegramms, Dramas …
- die Texte zu den Abbildungen schreiben
- ¨uber einen Text predigen
- der Text eines Liedes, einer Oper …

- 길고 인쇄된 글; 어떤 글을 이해하고, 낭독하고, 암기하고, 수정하고, 대강

---

4) '비(非) 텍스트 Nicht-Text'라는 용어를 지나치게 절대적인 의미로 받아들이면 안 된다. 하나의 언어적 형성체를 응집적인 것으로 보느냐 아니냐는 문제는 이 형성체의 구조와 불가분의 관계에 있으며, 수용자의 이해 능력이나 해석 능력에 달려있다. 물론 응집성의 규범이 없는 것은 아니다. 텍스트언어학은 특히 이 규범을 기술하는 일에 관여하기 때문이다. 쿠르츠 Kurz, 1977,273ff.) 참조.
5) 현대 독일어 사전의 예로는 다음을 들 수 있다. Klappenbach/Steinitz(Hg.): WDG. Bd. 5. Berlin 1976, 3724f.; dtv-W¨orterbuch der deutschen Sprache. hrsg. von G. Wahrig. Munchen 1978, 773쪽; Duden-Stilw¨orterbuch der deutschen Sprache. 6. Aufl. Munchen 1971, 680쪽; Duden-DGW(Bd. 6) Munchen 1981, 2584쪽. 아래에서는 참고될 책의 쪽수는 「브링커(Brinker, 1992,3)」과 같은 방식으로 표기하기로 한다.

훑어보고, 논평하고, 고치고, 보충하고, 곡해하고, 번역하다, …
- 어떤 대화의 전문(全文)을 인쇄하고, 읽고 검토하다; 어떤 계약서, 전보문, 드라마 대본, …
- 그림(도해)에 대한 글을 쓰다
- 성경의 어떤 구절에 관하여 설교하다
- 노래, 가극 등의 가사

결코 완전한 것은 아니지만, 위의 목록은 이미 'Text 텍스트'라는 단어의 일상언어적 사용이 전혀 통일적이지 못함을 보여주고 있다. 우리는 이 단어가 "어떤 확실한 규모의 문자적 형성체", "단어음", "언어적인 해설이나 설명문구 (삽화의 설명)", "성경 구절", "음악 작품의 언어 부분" 등과 같은 다양한 의미를 가지고 있다고 단정할 수 있다. 그러나 우리는 두말할 나위 없이 '텍스트는 대개 한 문장 이상을 포괄하는 (문어적으로) 고착된 언어적 단위이다'[6]는 점을 핵심 의미로 볼 수 있을 것이다. 위의 문장 연쇄 (1)과 (2)의 대립에서 분명해 졌듯이, 이 정의는 물론 일상언어에서 하나의 문장 연쇄가 내용적·주제적인 관점에서 응집력이 있는 것으로 해석될 수 있을 때에만 텍스트로 간주된다는 의미로 확장되어야 할 것이다. 따라서 응집성의 자질은 (내용적인 의미에서) 일 상언어적인 텍스트 개념의 토대로 보아야 할 것이다.

2.2   텍스트의 언어학적인 개념

2.2.1   들어가기

텍스트언어학에서는 텍스트를 다양하게 정의해왔다. 그러나 아직 일반적으

---

6) 에르머트(Ermert, 1979,19)도 참조.

로 공인된 정의는 없다. 언제 어디서나 통용될 수 있는 텍스트 정의로서 일반
성을 가진 텍스트 개념을 발전시키는 일이 도대체 가능하냐는 물음도 문제가
있다. 어떤 학문 원리의 대상을 규정하는 일은 (현실적으로) 대상들의 특성에
의해 정해질 뿐 아니라, 특히 학자들의 그때 그때의 연구 목표와 밀접한 관련
을 맺고 있다. 절대적인 텍스트 개념으로는 하나의 이론을 구축하는 과정에서
목표 설정과 대상 규정간의 이러한 상호 의존성을 충분히 고려할 수 없을 것
이다.

넓게 보아서 텍스트언어학의 주된 연구 방향을 두 가지로 구분할 수 있는
데, 이들은 각자 전혀 다른 목표 설정들을 전개시켜 나갔기 때문에, 연구 대상
인 '텍스트'도 서로 다르게 정의하고 있다.[7]

2.2.2 언어체계 지향적 텍스트언어학의 텍스트 개념

(역사적으로 보더라도) 텍스트언어학의 첫 번째 방향[8]은 구조주의 언어학과
생성문법을 거울삼아 발전하였다. 이 언어학적 연구 방향들은 언어체계(랑그,
능력)[9]를 그들 고유의 연구 대상으로 삼아 나름대로 정의하면서, 어떤 그룹이
갖는 언어 소유물, 곧 요소들과 관계들의 개별언어적인 체계라고 이해한다. 간
단히 말하면, 언어체계는 이론적으로 무한한, 구체적인 발화행위(화행) 및 이해
행위의 집합과 이 행위들을 통하여 생겨난 언어 형성체(발화, 텍스트), 곧 언어
사용(파롤, 운용)을 바탕으로 하는 한 언어의 규칙 체계이다. 언어학의 과제는
적합한 (상호 주관적인) 방법(분석 방법, 연산)을 적용하여 각각의 언어 체계를

---

7) 이에 대한 자세한 논의로는 브링커(Brinker, 1973), 퀴퍼(Kuper, 1978), 에르머트(Ermert,
   1979, 19ff.) 참조.
8) 이러한 연구 방향으로는 하르베크(Harweg, 1968), 이젠베르크(Isenberg, 1968), 슈타이니
   츠(Steinitz, 1968), 드레슬러(Dressler, 1973) 등을 꼽을 수 있다.
9) 소쉬르(F. de Saussure)의 랑그 개념과 촘스키(N. Chomsky)의 능력 개념을 동일시하면 안
   된다. 우리에게는 차이점 보다 공통점이 더 중요하다. 다시 말해서, 두 개념은 자율적인
   요인들과 의사소통·화용론적 요인들을 완전히 도외시한 언어 개념에 기초하고 있다.

찾아내거나(구조주의 언어학), 이상적인, 곧 의사소통 국면의 간섭을 받지 않는 청자-화자의 내재적인 능력을 기술하는 일인 듯하다(생성변형문법).

여기서 극히 일반적으로만 제시한 두 가지 언어학적 (연구) 방향들은 수십 년간 문장을 가장 큰 언어학적 관련 단위로 보았다. 구조주의 언어학은 거의 예외 없이 문장의 구조 분석과 기술, 특히 문장 층위에서 언어적 단위들(이를 테면, 문장성분, 형태소, 음운)을 분할하고 분류하는 일에 매달렸다. 생성변형문 법은 연구 대상인 언어 능력을 임의의 많은 문장들을 형성(생산)하고 이해하 는, 한 언어의 능력 있는 화자 능력이라고 정의하면서, 한 언어의 (무한한) 문 장 집합을 생성할 수 있는 규칙 체계의 형식을 택하고 있다.

60년대 중반에 이른바 텍스트언어학이 탄생하면서 비로소 언어학적 연구 를 문장 범위에 국한시킨 데 대한 기본적인 비판이 나타났다.[10] "가장 크고 독립적인 언어 단위", 곧 일차적인 언어적 기호는 문장이 아니라 텍스트이기 때문에, 언어학적 분석은 지금까지 수행된 것보다 더 적극적으로 텍스트를 지 향해야 한다는 주장이 나타났다.[11] 물론 현행의 언어이론적 원리들에 대한 근 본적인 수정은 이러한 필요성과는 무관하다. 이 방향의 텍스트언어학은 (이전 의 '문장 언어학'처럼) 명시적으로 '랑그'나 '능력'의 언어학이라고 해석되고 있 는데, 그 이유는 이때까지 수용된 언어체계적인 단위들(음운, 형태소/단어, 문장 성분, 문장)의 계층구조는 '텍스트'의 단위로 확장되었을 뿐이다. 바로 여기서 분명히 알 수 있는 것은 단어 형성과 문장 형성뿐 아니라 텍스트 형성(텍스트 구성)도 언어의 규칙 체계를 통하여 통제되며, 일반적인 규칙성, 곧 언어체계 적으로 설명되어야 할 규칙성에 근거한다는 점이다.

---

10) 전통문법과 구조주의 문법은 이미 문장들의 텍스트 구속성(Textgebundenheit)을 배경삼 아 무수히 많은 논의를 전개하였다(예: 조응 관계(Anaphorik), 관사 선택, 문장성분 위 치, 시제 선택, 등위접속과 종속접속). 그러나 여기서는 텍스트가 일정한, 고립적으로 채택된, 문장의 경계를 넘어서는, 문법화되었거나 어휘화된 언어적인 지시 관계를 기술 하기 위한 맥락으로서만 기능을 하였는데, 텍스트 자체를 논의의 주제로 삼지는 않았 다. 문법의 서술에서 문장 경계를 넘어서면서 맥락문들(Kontextsätze)을 포함시키고 있 기는 하지만, (명시적인 텍스트 이론의 의미에서 보면) 아직 '텍스트'의 문제는 거의 논 의되지 않았다. 브링커(Brinker, 1971,217ff.) 참조.

11) 이를테면, 드레슬러(Dressler, 1970,64), 하르트만(Hartmann, 1964; 1971)과 브링커(Brinker, 1971,217) 참조.

언어체계 지향적 텍스트언어학은 이러한 일반적인 원칙들을 찾아내어 체계적으로 기술하는 데 그 목적이 있다. 이는 이론적·개념적인 관점에서 뿐 아니라 방법론적인 관점에서도 구조주의와 생성변형문법에 기원을 둔 문장 언어학의 정의들을 광범위하게 끌어들이고 있다. 이런 관계는 텍스트 개념에서 극명하게 나타나는데, 텍스트는 '문장들의 응집력 있는 연속체'라는 정의가 그러하다. 그러나 이는 문장이 예전처럼 언어적 단위의 계층구조에서 '초석(礎石)'으로 간주되고 있음을 의미하는데, 문장을 텍스트의 구조 단위로 보는 점이 그러하다.[12] 이런 구상의 핵심은 텍스트언어학의 중심 개념인 텍스트 응집성이 순수 문법적으로 파악되고 있다는 점이다. 이 개념은 이러한 텍스트언어학적 연구 방향에서는 오로지 문장들과 연속하는 문장들의 언어적 요소들(단어, 단어그룹들) 간의 통사론적·의미론적 관계만을 특징지은 것이다. 우리는 이 점을 3.3절에서 자세히 논의하겠다.

2.2.3 의사소통 지향적 텍스트언어학의 텍스트 개념

텍스트언어학의 두 번째 (1970년대 초에 발생한) 연구 방향 - 우리는 이것을 "의사소통 지향적 텍스트언어학"이라 부르겠다 - 은 첫 번째 연구 방향에 비판을 가했는데, 이에 따르면, 언어체계 지향적인 텍스트언어학은 텍스트를 고립된, 정적인 대상으로 다루었을 뿐 아니라, 텍스트가 항상 의사소통 상황에 삽입되어 있으며, 또한 화자/저자와 청자/독자가 언제나 그들의 사회적, 상황적인 전제와 관계를 이용하여 가장 중요한 부문들을 서술하는 구체적인 의사소통 과정 안에 있다는 점을 들어, 첫 번째 연구 방향이 논의의 대상 영역을 지나치게 이상화시켰다는 입장이다.

의사소통 지향적 텍스트언어학[13]은 언어 화용론을 거울삼아 발전한 것이

---

12) 예: 하르베크(Harweg, 1968,9ff.), 이젠베르크(Isenberg, 1970,1), 슈타이니츠(Steinitz, 1968, 247), 드레슬러(Dressler, 1970,64ff.), 다네쉬(Danĕs, 1970,72).

13) 예: 이젠베르크(Isenberg, 1970), 슈미트(Schmidt, 1973), 칼마이어 외(Kallmeyer et al.,

다. 언어 화용론은 일정한 의사소통 공동체의 의사소통 파트너들 간의 언어
적·사회적 상호소통 조건들을 기술하고 설명하는 데 목적이 있는데, 언어이
론적 관점에서는 특히 영국의 언어철학에서 발전된 화행론(J. L. 오스틴, J. R.
서얼)의 도움을 받고 있다. 화용론적인(화행론적인) 관점에서 보면, 텍스트는 이
제 더 이상 문법적으로 연결된 문장 연쇄가 아니라 (복합적인) 언어행위로 나
타난다.14) 화자/저자는 이 언어행위를 이용하여 청자/독자와의 일정한 소통 관
계를 산출해 내고자 한다.15) 그러므로 의사소통 지향적 텍스트언어학은 텍스
트가 의사소통 상황 속에서 설정될 수 있고 또 실제로 설정되고 있는 목적에
대해 질문한다. 간단히 말하면, 의사소통 지향적 텍스트언어학은 텍스트의 의
사소통 기능을 연구한다. 의사소통 기능은 어떤 텍스트의 행위 특성을 규정짓
는다. 이것은-극히 잠정적인 표현이기는 하지만-생산자(화자/저자)16)가 텍스
트를 이용하여 수용자에 대해 표현하는 의사소통적 접촉 방식(예: 제보적 또는
호소적)이다. 바로 이 의사소통 기능은 텍스트에 일정한 "의사소통적 진의(眞
意, sense)"를 부여해준다.

우리는 텍스트 개념을 화용론적 개념인 "화행(언어행위)"과 "의사소통 기
능"에 연결시킴으로써 랑그와 빠롤, 언어능력과 언어수행의 구분에 근본적인
수정을 가할 필요가 있다. 언어체계나 언어능력 개념은-이 개념은 언어체계
지향적 텍스트언어학의 단계에서 중요한 역할을 하였다.-이제 의사소통 능력

1974), 잔디히(Sandig, 1973; 1978), 이젠베르크(Isenberg, 1976) 등.
14) 이를테면 슈미트(Schmidt, 1973,149ff.), 잔디히(Sandig, 1973,20), 잔디히(Sandig, 1978,
   69f.,99ff., 157f.), 반 다이크(van Dijk, 1980,90ff.), 로제니랜(Rosengren, 1980, 275ff.) 참조.
15) 이런 맥락에서 흔히 '텍스트(Text)'와 '의사소통행위(Kommunikationsakt)'가 구분된다.
   예를 들어 슈미트(Schmidt, 1973)는 "의사소통행위를 어떤 의사소통 상황에서 언어적,
   언어적·사회적, 비언어적인 구성성분들 간의 복합적인 관계"(앞책,124)라고 정의한다.
   반대로 텍스트 개념은 언어적으로 규정되고 있다: "텍스트는 주제 지향적이고 인식 가
   능한 의사소통적 기능을 충족시키는 의사소통 행위놀이에서 어떤 의사소통행위의 발
   화된 언어적 구성성분들의 총체"(앞책,150)이다. 그러므로 의사소통행위는 바로 텍스트
   의 상위 단위이다.
16) "Emittent(생산자)"라는 용어는 글린츠(Glinz, 1877,17)가 도입한 것으로, 텍스트가 근거
   로 삼는 인물, 곧 저자(Autor), 편찬자(Herausgeber), 위임자(Auftraggeber) 따위를 나타
   낸다.

개념으로 확장된다. 예를 들어 분덜리히는 이 개념을 의사소통에서 언어적 발화의 도움으로 나타나는 화자 능력이라고 정의한다.[17] 이에 따라 의사소통능력은 구체적인 의사소통 상황에서 언어능력의 현실화를 규정해주는 구조와 규칙을 포괄한 개념이다.

여기서 우리는 의사소통능력 개념에 관한 극히 다양한 논의들을 더 이상 추적할 수는 없다.[18] 언어능력과 의사소통능력과의 관계는 총체적인 의사소통 행위 이론의 범위 안에서도 충분히 기술·설명될 수 있다. 학제적인 기반 위에서 비로소 가능한 그런 이론은 아직 제시되지 않고 있다. 지금까지는 단지 부분적으로 극히 다양한 일련의 연구 방향들이 제시되었을 뿐이다. 그러나 그동안 언어체계 지향적 텍스트언어학을 의사소통·화용론적 부문에 단순히 첨가시켜 확장해서는 적절한 텍스트언어학적 기술 모델에 이르기가 거의 불가능하다는 사실이 밝혀졌다. 오히려 언어체계 지향적 텍스트 모델이 화용론적 또는 행위이론적 연구 방향에 통합되어야 할 것이다. 왜냐하면 화용론적 방향이 텍스트언어학의 가장 포괄적인 국면을 제시해준다는 점에서 전체적인 텍스트 분석의 연구 과정에서 지배적인 의미는 당연히 화용론적 방향에 귀속되기 때문이다. 이미 텍스트 생산 과정을 피상적으로나마 눈앞에 그려보면, 언어적 수단의 선택(문법적인 국면)과 주제 또는 텍스트 주제의 전개(주제적인 국면)가 의사소통적으로 통제를 받는다는 점을 알 수 있다. 다시 말해서 이 국면들은 생산자의 의사소통적 의도와 사회적인 상황 부문, 이를테면 제도적인 범주, 파트너 관계의 방식(예: 역할 관계, 안면 정도, 파트너 평가(예: 수용자의 지식과 가치 기반에 관한 가정) 등을 통해 통제를 받는다. 이러한 관계들은 여전히 밝혀지지 않고 있다.

---

17) 분덜리히(Wunderlich, 1970,13) 참조.
18) 이에 대해서는 Hafele(1979:9ff.) 참조. 그는 이른바 다(多)능력 모델(Mehrkompetenz-modell), 곧 언어능력에 첨가식으로 의사소통능력을 부가시키는 모델들의 결함을 자세히 다루고 있다. "우리는 언어적인 행위를 수행할 때 한 편으로 문장을 형성하고 다른 한 편으로 화행을 수행하는 식으로 두 번 행위를 수행하는 것이 아니라 문장을 발화함으로써 한 번만 행위하기 때문에, 능력 이론은 문장형성 능력이 이미 포함된 언어적 행위능력을 기술할 필요가 있다."(앞책,9).

2.3 통합적 텍스트 개념의 구상

우리는 위에서 소개한 텍스트언어학의 두 가지 기본입장, 곧 언어체계 지향적 방향과 의사소통 지향적인 방향의 대안 개념이 아니라 상보적인 개념으로 보아야할 뿐 아니라, 서로 밀접하게 연관시킬 필요가 있다. 이 때 의사소통·화용론적 방향이 - 이미 암시하였듯이 - 이론적·방법론적인 지배 원리가 되어야 할 것이다.

이러한 견해를 염두에 둔 것은 텍스트를 언어적인 단위이자 의사소통적인 단위로 기술할 수 있게 하는 '텍스트 개념' 뿐인데, 다음의 텍스트 정의는 이 조건과 일치한다: '텍스트'는 자체적으로 응집적이고, 전체로서 인지 가능한 의사소통 기능을 알려주는 언어 기호들의 한정된 연속체를 말한다. 이 정의는 일련의 정의들을 내포하고 있는데, 자세한 설명이 필요하다.

'언어적인' 관점에서 보면, 단위 '텍스트'는 언어 기호의 연쇄라는 특징을 갖는다. 이러한 규정에 기초가 되는 것은 소쉬르의 이원적 단위, 곧 언어 기호의 개념인데, 이는 시니피에(피지시어, 의미, 내용)와 시니피앙(지시어, 형태, 표현)의 고정된 결합이다.[19] 우리는 단순 (기본) 기호(예: 형태소, 때로는 단어)와 복합 기호(예: 단어 그룹, 문장)를 구별하기로 한다.

텍스트의 가장 중요한 구조 단위는 '문장'일 것이다. 이것은 비교적 작은 언어적 형성체들(예: Feuer! [불이야!], Hilfe! [도와주세요!] 같은 한 단어 발화나 'Das Betreten der Baustelle ist verboten! [건설 현장 출입금지!]' 같은 한 문장 발화)도 일정한 상황 조건 아래에서 의사소통적 의미에서의 텍스트로서 기능을 할 수 없음을 말해주는 것은 결코 아니다. 그러나 아래에서는 이러한 형성체들은 논의에서 제외할 것이다. 왜냐하면 텍스트언어학은 특히 문법적, 주제적

---

19)* 이에 대해서는 브링커(Brinker, 1977,15ff.) 참조. 브링커(Brinker, 1992)는 피지시어를 '재수용할 표현', 지시어를 '재수용된 표현'이란 용어를 선택하고 있는데, 이는 하르베크(R.Harweg)의 '피대치어(Substituendum)'와 '대치어(Substituens)'의 개념과 비교될 수 있다.

관점에서 고도의 복합성 정도를 보여주는 텍스트에 관심이 있기 때문이다. 따라서 언어학적 텍스트 분석의 대상 영역은 문장 연쇄로서 나타나는 본질적인 텍스트에서 형성된다('문장'단위의 정의에 대해서는 아래의 3.2절 참조).

'응집력 있는' 기호 연쇄나 문장 연쇄만을 텍스트라고 부른다고 규정함으로써 지금까지의 텍스트언어학적인 논의에서 핵심적인 역할을 해 온, 앞서 언급한 텍스트 응집성 개념이 주목받고 있다.[20] 그러나 이 개념은 가끔 너무 폭넓게 사용되고 있어서 정확하게 정의되지 못하고 있다. 아래에서는 문법적인 응집성 조건과 주제적인 응집성 조건을 구분하여 논의하겠다(아래의 3장 참조).

'의사소통적' 관점에서 보면, 단위 '텍스트'는 화행론(오스틴, 서얼, 분덜리히)의 발화수반행위 개념에 초점을 둔 의사소통 기능 개념을 통하여 그 특색이 분명해진다. 의사소통 기능(텍스트 기능) 개념은 텍스트언어학의 첫 번째 단계의 문법 지향적 텍스트 개념('텍스트는 문장들의 응집력 있는 연쇄이다')을 제한함으로써 이 개념을 의사소통 도구나 행위 도구인 언어의 상위 개념에 편입시킬 수 있도록 해준다. 이 말은 응집력 있는, 곧 문법적, 주제적으로 결합된 문장 연속체가 여전히 텍스트다움[21]의 기준을 충족시키지 못하고 있다는 견해를 이면에 깔고있다. 왜냐하면 이러한 기준은 이 문장 연쇄가 의사소통 상황 안에서 얻어지는 의사소통 기능을 통하여 비로소 충족되기 때문이다.

텍스트 기능의 개념은 제4장에서 더 자세히 분석될 것이다.

---

20) 몇몇 텍스트언어학 논문에서는 응결성(Kohasion)과 응집성(Koharenz)을 구분한다(예: 보그랑드와 드레슬러(Beaugrande/Dressler, 1981,3ff.). "응결성"은 일정한 문법적인 수단들을 통한 텍스트의 표층 요소들 간의 연결을 의미한다면(할리데이와 하산(Halliday/Hasan, 1976도 참조), "응집성"은 텍스트의 개념적인 결속 관계, 곧 개념과 관계의 기본적인 정세를 나타낸다. 그러나 이러한 구분은 불필요하다. 이러한 구분이(누스바우머(Nussbaumer, 1991, 102ff.)에서와 같이) 이전의 텍스트언어학을 순수한 "응결성 언어학(Kohasionslinguistik)"으로 낙인찍는 일에 사용될 경우에는 논란의 여지가 있을 수 있기 때문이다. 텍스트 응집성의 명시적인(형태론적·통사론적인) 형태와 함축적인(의미적·인지적인) 형태의 긴밀한 관계는 애초부터 인식되었다(이에 대해서는 브링커(Brinker, 1971) 참조). 이 책에서는 다양한 국면(문법적, 주제적, 화용론적; 명시적, 함축적 따위)에 따라 구별되는 포괄적인 응집성 개념에 근거하겠다.

21) 텍스트언어학에서는 언어적 형성체를 충족시키는 일반 조건들이 '텍스트다움' 또는 '텍스트다움'이라는 개념으로 요약되고 있다. 슈미트(Schmidt, 1973,144ff.), 딤터(Dimter, 1981, 1ff.), 보그랑드와 드레슬러(Beaugrande/Dressler, 1981,3ff.) 참조..

텍스트가 '제한된' 문장 연쇄임을 명시해준다는 규정은 이른바 텍스트 경계 신호를 두고 하는 말이다. 이 때 관심의 대상은 일정한 언어적인 수단과 비언어적인 수단들이다. 텍스트 시작이나 텍스트 종결을 나타내는 언어적인 신호에 속하는 것으로는 이를테면 제목, 책이름, 일정한 도입 양식과 종료 양식이 있다. 비언어적인 수단으로 특히 일정한 인쇄 배열 규약(제목, 행간 할당치의 철자 크기) 및 구두 텍스트에 국한된 발화휴지(물론 경계 기준으로서 언제나 분명한 것은 아님) 등을 들 수 있다. 이러저러한 텍스트 경계 신호들은 생산자에게 자립성과 종료성의 성격을 갖는 기호나 문장들의 연쇄임을, 간단히 말해서 생산자가 텍스트로 이해했다고 생각하는 기호나 문장들의 연쇄임을 분명히 해주는 징후이다.

끝으로, 우리가 제안한 텍스트 정의를 일상언어적 텍스트 의미와 비교해 보면 다음과 같은 두 가지 확증을 얻게 된다.

- 일상언어적인 사용과는 달리, 언어학에서 말하는 '텍스트'는 문자적(문자로 구성된) 언어 형성체일 뿐 아니라 구두적(말로 된) 발화이기도 하다. 물론 의사소통 방향에 따라 어떤 제약이 가해질 수 있다. 즉, 언어학적 텍스트 분석은 주로 '독화적' 텍스트(한 명의 저자나 화자)를 연구한다. 반대로 '대화적' 언어 형성체(대화)은 텍스트언어학에서는 거의 연구되지 않고 오히려 언어학의 새로운 부분 원리인 대화 분석22)에서 활발히 연구되고 있다. 이처럼 논의의 대상을 (문자적 형태나 구두적 형태의) 독화적 텍스트에 한정시킨 이유는 독화적 텍스트와는 달리 대화에서는 보통 다수의 의사소통 참가자들의 발화들만 응집력 있는 언어 형성체를 형성한다는 사실 때문이다. 그러나 위에서 제안한 텍스트 정의의 근간이 되는 의사소통 기능 개념은 일차적으로 개별 화자나 저자와 관련된 것이다(이에 대해서는 아래의 4.3절 참조). 따라서 텍스트 개념을 대화적 소통에 응용하는 것은 적어도 문제가 있는 듯하다.

---

22)* 이에 대해서는 람게(Ramge, 1978), 헤네와 레복(Henne/Rehbock, 1982), 브링커(Brinker/
Sager, 1989), 프랑케(Franke, 1990), 프리츠와 훈츠누르서(Fritz/Hundsnurscher, 1994)
참조.

아래에서는 '문자로 구성된' 독화적 텍스트에 전념할 것이다. 이에 따라서
- 3장의 몇 가지 예외를 간과하면 - 비문학적 텍스트, 이른바 '실용 텍스트'가
주로 논의된다.[23)]

- 위에서 제시한 텍스트 정의는 의사소통적인 국면을 더 강조하고 있다. 의사
소통적인 국면은 그러나 '텍스트'라는 단어의 일상언어적인 사용에 적어도
함축적으로 내포되어 있다. 왜냐하면 일상언어에서도 이러한 문장 연쇄들만
을 언어 참가자들이 의사소통적인 "내포의미"를 부여할 수 있는 텍스트라고
일컫고 있기 때문이다.

---

23) '실용 텍스트'란 보통 "독특한 심미적·문학적인 주장"과는 무관한 텍스트를 말한다(딤
터 Dimter, 1981,35). 물론 문학적인 텍스트와 실용 텍스트들, 이를테면 이른바 편지,
비망록, 수필, 설교 따위의 실용 텍스트들 사이에는 항상 엄격한 경계를 설정하기가 어
렵다는 점에 주의할 필요가 있다(이에 대해서는 벨케(Belke, 1973) 참조). 이른바 문학
적인 텍스트에 더 역점을 두기 위해서는 논란의 여지가 있는 문학성(Poetizität)이나 심
미성(Ästhetizität)의 개념에 대한 논의가 필요한데, 이 책의 범위에서는 논의하기 곤란
하다.

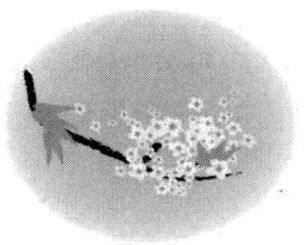

제 3 장   텍스트 구조의 분석

우리는 텍스트를 언어적인 단위이자 의사소통적인 단위라고 특성화하였다. 이 장에서는 언어적인 국면이 논의의 전면에 놓인다. 말하자면 논의의 핵심은 텍스트 구조를 기술하는 일이다. 텍스트 구조는 텍스트의 직접 구성성분인 문장이나 명제들 사이에 성립하는데, 텍스트의 내적 관계, 곧 텍스트의 응집성에 영향을 미치는 관계들의 조직망이라고 이해된다.

우리는 서로 긴밀한 관계에 있는 문법적 층위와 주제적 층위의 두 가지 층위에서 텍스트 구조를 기술하겠다.

'문법적' 기술 층위에서는 '문법적 응집성', 다시 말해서 텍스트 결속 관계에 관여적인, 텍스트의 연속하는 문장들 간의 통사론적·의미론적 관계를 연구한다. 이 관계를 산출하는 다양한 언어적인 수단들 중에서 우리는 재수용 원리가 텍스트의 구성과 응집성에 특히 중요하다는 점을 지적하였다. 이것은 텍스트언어학의 초기 단계에서 연구의 핵심을 이루었는데, 오늘날에도 텍스트 언어학적 논의에서 여전히 의미 있는 역할을 하고 있다.[24] 우리는 이처럼 중 요한 텍스트 결속 방식을 3.3절에서 기술하겠다.

'주제적인' 층위에서는 텍스트가 문장에 표현된 사태들(문장 내용, 명제들) 사이에서 만들어 내는 인지적인 결속 관계를 분석한다.

우리는 텍스트 내용(텍스트의 '전체 정보')이 "유도 과정"의 결과, 즉 일정 한(마지막으로 의사소통적으로 제어된) 원칙에 따라 핵심 내용("기본 정보", 곧 일상언어적인 의미에서의 주제)이 전개된 결과로 이해될 수 있다는 점에 근거 한다(3.4절).

3.5절에서는 주제전개의 몇 가지 기본 형태들을 자세히 다루겠다.

텍스트의 개별 명제들과 명제 복합체들이 (핵심 내용으로서) 주제화되는 논 리적·의미론적 관계를 기술함으로써 텍스트의 주제적인 구조가 밝혀진다.

텍스트의 문법적, 주제적인 구조 원칙을 자세히 논의하기 전에 먼저 텍스 트의 기본 단위인 "문장"을 보다 정확하게 규정할 필요가 있다.

3.2 텍스트의 기본 단위로서 문장

문법적인 관점에서 보면, 문장은 텍스트의 핵심적인 구조 단위로 간주된 다. 그러면 이 단위가 텍스트 분석에 적합한 토대를 제공할 수 있기 위해서는

---

24) 참고문헌에는 이 원리에 대한 상이한 용어들이 발견되고 있는데, 이를테면 '공지시 관 계'(이젠베르크(Isenberg, 1970), '대명사화'(브라운뮐러(Braunmüller, 1977), '결합적 대 치'(하르베크(Harweg, 1968), '지시 관계'(칼마이어 외(Kallmeyer et al., 1974)가 그러하 다. 그러나 이 표현들은 용어상의 차이만을 문제삼고 있는 것은 아니다. 부분적으로는 개념상의 차이점들도 어떤 언어 이론과 텍스트 이론을 배경 삼아 논의되느냐에 따라 상이한 용어와 접목되고 있다. 여기서는 이 점에 대하여 더 이상 논의하지 않겠다. 텍 스트의 지시 관계에 대해서는 최근의 파터(Vater, 1991)도 참조.

"문장"이라는 단위가 어떻게 정의되어야 할 것인지 묻지 않을 수 없다. 이 물음은 언어학자들을 부끄러운 지경으로 몰아넣고 있다. 왜냐하면 지금까지 언어학에서는 일반적으로 수용할만한 문장 정의를 발전시키는 일에 만족할 만한 성공을 거두지 못했기 때문이다. 우리는 텍스트를 문장들로 분할하기 위해서는 - 적어도 문자어가 바탕이 될 경우 - 구두점에 근거한다고 말할 수도 있을 것이다.25) 규약에 따라 단락/문단과 텍스트의 비교적 큰 관계 망 안에서 상대적인 자립성과 종결성이 부여된 단위들은 다음 단어를 대문자로 써야 하는 마침표, 느낌표, 물음표를 통하여 구분된다고 규정되어 있기 때문이다. 그러므로 문장은 마침표나 물음표나 느낌표 다음에서는 대문자로 시작해야 된다는 규약에 따라 어느 정도 자립적인 단위임을 나타내는 '조각 텍스트'이다. 물론 문장 부호 관례를 적용하는 데에는 너무 경미하게 평가되어서는 안 되는 어떤 여지가 있다. 우리는 드물지 않게 문장 부호가 아주 자유롭게 사용되거나 전혀 사용되지 않는 텍스트(이를테면 선전 텍스트나 시(詩) 같은 문학 텍스트)를 만나게 되는데, 이런 사용법에서는 특수 효과를 겨냥할 수 있다.

텍스트의 구두점은 말하자면 원칙적이면서도 일반적으로 무엇이 문장으로 간주되어야 하느냐가 아니라, 저자가 자기의 텍스트를 어떻게 분할하려 했느냐는 데 대한 정보를 제공해 줄 수 있다. 그러므로 위에서 도입한 문장 부호들(그 다음에 오는 단어를 대문자화해야 하는 마침표, 물음표, 느낌표)은 저자에게는 상대적인 자립성과 종결성의 특성을 가진 텍스트의 조각이다.

끝으로, 구두적인 텍스트에는 이러한 비 학문적인(즉, 일상언어적인) 방식의 문장 개념이 적용될 수 없다. 구두적인 텍스트는 다른 자질들에 따라 분할되기 때문이다. 구두점에 근거한 문장 개념은 잠정적일 뿐인데, 다시 말하면 언어적 자료의 일차적인 분할 작업에 이용될 수 있을 따름이다. 이런 의미에서 우리는 이 문장 개념을 아래의 텍스트 분석에서도 적용하겠다. 그러나 명확성을 기하기 위하여 '문장'이란 명칭 대신 '텍스트 분절문' 또는 간단히 '분절문'이라 부르기로 한다.

문법적인 문장 개념을 발전시키기 위해서는 이미 언급한 언어 기호의 이

---

25) 글린츠(Glinz, 1975, 26f.)가 그러하다.

원성의 의미에서 문장의 표현 면과 내용 면을 구분할 필요가 있다.

먼저 일차적으로 표현 지향적인 문장 정의를 생각해 보기로 한다. 이를 위하여 루시앙 떼니에르로 소급되는 의존 문법이나 결합가 문법을 끌어들여 보자.26) 결합가 모델을 토대로 하면, 문장은 구조상의 핵인 동사(서술어)와, 경우에 따라 이 "기본적인" 동사와 일정한 종속 관계에 있는 일련의 문장성분 지위들(주어, 목적어, 부사어 등)로 구성된 언어적인 단위라고 정의될 수 있다. 이에 따라 문장은 단순 문장이나 부분 문장(이른바 문장 접속에서의 주문장과 성분문장)의 형태로 실현되어 있을 수 있다. 이러한 문법적인 문장 정의와 구두점에 근거한 문장 개념간의 차이는 클라우디우스(M. Claudius, 1740~1815)의 다음 시구에서 매우 적절하게 구체화될 수 있다.

(1) Der Mond ist aufgegangen, die goldnen Sternlein prangen am Himmel hell und klar; der Wald steht schwarz und schweiget, und aus den Wiesen steiget der weiße Nebel wunderbar.

달이 떴고, 황금빛의 작은 별들은 하늘에서 밝고 맑게 빛났으며, 숲은 어두움으로 뒤덮여, 침묵하고, 그리고 초원으로부터 하얀 안개가 말할 수 없이 아름답게 피어오른다.

구두점의 관점에서 보면, (1)은 하나의 문장만 제시된 셈이다. 그러나 문법적인 관점에서는 적어도 4개의 (부분) 문장들을 구별할 수 있다.27) 그래서 문법적인 결속 관계를 분석하여 이 문장들이 '전체 문장'에서 어떤 방식으로 접속되어 있는지 제시할 수 있다. 여기서 문제되는 것은 서로 병렬되어 있는 단문들의 연쇄인데, 맨 마지막 문장은 병렬 접속사 'und(= and 그리고)'로 연결

---

26) 의존 모델과 결합가 모델에 대해서는 브링커(Brinker, 1977, 4.3장) 참조.

27) 세 번째 부분 문장이 두 개의 동사(stehen[서 있다]과 schweigen[침묵하다])를 포함하고 있어서 생각하기에 따라 주어 der Wald[숲]를 반복할 수 있기 때문에(명시적인 형태로는: der Wald steht schwarz und (der Wald) schweigt.)[숲은 어두움으로 뒤덮여 있고 그리고 (숲은) 침묵하고 있다.] 다섯 개의 문장으로 구성되어 있다고 볼 수도 있을 것이다. 이 견해를 따른다면, 접속사 und[그리고]를 통하여 연결된, 병렬 관계에 있는 두 문장이 문제된다.

되어 있다. 전통문법은 이런 현상을 '문장접속'이라 부른다.[28]

이제 텍스트 (1)에 다음처럼 문장 부호를 설정할 수 있을 것이다.

(1a) Der Mond ist aufgegangen. Die goldnen Sternlein prangen am Himmel hell
und klar. Der Wald steht schwarz und schweiget. Und aus den Wiesen
steiget der weiße Nebel wunderbar.

달이 떴네. 황금빛의 작은 별들은 하늘에서 밝고 맑게 빛나네. 숲은 어두움으
로 뒤덮여, 침묵하네. 게다가 초원으로부터 하얀 안개가 말할 수 없이 아름답
게 피어오르네.

문법적인 관점에서는 변화가 없지마는, 구두법에 따라 설정한 문장 경계에
의하면 문장은 넷이 된다. 따라서 문법적인 문장 정의의 장점은 텍스트를 분
석할 때 다양한 텍스트들을 통일적이면서 비교될 수 있도록 분할할 수 있다는
점이다.[29]

텍스트에서는 함축적으로 서술어에 근거한 분절문들도 드물지 않게 발견
된다. 다음의 텍스트 단락은 이런 경우를 보인 것이다.

(2) [1] Der letzte Urlaub war naß. [2] Stockholm sah aus wie ein schlechtes
Schwarz-Weiß-Foto. [3] Grobkörnig und ein bißchen verwaschen. [4] Ich fuhr
viel Auto. [5] Einen Wagen, den ich bislang nicht kannte, einen VOLVO …
<볼보자동차 회사의 광고에서 인용>

[1] 지난 휴가는 비가 많은 날씨였다. [2] 스톡홀름은 좋지 않은 흑백사진 같
은 모습이었다. [3] 조야하면서도 약간 빛 바랜 것이었다. [4] 나는 자동차를
많이 운전한 편이다. [5] 내가 지금까지 모르고 있었던 차, 볼보자동차를 …

---

28) 이에 대해서는 두덴-문법(Duden-Grammatik, 1973,592), 두덴-문법(Duden-Grammatik,
1984,666ff.) 참조.

29) 원본을 변화시킨 구두법은 문법적인 관점에서는 무의미하지만, 독서 과정에서 운성법
(運聲法: Stimmführung)에 영향을 미치기 때문에 문체론적 · 음향적인 관점에서는 의미
가 있다. 이에 대해서는 글린츠(Glinz, 1979,45f.) 참조.

이런 경우에 우리는 대개 생각하기에 따라 선행 문장의 서술어(동사)를 반복하거나 새로운 서술어를 끌어들일 수 있다. (텍스트를 읽고 이해할 때 이 과정은 대개 무의식적으로 일어난다). 말하자면 서술어는 함축적으로 나타난다. 우리는 이런 문장을 '생략문'이라 부른다. 그래서 삭제된 문장 부분들은 분석 과정에서 드러날 수 있다. 여기서 문제가 되는 것은 동사부 외에도 다른 문장 성분들(예: 주어)도 생략되어 있을 수 있는 경우이다. 이런 경우를 다음의 (2a)에서 살펴보자(전제되어야 할 문장성분들은 괄호 안에 넣음).

(2a) Der letzte Urlaub war naß. Stockholm sah aus wie ein schlechtes Schwarz-Weiss-Foto. (Stockholm sah aus/wirkte) Grobkornig und ein bisschen verwaschen. Ich fuhr viel Auto. (Ich fuhr) Einen Wagen, den ich bislang nicht kannte,(ich fuhr) einen VOLVO.

지난 휴가는 비가 많은 날씨였다. 스톡홀름은 좋지 않은 흑백 사진 같은 모습이었다. (스톡홀름은) 조야하면서도 약간 빛바랜 것(처럼 보였다). 나는 자동차를 많이 운전한 편이다. [5] (나는) 내가 지금까지 모르고 있었던 차를 (몰아 봤는데), (나는) 볼보 자동차를 (몰아 봤다).

생략문들은 경우에 따라 "추가 부문"[30]으로 해석될 수도 있는데, 이를테면 문장 [3]은 문장 [2]의 추가로, 문장 [5]는 문장 [4]의 추가 부문이라고 해석될 수 있다. 이런 추가 부문의 경우에 어떤 확실한 경계 설정의 여유가 존재하는데, 문법적인 관점에서 보면 이 놀이 공간은 선행 문장의 일부이거나 생략문으로 이해될 수 있다.

끝으로, 명시적이든 함축적이든 문법적인 의미의 문장에 기초하지 않는 텍스트 분절문들도 있다(예: 호칭, 인사말, 그 밖의 고정된 어법들과 이와 유사한 표현들). 이들은 위에서 발전시킨 문장 정의로는 이해하기 어렵다. 문제가 되는 것은 문장능력이 없는 표현들인데, 이런 경우를 '문장 가치가 없는 표현들(또는 문장 그룹)'이라 부른다.[31]

---

30) 글린츠(Glinz, 1979,45f.)의 용어.

결합가 문법의 문장 개념은 - 이미 말했듯이 - 일차적으로 문장의 표현 구조에 초점을 맞춘 것이다. 그러나 (복합적인) 언어 기호로서 문장은 내용면도 가진다. 말하자면, 문장은 특히 (좁은 의미에서) 문장 의미[32], 다시 말해서 우리가 '명제'라고 지칭한 '문장으로 표현된 사태'와 관계가 있다.

명제 개념을 설명하기 위하여 발화의 발화수반력과 명제내용을 구분한 서얼의 화행론과 접목시켜 보자. *"ein Versprechen geben* [약속하다]"(예: '*Ich verspreche dir, daß ich morgen komme* [나는 내일 올 것을 너에게 약속한다]') 같은 화행은 두 부분으로 분할될 수 있다. 첫 번째 부분은 화행 유형의 표지(標識, indicator)를 포함하고 있으므로, 의사소통의 서법, 다시 말해서 화자가 청자를 위해 조직하는 관계('*ich verspreche dir* [나는 너에게 약속한다]')를 표시한다. 화행의 이러한 국면에 대하여 서얼은 (오스틴과 관련시켜) (어떤 발화의) "발화수반행위"나 "발화수반력"이라는 용어를 사용한다. (문법적으로 의존적인) 둘째 부분('*daß ich morgen komme* [내가 내일 올 것을]')은 지시부 - 의사소통 대상의 설정('*ich* [내가]') - 와 서술부 - 설정된 대상에 일련의 속성들을 부여해주는 부문('*morgen kommen* [내일 오겠다]') - 로 분할되어 있다. 서얼은 언어적 행위의 이 부문들을 (어떤 발화의) "명제행위" 또는 "명제내용"이라 부른다. 통사론적인 관점에서 보면, 지시부는 고유명사, 대명사, 다른 명사그룹들에 의해, 서술부는 서술어에 의해 실현된다.[33]

발화수반행위와 명제를 구분함으로써 서로 다른 발화수반행위들이 동일한 명제내용을 가질 수 있다는 결론을 얻게 된다. 예를 들어 명제 '*daß Hans den Raum verläßt* [한스가 그 공간을 떠날 것]'는 이를테면 다음의 발화수반력과 관련이 있을 수 있다.

Hans verläßt den Raum (확언 또는 주장)
Hans, verlaß den Raum! (요청)

---

31)* 분덜리히(Wunderlich, 1976,68)는 이런 문장을 '유사 문장(Quasi-Satz)'라고 한다.
32) 다시 말해서 일정한 발화 상황에서 문장의 의사소통적인 기능을 포함하지 않은 의미. 이에 대해서는 4.2절을 보라
33) 이에 대해서는 서얼(Searle, 1969/71,2장) 참조.

Veήaßt Hans den Raum? (질문)
Wurde Hans doch den Raum verlassen! (소망)
[⋯]

한스는 그 곳을 떠난다. (확언 또는 주장)
한스야, 그 곳을 떠나라! (요청)
한스가 그 곳을 떠나는가? (질문)
한스가 그 곳을 떠나주었으면! (소망)
[⋯]

　　화자는 발화에서 일정한 관계("*verlassen* [떠난다]")가 조직되는(서술부) 동일
한 대상들을 지시할 수 있다(*Hans* [한스], 정해진 공간).
　　명제 개념은 텍스트의 문법적 구조뿐만 아니라 주제적 구조의 분석에도
기본이 된다.
　　지금까지의 논의를 간추려 보자.
　　우리는 개념적인 측면과 용어적인 측면에서 텍스트 분절문, 문장, 명제를
구분함으로써 복합적 부피단위인 '문장'을 정확히 규정짓고자 하였다. 이 단위
들은 서로 밀접한 관계에 있기는 하지만, 1:1 대응 관계에 있는 것은 아니다.
오히려 이들은 발화구조의 다양한 층을 재현해주고 있다. 즉, 텍스트 분절문은
텍스트 표면의 분할 단위들이다. 그러나 문장은 통사론적인 구조 단위이며, 명
제는 의미론적인 구조 단위이다.
　　이미 암시하였듯이, 텍스트 분절문들은 다수의 문장들(과 명제들)로 구성되
어 있는 경우도 가끔 있지만, 생략문이나 문장 가치가 없는 표현들만 담고 있
을 수도 있다. 하나의 문장이 하나 이상의 명제를 포함할 수 있으며, 하나의
명제가 다수의 문장들에 의해 실현되는 경우도 있을 수 있다.
　　그래서 발화 '*Hans hat das Buch trotz seiner Krankheit beendet* [한스는 아픈 데
도 불구하고 그 책을 다 읽었다.]'는 명제가 두 개인 하나의 문장이다. 왜냐하
면 양보적 부사어 '*trotz seiner Krankheit* [아픈 데도 불구하고]'가 명제를 대신하
기 때문이다(명시적으로는: *Hans hat das Buch beendet, obwohl er krank war/ist* [한스
는 비록 아프기는 하지만, 그 책을 다 읽었다]). 반대로 발화 '*Hans glaubt,*

daß der Urlaub schon wird [한스는 휴가가 멋질 거라고 믿는다]'는 두 문장으로 구성되어 있지만, 명제는 하나이다. *daß* -절은 목적절(*'Hans glaubt* X [한스는 X 를 믿는다]')인데, 그 내용은 (두 번째 지시부로서) 상위문의 명제에 포함되어 있다. 발화 '*Der Mann, der die Bank ¨uberfiel, ist von der Polizei gefaßt worden* [은행을 습격한 그 사나이는 경찰에 체포되었다]'도 하나의 명제가 실현된 것이라고 이해할 수 있는데, 관계절은 - 형용사, 전치사 부가어 등에 유추하여 - 지시부 '*der Mann* [그 사나이]'을 확장시키고 있기 때문이다.[34)]

그러나 이 단원에서는 종속적인 역할만 담당하는 텍스트 분석의 미시분석적 국면들만 다루고 있기 때문에 경계 설정의 문제에 더 이상 집착할 필요는 없을 것이다.

3.3 텍스트 응집성의 문법적 조건

3.3.1 재수용의 형태

(1) 명시적 재수용

간단히 말하면, 우리는 명시적 재수용과 암시적 재수용을 구분할 수 있다.[35)]

'명시적' 재수용이란 어떤 텍스트에서 일정한 언어 표현들이 병렬 접속된 문장들과 공지시 관계에 있음을 말한다. 일정한 표현(예: 단어나 단어 그룹)은

---

34) 이에 대해서는 형태 P(X)의 일반 명제 도식(Schema)을 다양하게 확장하고 분할하고 합성할 수 있는 가능성을 다룬 모르겐탈러(Morgenthaler, 1980,101ff.) 참조. (P: 서술어, X: 대상).

35) 브링커(Brinker, 1973,14ff.) 참조.

다음에 오는 문장에서 하나 또는 그 이상의 표현들을 통하여 공시적으로 재수
용된다. '공지시'라는 개념은 재수용된 표현(이를 관련표현36)이라 부르기로 함)
과 재수용할 표현이 동일한 언어 외적인 대상과 관련되어 있다는 말이다. 그
런 언어 외적인 대상('지시인자'라 부름)으로는 인물, 대상, 사태, 사건, 행위,
관념 등을 들 수 있다.

우리는 이 원칙을 명사나 명사적 단어 그룹37)과 대명사에 의한 재수용과
관련된 몇 가지 예를 통하여 설명해 보겠다.38)

> (1) Ein Mann39) war zu Rad unterwegs und wollte auf einen Berg steigen; er sah
> ein Anwesen liegen und stellte dort ein. Der Mann hieß Oberstelehn und hielt
> von sich nicht mehr viel; er konnte auch mit seinem Namen nicht Staat
> machen, der die Amtsstuben verdroß …
> <인용 : 게르트 가이저(Gerd Gaiser)의 소설 『Eine Stimme hebt an』(1950)의 텍스
> 트 첫머리>

한 남자가 자전거를 타고 가다가 산으로 올라가고픈 마음이 들었다. 그래서 그

---

36)* 관련표현(Bezugsausdruck)은 흔히 '선행사'라고 하기도 한다. 그러나 여기서 말하는 관
련표현은 선행사뿐 아니라 후행사를 포괄하는 개념으로 사용되고 있음에 유의할 필요
가 있다.

37) 여기서 명사적 단어 그룹이라고 지칭하려는 구조는 하나의 "대명사부"(관사, 수사)와/
또는 하나의 "형용사부"(형용사, 분사)와 하나의 "핵심(Kern)"(명사)으로 구성되어 있다.
예를 들어보자.
Er betrat das Haus.(관사＋명사).
Er betrat das schlafende Haus.(관사＋분사＋명사).
Er betrat das vor zwei Jahren am Stadtrand von seinem Freund erbaute Haus.
　　　　　　　　　　(관사＋분사에 기초한 복합적인 "형용사부"＋명사).
그는 그 집으로 들어갔다.
그는 자고 있는 집으로 들어갔다.
그는 2년 전에 교외에 자기 친구가 지은 집으로 들어갔다.
전문용어 "대명사부", "형용사부", "핵심" 등은 글린츠(Glinz, 1975a,110f.)를 따름.

38) 명사와 대명사에 의한 재수용은 재수용의 가장 중요한 가능성을 명시해주기는 하지만,
다른 품사들도 재수용할 표현으로서의 기능을 수행할 수도 있다.(예: 부사, 형용사, 동
사). 이에 대해서는 브링커(Brinker, 1971,222f.) 참조.

39) 관련표현들은 이 장의 예시 텍스트에서는 진한 서체로, 재수용할 표현들은 이탤릭 서
체로 표시된다.

는 저택이 있는 것을 보고 거기서 멈춰 섰다. 그 남자는 오버슈테렌이라고 불리었는데, 자기 자신의 재능을 결코 높게 평가하지 않았다. 그는 사무실들을 넌더리나게 한 자신의 이름을 과시할 만한 입장도 아니었다.

(2) Eines der ekelhaftesten Verbrechen wird dem 47jährigen **Dusseldorfer Rechtsanwalt H. J. O.** vorgeworfen. Der Jurist soll die Entführung des Millionärs Th. A. inszeniert und dessen Familie um sieben Millionen Mark erpreßt haben ···

<인용 : 디 벨트 일간지(Die Welt), 1972.01.07. 표제 : "Schwarzes Schaf [검정 양]">

가장 혐오스런 범죄 중의 하나에 대한 비난의 화살이 **47세의 뒤셀도르프의 변호사 H. J. O.**에게 쏠리고 있다. 그 법률가가 백만장자 Th. A.를 납치극을 꾸며 그의 가족에게서 7백만 마르크를 강탈했다는 것이다. ···

(3) Ein 79jähriger Rentner wurde in der Nacht zum Dienstag in Hamburg von **einem Auto** todlich verletzt. *Das beschädigte Fahrzeug* und seine drei Insassen wurden im Laufe des Tages gefunden.

<인용 : 디 벨트 일간지(Die Welt), 1980.06.04. 표제 : "Todesfahrer gefasst [살인 운전자 체포]">

79세의 어느 연금 생활자가 화요일 밤 함부르크에서 **한 승용차**로부터 치명상을 입었다. *가해 차량*과 이 차에 탔던 세 명의 탑승자는 그 날 중에 발견되었다.

(4) Auf gewöhnliche Weise wollte **ein 43 Jahre alter Mann aus Pforzheim** in der Nacht zum Donnerstag Selbstmord begehen. Wie die Polizei mitteilte, war der Facharbeiter nach Streitigkeiten in seiner Wohnung in Notarrest gebracht worden. Dort leerten die Beamten dem Betrunkenen vorschriftsmassig die Taschen, um "Dummheiten" des Gefangenen zu verhindern. Eine halbe Stunde später fanden die Beamten den Mann mit aufgeschnittenen Pulsadern in seiner Zelle vor ···

<인용 : 디 벨트 일간지(Die Welt), 1977.07.22. 표제 : "Gefährliches Glasauge [위험한 유리 눈(유리로 만든 의안(義眼)]">

혼한 방법으로 **43세의 포르츠하임 출신의 한 중년 남자**가 수요일 밤 자살을 기도했다. 경찰의 보고에 따르면, 그 전문 기능공은 자택에서 시비가 있은 후 비상연금 되었다. 거기서 관리들은 그 주정뱅이에게 규정에 따라 그 죄수의 "어리석은 짓"을 방지하기 위하여 주머니를 비웠다. 반시간 후 관리들은 자기 감방에서 동맥이 끊어진 그 남자를 발견하였다 …

위의 텍스트나 텍스트 단락들(문단들)은 명사를 통하여 명명된 지시인자((1), (2), (4)의 예에서는 각각 한 인물, (3)의 예에서는 하나의 대상)가
- 동일 명사의 반복(예시 텍스트 (1)과 (4)의 '*Mann* [남자]')
- 하나 또는 그 이상의 다른 명사와 명사적 단어그룹((2)의 '*Jurist* [법률가]', (3)의 '*Fahrzeug* [차량]', (4)의 '*Facharbeiter* [전문 기능공]', '*Betrunkener* [주정뱅이]')
- 일정한 인칭대명사((1)의 '*er* [그는]')
등에 의해 재수용될 수 있음을 분명히 해준다.[40]

예시 텍스트 (1), (3), (4)에서는 지시인자의 첫 출현이 자질 [새로운]를 가진 명사나 명사적 단어그룹이 새로 도입됨으로써 이루어진다(*ein Mann* [어떤 사나이]; *ein Auto* [한 승용차]; *ein 43 Jahre alter Mann aus Pforzheim* [43세의 포르츠하임 출신의 한 중년 남자]). 이 자질은 일반적으로 명사 앞에 부정관사('*ein* [한, 어떤]')를 선택하도록 만든다.[41] 같은 명사(예: 예시 텍스트 (1)의 *Mann* [남자])나 다른 명사(예: 예시 텍스트 (2), (3), (4)에서처럼)를 통해 지시인자를 재수용할 경우, 이 명사들은 정관사('*der* [그]')를 반드시 선택해야 한다는 자질 [알려진]를 갖는다. 명사는 자질 [한정적]을 수반할 경우, 다시 말해서 고유명사이거나 아니면 정관사나 이에 상응하는 지시대명사('*dieser* [이]'), 그리고 경우에 따라 소유대명사('*sein* [그의]')와 의문대명사('*welcher* [어느 것]')를 자기 주변에 거느릴

---

40) 슈타이니츠(Steinitz, 1968,248ff.), 브링커(Brinker, 1971,221f.) 참조.
41) 예시 텍스트 (2)에서는 단어그룹의 토대를 이루는 것이 고유명사의 규정 능력에 근거하여 '*der 47jahrige Dusseldorfer Rechtsanwalt* [47세의 뒤셀도르프 시 검사]'로 단축될 수 있는 '*ein 47jahriger Dusseldorfer Rechtsanwalt namens H.-J. O* [H.-J. O라 불리는 47세의 뒤셀도르프 시 검사]'임을 전제한다면, 이 규칙이 표면적으로는 지켜지지 않고 있다. 이에 대해서는 하르베크(Harweg, 1968,371)을 보라.

때에만 언어적 재수용이 된다. 이 점은 반대 시험법으로 확인될 수 있다. 예시 텍스트 (1)의 정관사를 부정관사로 대치하면, 9번에 걸친 'Mann [남자]'의 출현이 결코 동일한 인물과 관련된 것이 아님을, 다시 말해서 공지시 관계가 성립하지 않음을 알 수 있다. 동기부여가 안 된 방식으로 두 명의 서로 다른 남자들에 관하여 이야기되고 있기 때문에, 텍스트는 응집력이 없는 것이 되어버린다.

다수의 텍스트언어학적 연구 업적들과는 달리,[42] 우리는 관사의 신호가치를 [전술언급된]과 [후술언급된]의 자질이 아니라, [알려진]과 [새로운]의 자질로 고쳐 사용하겠다. 그 이유는 관사의 신호가치는 텍스트 의존적으로 사용되지 않는다는, 곧 텍스트와는 무관하게 사용된다는 점 때문이다. 구정보나 신정보는 텍스트 내적으로(예시 텍스트 (1)~(4)) 증명된 것이거나, 아니면 텍스트 외적으로 증명된 것일 수 있다. 관사는 이에 대하여 아무 것도 말해주는 것이 없다. 정관사의 텍스트 외적인 지시관계를 보여주는 예로서 다음의 예시 텍스트를 들 수 있다.

(5) Der mutmaßliche Entfuhrer des Essener Supermarkt-Millionars Th. A., der Dusseldorfer Rechtsanwalt H. J. O., ist am Samstagmorgen freiwillig aus Mexiko in die Bundesrepublik zuŕuckgekehrt. Er wurde festgenommen. O. bestreitet jede Beteiligung an der Entfuhrung. *Die sieben Millionen Mark Losegeld* sind weiterhin spurlos verschwunden ⋯

<인용 : 벨트 암 존탁 주간지(Welt am Sonntag), 1972.01.02.>

에센의 수퍼마켓 백만장자 Th.A.의 납치자로 지목받고 있는 뒤셀도르프의 변호사 H. J. O.는 토요일 아침 자의로 멕시코로부터 독일로 돌아왔다. 그는 체포되었다. O.는 납치에 관여했다는 사실에 이의를 제기했다. *7백만 마르크의 몸값*이 여전히 흔적도 없이 사라졌다 ⋯

텍스트는 - 정관사를 통하여 제시된 - 텍스트 외적인 정보들을 지시해주고

---

[42] 이를테면 슈타이니츠(Steinitz, 1968)의 논문 취지와는 다른 입장들을 말한다. 관사형들의 텍스트언어학적 의미에 대해서는 특히 바인리히(Weinrich, 1969)와 바우만(Baumann, 1970) 참조.

있는데, 저자는 이 정보들을 독자에게 이미 알려진, 곧 독자가 이미 알고 있는
것으로 전제하고 있다(여기서는 칠백 만 마르크가 더 자주 언급되었던 지난날의
보도를 통하여 이미 주어진 것(구정보)으로 전제하고 있음).

원칙적으로 자질 [한정적]을 수반하는 표현들도 있다. 이에 속하는 것은
고유명사, 즉 (*der Mensch* [인간], 인간과는 다른 의미에서 *das Tier* [동물]처럼) 일
반적인 의미로 사용된 유(類)개념과 이른바 유일한 것(*der Mond* [달], *die Sonne*
[태양]처럼 유일무이하게 존재하는 지시인자의 명칭을 나타냄) 등이 있다. 이들
고유명사의 구정보는 일반적으로 전제된 선지식에 있으며, 이미 주어진 것으
로 전제된 세상지식에 근거한다. 이를테면, 예시 텍스트 (2)와 (5)의 지시인자
('*der Rechtsanwalt H. J. O.* [변호사 H. J. O.]'나 '*der Millionär Th. A.* [백만장자
Th. A.]')는 고유명사에 의해 명명되고 있기 때문에 정관사로 도입될 수 있다
(각주 (41)도 참조).

지금까지의 내용을 간추려보면, 관사는 구정보와 신정보의 어느 것도 만들
어내지 못한다. 관사는 단지 화자/저자가 일정한 정보가 청자에게 이미 알려져
있거나 아직 알려지지 않은 것으로 전제하고 있다는 청자에 대한 신호이다.
전제된 정보는 텍스트 내적인 종류이거나 텍스트 외적인 종류일 수 있다.

명시적 재수용 원칙을 개략적으로 취급한 다음에 제기되는 문제는 하나의
언어적 표현(명사나 대명사)이 기술된 방식에 따라 재수용할 표현에 이용될 수
있기 위해서는 어떤 조건들이 충족되어야 하느냐는 물음이다. 다양한 표현들
(완전히 다른 의미를 가질 수 있는 표현들)이 동일한 지시인자와 관련되어 있음
을, 다시 말해서 실질적으로 공지시 관계가 이루어지고 있음을 텍스트 생산자
가 입증하고 싶어하기 때문에, 재수용어들의 선택을 임의적인 것이라고 전제
해서는 안 된다.

여기서 같은 단어, 이른바 반복에 의한 명시적인 재수용 관계를 간과한다
면, - 앞에서 이미 암시하였듯이 - 우리는 적어도 두 가지의 경우를 구분할 수
있다.

• 다른 명사를 통한 재수용

* 대명사를 통한 재수용

먼저 다른 명사나 명사적 단어그룹들에 의한 관련표현의 재수용 관계를 살펴보자.

예시텍스트 (2)와 (3)을 더 자세히 살펴보면, 강조된 표현들 사이에 특정한 의미 관계가 성립함을 알 수 있다. 명사 *Rechtsanwalt* [변호사]와 *Jurist* [법률가]나 *Auto* [자동차]와 *Fahrzeug* [차량]는 *Briefträger* [집배원]와 *Postbote* [우체부]나 *Fahrstuhl* [승강기]과 *Lift* [엘리베이터]처럼 의미가 동일한 동의어 관계에 있지 않다. 그러나 이들은 의미가 유사한 유의어 관계에 있다. 우리는 다음과 같이 말할 수 있을 것이다: 단어 *Jurist*[법률가]나 *Fahrzeug*[차량]는 말하자면 *Rechtsanwalt*[변호사]나 *Auto*[자동차]의 상위 개념에 해당한다. 다시 말해서 이들은 '*Rechtsanwalt*[변호사]'나 '*Auto*[자동차]'보다 더 큰 의미 범주를 갖는다. 반면에 후자들은 더 세부적인 의미자질들을 근거로 더 큰 의미 내용을 가리킨다. 이러한 의미 관계들은 구체적인 텍스트와는 관계없이 우리 독일어의 어휘 목록에서도 성립한다. 이 관계들은 이른바 언어 체계 자체에 고정되어 있다.

예시 텍스트 (4)에서는 이와 다르다. 명사 *Mann* [남자], *Facharbeiter* [전문 기능공], *Betrunkener* [주정뱅이], *Gefangener* [죄수]는 여기서도 재수용 관계에 있다. 다시 말해서 이들은 동일한 인물과 관련되어 있다. 그러나 이 단어들 사이에는 - 이 모든 단어들과 관련된 일반적인 의미자질 [남성적]를 간과한다면 - 특수한 의미 관계, 곧 언어체계에서 설정된 의미관계가 성립하지 않는다. *Mann* [남자], *Facharbeiter* [전문 기능공], *Betrunkener* [주정뱅이], *Gefangener* [죄수]의 공지시적인 결속 관계는 이 텍스트에서 그리고 이 텍스트에 의해서만 구성되고 있다. 그러므로 이 관계는 모든 가능한 텍스트에 다 적용되는 것이 아니고, 이런 관계가 설정된 이 텍스트에서만 유효하다. 이와 관련된 문제는 언어체계, 곧 문법의 현상이 아니라 언어사용, 곧 기능의 현상이다. 부정관사와 정관사의 규칙적인 연쇄가 나타나고 다른 지시 가능성이 없기 때문에, 독자가 다양한 표현들을 동일한 인물과 관련짓는 일은 성공하게 된다. 또한 텍스트 맥락 관계는 보조적인 기능을 떠맡는다(예: *Notarrest* [비상 연금]와 *Gefangener* [죄수]의 관

게 참조). 텍스트를 읽을 때 우리는 (무의식적으로) 다음과 같은 진술을 보충할
것이다: "이 남자는 전문 기능공인데 술에 취했다."(맥락에 근거함); "누군가가
구금된다면 그 사람은 죄수이다."(우리의 세상지식에 근거함)

예시 텍스트 (2)와 (3)에서 표현들의 '순서'를 살펴보면, 다음의 규칙성을
얻을 수 있다: 더 큰 의미 폭(외연)을 가진 표현들, 이른바 상위 개념들(*Jurist*
[법률가], *Fahrzeug*[차량])은 재수용할 표현들이다. 반면에 더 세부적인 의미를
가진 단어들은 관련표현의 기능을 한다. 또는 단순화시켜 말하면, 재수용 관계
에서는 상위 개념이 하위 개념의 뒤에 오는데, 그 역은 성립하지 않는다.[43] 그
러므로 다음의 문장 연쇄(연속체)(예시 텍스트 (3)과는 달리)는 이례적으로 작용
한다.

(6) Um die Ecke kam **ein Fahrzeug**. *Das Auto* fuhr viel zu schnell.
　　모퉁이에서 **차량 한 대**가 왔다. *그 승용차*는 너무 빨리 갔다.

예시 텍스트 (4)가 보여 주었듯이, (6)의 이러한 순서 규칙(특수 표현 - 일반
표현)은 특정한 의미 관계, 곧 언어의 어휘목록에 규정된 의미 관계(상위 관계,
종속 관계와 같이)에 의해 연결된 단어들로 맺어진 재수용 관계에만 적용된다.
이런 관계는 - 이미 수행한 것처럼 - 예시텍스트 (4)에서 강조된 명사들 사이에
는 성립하지 않는다. 그래서 많은 제보자들이 '*ein Facharbeiter - der Mann* [전문
기능공 - 그 남자]'의 연속체를 "정상적인" 것으로 간주하고는 있지만, 여기서
는 *Mann* [남자], *Facharbeiter* [전문 기능공], *Betrunkener* [주정뱅이], *Gefangener*
[죄수]의 순서도 가능하다(이는 아마 *Mann*[남자]이 일반적인 의미자질 [남성적]
로 인하여 다른 개념들의 가장 일반적인 상위 개념으로 이해될 수 있기 때문인

---

43) 이에 대해서는 슈타이니츠(Steinitz, 1969,145) 참조. 슈타이니츠는 집합 관계를 통하여
　　관련표현과 재수용할 표현과의 관계를 특성화하고자 하였다. 이 저자는 다음과 같은
　　일반적인 결과에 이른다: "연속하는 텍스트에서 하나의 지시인자를 지칭하는 명사가
　　반복적으로 출현할 경우, 대명사뿐만 아니라 하나의 집합에서 나온 명사를 통하여 지
　　속될 수 있다. 그런데 여기서 말하는 집합은 그 요소들, 곧 명사들이 적어도 처음 출현
　　했을 때의 명사와는 다른 의미자질들이 아니라 같은 의미자질들이 많이 포함되어 있기
　　때문에 구별된 집합이다. 이런 명사들은 지칭된 지시인자들의 상위 집합(상위 개념)임
　　을 말해준다."

것 같다).

이제 대명사에 의한 재수용 문제로 들어가 보자.

문법에서 '대명사'라고 여기는 것은 명사를 대신하는, 정확히 말해서 명사적 단어그룹을 대신하고, 또 적어도 하나의 의미 내용을 소유한 단어들이다. 대명사의 의미는 대개 문법적인 성(性)을 표시하는 기능에 한정되어 있다. 때문에 대명사는 필연적으로 명사부류들의 가장 일반적인 상위 개념으로 간주되고 있다.44) 지금까지 언급되어 온 삼인칭(*er* [그 남자는], *sie* [그 여자는], *es* [그것은], *sie* [그들은])의 인칭대명사 외에도 재수용할 표현들로 사용될 수 있는 축약형들은 더 있다. 이와 관계 있는 것으로는 특히 지시대명사(*dieser* [이], *jener* [저], *der* [그]) - 이는 명사의 동반사,45) 곧 관사의 기능으로 나타날 때 그러하다 - 와 부사어(*da* [그 때], *dort* [거기서], *damals* [그 당시], *deshalb* [그 때문에] 등)를 들 수 있는데, 그 중에서도 특히 이른바 대명사적 부사(*dabei* [그 때에], *darin* [거기에, 그 점에 있어서], *darauf* [그것으로], *damit* [그래서], *hierdurch* [이 때문에], *worin* [거기서] 등과 같은)는 큰 무리를 형성하고 있다.

몇 가지 예를 들어보자.

(7) Kennst du **Heinz**? *Der* ist mein bester Freund.
(8) Hans wohnt in **Berlin**. *Dort* studiert er Medizin.
(9) Hans war im **Jahr** 1970 in Hamburg. *Damals* lernte ich ihn kennen.
(10) Hans fuhr uns mit dem Auto. *Deshalb*(=weil Hans uns mit dem Auto fuhr) waren wir bereits um 8 Uhr zu Haus.
(11) Er hielt **eine Rede**, *worin* (in der) er seinen Lehrer erwähnte.

(7) 너 **하인츠**를 아니? *그는* 나의 가장 친한 친구야.
(8) 한스는 **베를린**에 살고 있다. *거기서* 그는 의학을 공부한다.
(9) 한스는 1970**년에** 함부르크에 살고 있었다. *그 당시* 나는 그를 알게 되었다.

---

44) 슈타이니츠(Steinitz, 1969,147) 참조.
45)* 전통 문법이나 구조주의 문법에서 말하는 품사 '관사'는 '동반사(Begleiter)', '한정사 (Determinans/Determinator: determiner(영))', '성별어(Geschlechtswort)' 같은 독일어로 번역되어 사용되기도 한다.

(10) 한스는 승용차편으로 우리를 태워다 주었다. *그 때문에*(한스가 승용차편으로
　　우리를 태워다 주었기 때문에) 우리는 이미 8시에 집에 도착했다.
(11) 그는 **연설**을 했는데, *거기서* 그는 자기의 선생님에 대해 언급했다.

　텍스트언어학적 연구에서는 이러한 모든 표현들이 '대용형'이라는 전문용
어에 집약되고 있다. '대용형'이란 개념은 물론 다양하고 폭넓게 이해되고 있
다. 그래서 우리는 (드레슬러, 파터 등과 관련시켜서)[46] 앞에서 든 대명사와 부
사어들처럼 이들의 최소 의미내용에 의거하여 다른 언어적 단위들을 공지시적
으로 재수용하기 위하여 사용되는 표현들을 대용형이라 부르겠다.
　중요한 것은 관련표현들이 여러 가지로 신축성이 있다는 점이다. 그래서
단어그룹 뿐만 아니라 문장이나 문장 연속체, 간단히 말해서 다양한 통사론적
인 구조의 정보 단위들이 아래의 (12)에서 볼 수 있듯이 대용형들을 통하여
재수용될 수 있다.

(12) Als die Kinder die Macht ergriffen, gingen die Eltern in Deckung. Luftballons
　　flogen über eingezogene Kopfe. Mobiliar polterte ¨uber das Parkett. Der
　　Fußboden bebte unter stampfendem Toben. Im Souterrain rieselte Kalk.
　　Triumphgeschrei aus heiseren Kehlen hallte hinaus in den Grunewald. 33
　　Kinder (zwischen zwei und zwölf Jahren) hatten die Freiheit entdeckt. *Das
　　war gegen 18 Uhr am ersten Tag einer außergewöhnlichen Woche* ···
　　　　　　　　　　　　　　<인용 : 디 차이트 주간지(Die Zeit), 1972.01.14.>

　아이들이 권력을 장악하자 부모들은 숨어버렸다. 애드벌룬들이 은둔해 있는
사람들의 머리위로 날아갔다. 부속 가구들이 1층 관람석으로 떨어졌다. 마루
바닥은 부서지듯 꽝음을 내며 흔들렸다. 지하실에서는 뿌연 석회가 흘러내렸
다. 쉰 목소리로 외쳐대는 승리의 함성이 그루네발트 숲으로 울려 퍼졌다. (2
살에서 12살 사이의) 33명의 어린이들은 자유를 찾았다. *그것은 어느 기이한
주일의 첫 날 18시 경 이었다.*

　때때로 (13)에서와 같이 관련단어가 표현되어 있지 않는, 다시 말해 전혀

---

46) 드레슬러(Dressler, 1973,25f.), 파터(Vater, 1975,20-42) 참조.

명시적으로 제시되어 있지 않는 경우도 있는데, 다음의 예가 그러하다.

(13) Hans fragte sich, ob er ins Kino gehen sollte oder nicht. Er hatte *dabei* auch
　　 zu bërucksichtigen, daß er sein Arbeitspensum noch nicht erledigt hatte.
　　 한스는 영화관에 가야할지 가지 말아야 할 지 자문해보았다. 그는 *이 때* 자기
　　 의 숙제를 아직 끝내지 않았다는 사실도 고려해야 했다.

　　dabei [이 때]의 관련표현은 *bei dieser Entscheidung* [이런 결정을 할 때]이어야
할 것이다. 이것은 맥락에서 추론될 수 있다.

　　끝으로, 텍스트의 선형성 안에서 재수용의 방향을 살펴보자. 재수용은 지
금까지 인용한 예에서는 오른쪽에서 왼쪽으로 진행하였다. 다시 말해서 대용
형은 어떤 경우에도 관련표현의 다음에 온다. 텍스트언어학적 연구[47])에서는
이런 경우를 '전조응'이라 부르며, 텍스트 안에서 선행한 언어 단위를 재수용
하는 대용형을 전조응적 대용형이라 부르고 있다. 그러나 이와 상반되는 가능
성, 이른바 '후조응'도 있다. 이것은 이른바 후조응적 대용형을 통해 이루어진
다. 명백하게 후조응적인 대용형은 [*folgendes* [아래에서는]…] 같은 표현이다.
그러나 많은 전조응적 대용형들도 후조응적으로 사용될 수 있다. 다음의 예를
통하여 이 점을 살펴보자.

(14) Warum hat sie kein anderer gefunden? Warum gerade ich, der *ihrem* Wert
　　 weiß, der sich von diesen Dingen so weit entfernt hat?
　　 Ich konnte nicht ahnen, was **die Kapsel** enthielt. …
　　　　<인용 : Hans Bender, Die Hostie. Erżahlung. 1953 - 텍스트 첫머리>

왜 다른 누구도 그것을 찾지 못했을까? *그것의* 가치를 알고 있고, 이런 일들
과는 너무나 동떨어져 있는 바로 내가 왜?
나는 **그 케이스**에 무엇이 담겨있는지 예상할 수 없었다.

　　(14)에서 텍스트 결속은 인칭대명사 *sie* [그것을]과 소유대명사 *ihr* [그것의]

---

47) 예를 들어 칼마이어 외(Kallmeyer et al., 1974/I,180), 드레슬러(Dressler, 1973, 57ff.) 참조.

를 통하여 일어난다. 두 대명사가 후조응적 방향에서 *die Kapsel* [그 케이스]이
라는 표현을 지시하기 때문이다.

이런 식의 텍스트 첫머리는 분명히 비습관적인 효과를 보인 것이다. 앞에
서 공식화한 규칙(44쪽 참조)에 따라 지시인자가 처음 출현할 때 상대적으로
더 특수한 표현인 *Kapsel* [케이스]을 통하여 지칭된 다음에, 가장 일반적인 상
위 개념에 해당하는 대명사 *sie* [그것을]를 통하여 재수용될 것이라는 기대를
할 수 있다.

지금까지의 연구에서는 이런 식의 텍스트 시작을 문학 텍스트에 국한시키
고자 하였다.[48] 하지만 이런 입장은 이런 종류의 예들이 신문에서도 흔하게
발견된다는 점에서 딱 들어맞는 것은 아니다. 예를 하나 들어보자.

(15) Man hat ihn einen Magier der Sprache genannt - und einen ¨uberschatzten
    Literatur-Kunstgewerbler. Einen heroischen Nihilisten - und einen christlichen
    Warner des Abendlandes. *Er* ist als Wegbereiter des Nationalsozialismus
    angeklagt - und als Verteidiger von Freiheit und Individualismus gepriesen
    worden. **Ernst Junger**, Einzel¨ganger und Außenseiter, ist bis heute ein nicht
    restlos gekl¨arter "Fall" neuerer deutscher Literatur geblieben. ⋯⋯
    <인용 : 함부르거 아벤트블라트 석간지(Hamburger Abendblatt), 1977.04.14.>

    사람들은 그를 언어의 마술사라고 - 그리고 과대평가된 문학 장인이라고 불렀
    다. 대담한 허무주의자 - 이자 서양의 기독교적 경고자. 그는 국가사회주의의
    선구자로서 고발당했다. - 그리고 자유와 개인주의의 수호자로서 청송을 받았
    다. **애론스트 웡거**, 그는 독불장군이자 아웃사이더였는데, 오늘날까지 철저히
    밝혀지지 않은 근대 독일문학의 한 "사건"으로 남아있다. ⋯⋯

(15)의 예는 '상대적으로 더 특수한 의미를 가진 표현은 더 큰 의미 외연/
의미 폭을 가진 표현보다 앞선다'는 규칙이 대용형들이 재수용을 수행하는 경
우들로 확장되어서는 안 됨을 구체화해주고 있다. 이 규칙은 분명히 좁은 의
미에서 상의어 관계와 하의어 관계에 있는 표현들에만 적용된다.

---

48) 이에 대해서는 하르베크(Harweg, 1968,160ff.), 하르베크(Harweg, 1968b, 167ff.) 참조.

전조응적인 연결 방향과 후조응적인 연결 방향은 (16)에서 보듯이 서로 결합해 있는 경우도 드물지 않다.

(16) [1] Ein Jahr ließen *sie₁ ihn₂ auf seinen₂* Prozeß warten. [2] Die Hoffnung trog, daß **die Sowjets**₁ unter dem Druck der Carterschen Menschenrechtsoffensive den Gründer der Moskauer Helsinki-Gruppe₂ vorher freilassen und in den Westen abschieben würden. [3] Am Pfingstmontag stellten sie1 **den Atomphysiker und Burgerrechtler Jurij Orlow**₂ vor Gericht. ···

<인용 : 디 차이트 주간지(Die Zeit), 1978.5.19. 21호>

일년 동안 *그들은₁ 그에게₂ 그의₂* 재판을 기다리게 했다. **소련연방이**₁ 카터의 인권공세에 못 이겨 *모스크바-헬싱키 그룹의 창시자를*₂ 사전에 석방시켜 서방으로 추방하리라는 희망은 틀리고 말았다. 성신강림 대축일 다음의 월요일에 그들은 ₁ **핵물리학자이자 시민권자인 유리 오를로프를**₂ 제소하였다. ···

분절문 [1]은 후조응적으로 분절문 [2](*sie* [그들은] - *die Sowjets* [소련연방이])와 분절문 [3](*ihn* [그에게], *seinen* [그의] - *den Atomphysiker und Bürgerrechtler O. J.* [핵물리학자이자 시민권자인 O. J.])과 연결되고 있다. 분절문 [2]와 [3]은 후조응적(*den Gründer der* ···[···의 창시자를] - *den Atomphysiker* ··· J. O [핵물리학자 ··· J. O.를])이면서도 전조응적(*die Sowjets* [소련연방이] - sie [그들은])이다.

후조응적인 텍스트 연결은 특별한 방식으로 독자에게 신정보에 대한 긴장감과 기대감을 일깨워 주기에 적합하다.[49] 이 점은 문학과 신문 텍스트에서 후조응적 재수용이 자주 사용되는 까닭일 것이다.

(2) 함축적 재수용

명시적 재수용과는 달리 함축적 재수용은 재수용할 표현(대개 명사나 명사적 단어그룹)과 재수용된 표현(관련표현) 사이에 공지시 관계가 성립하지 않는

---

49) 드레슬러(Dressler, 1973,55ff.) 참조.

다는 특징이 있다. 이 두 표현들은 서로 다른 지시인자들, 즉 서로 다른 대상
들이나 그와 유사한 것들과 관계가 있다. 그러나 이 대상들 간에는 일정한 관
계가 성립하는데, 그 가운데 부분 관계나 포함 관계가 가장 중요하다. 이런 형
태의 재수용 관계를 다음의 두 텍스트 단락을 통하여 설명해 보겠다.

(17) Am 8. November1940 kam ich in Stockholm an. Vom **Bahnhof** fuhr ich zu
Schedins Pension in der Drottinggata, wo Max Bernsdorf ein Zimmer für
mich bestellt hatte. ···
<인용 : 페터 봐이스(P. Weiss)의 소설 『Fluchtpunkt』(1962)의 텍스트 첫머리>

1940년 11월 8일에 나는 **스톡홀름**에 도착했다. *역으로부터* 나는 드로팅가타
에 있는 쉐딘 여관으로 갔는데, 거기에 막스 베른스도르프가 나를 위해 방을
하나 마련해 놓았다. ···

(18) **Das graue Giebelhaus, in dem Johannes Friedemann aufwuchs,** lag am
nördlichen Tore der alten, kaum mittelgroßen Handelsstadt. *Durch die*
Haustür betrat man eine geräumige, mit Steinfliesen versehene Diele, von der
eine Treppe mit weißgemaltem Holzgeländer in¨ die Etagen hinauffuhrte. Die
Tapeten des *Wohnzimmers im ersten Stock* zeigten verblichene Landschaften. ···
<인용 : 토마스 만(Th. Mann)의 소설 『Der kleine Herr Friedemann』(토마스 만 전집
제8권(2판), 피셔출판사 1960), 78쪽>

요하네스 프리데만씨가 자랐던 잿빛 합각머리 지붕의 집은 오래된, 겨우 중간정
도 되는 상업도시의 북쪽 관문(關門)에 위치하였다. *그 집 대문*을 통하여 사람
들은 넓은, 포석(鋪石)으로 만들어진 현관을 들어갔다. 그 현관으로부터 흰색
칠을 한 나무난간이 있는 계단이 *층을 따라* 나 있었다. 2층에 있는 *거실의 벽*
지는 색 바랜 모습을 하고 있었다. ···

위와 같이 정관사가 사용된다면, 역의 구정보는 스톡홀름의 구정보로부터,
대문과 층 및 2층 거실 등의 구정보는 잿빛 합각머리 지붕의 집의 구정보로부
터 각각 '스톡홀름과 잿빛 합각머리 지붕의 집이 도입되고 있다'고 추론될 수

있다. 이에 따라서 (스톡홀름의) 역 및 대문, 층, 잿빛 합각머리 지붕의 집⁵⁰⁾의 2층에 있는 거실도 함께 도입되고 있다.

우리는 다음과 같은 중간 삽입문을 (괄호로 묶어) 텍스트에 연결시킴으로써 이러한 함축적 재수용을 명시적 재수용 관계로 바꿀 수 있다.

(17a) Am 8. November 1940 kam ich in Stockholm an. (Dort gab es einen Bahnhof.) *Vom Bahnhof* fuhr ich …

(18a) Das graue Giebelhaus, in dem Johannes Friedemann aufwuchs, lag am nördlichen Tore der alten, kaum mittelgroßen Handelsstadt. (Dieses Haus hatte eine Haustür, Etagen, ein Wohnzimmer, einen ersten Stock usw.) Durch die Haustür betrat man …

(17a) 1940년 11월 8일에 나는 스톡홀름에 도착했다. (거기에는 역이 있었다.) *역 으로부터* 나는 …

(18a) 요하네스 프리데만씨가 자랐던 잿빛 합각머리 지붕의 집은 오래된, 거우 중 간 정도 되는 상업도시의 북쪽 관문에 위치하였다. (이 집은 대문, 층계, 거 실 2층 등이 있었다.) 그 집 대문을 통하여 우리는 …

이런 종류의 중간 삽입문은 원칙적으로는 가능하지만, 텍스트를 유치하게 만드는 역할을 하기 쉬운데,⁵¹⁾ 그 이유는 이러하다: 제시된 대상 관계들은 오 늘날의 언어체계, 즉 언어 참여자의 언어 소유물인 언어능력에 얽매여 있기 때문에, 표현 '*Stadt* [도시]'에는 특히 자질 [Bahnhof/역]이, 표현 '*Haus* [집]'에 는 [Haustür/대문], [erster Stock/2층]⁵²⁾, [Wohnzimmer/거실] 같은 자질들이 언 어능력에 포함되어 있다고 말할 수 있다.

텍스트언어학적 연구에서는 단어들 사이의 이러한 의미 관계를 '개념적 근

---

50) 잿빛 합각머리 지붕의 집은 다음에 오는 관계문 '*in dem Johannes Friedemann aufwuchs* [요 하네스 프리데만씨가 자랐던]'을 통해 일종의 고유명사를 명시해주는 것으로 규정되고 있기 때문에 정관사를 이용하여 도입될 수 있다. 하르베크(Harweg, 1968a,10f.) 참조.

51) 하르베크(Harweg, 1968,195) 참조.

52)* 독일에서는 1층을 지상층(Erdgeschoß)이라 하고, 우리의 2층부터 erster Stock(2층), zweiter Stock(3층) 등으로 표현한다.

접'과 '내용적 접촉'을 뜻하는 '의미론적 근접성'이란 용어 아래에서 총괄하고
있다.[53] 이미 논의한 것처럼, 이런 의미 관계에서 혼히 문제되는 것은 함의 관
계이다(예: '*Bahnhof* [역]'는 '*Stadt* [도시]'에 포함되며, '*Chefarzt* [과장 의사]'는
'*Krankenhaus* [병원]'에 속함).

단어들 간의 근접성 관계는 - 하르베크가 자세히 다루었듯이 - 특히 존재론,
논리학 또는 문화에 기반을 둔 것일 수 있다.

이에 대한 몇 가지 예를 들어보자.

- 논리적(개념적)으로 기초한 근접성 관계 :
  eine Niederlage : der Sieg ; ein mühsamer Aufstieg : der Abstieg ; ein
  Problem : die Losung ; eine Frage : die Antwort
  패배 - 승리 ; 힘든 오르기 - 내려오기 ; 문제 - 해결 ; 질문 - 대답
- 존재론적(자연법적)으로 기초한 근접성 관계 :
  ein Blitz - der Donner ; ein Mensch - das Gesicht ; ein Elefant - der
  Russel ; ein Kind - die Mutter
  번개 - 천둥 ; 인간 - 얼굴 ; 코끼리 - 코 ; 아이 - 엄마
- 문화적으로 기초한 근접성 관계
  eine Straßenbahn - der Schaffner ; eine Stadt - der Bahnhof ; eine Kirche -
  der Turm ; ein Haus - die Turen ; ein Krankenhaus - der Chefarzt
  전차 - 차장 ; 도시 - 역 ; 교회 - 탑 ; 집 - 문 ; 병원 - 과장의사

우리는 이러한 쌍들이 다음과 같은 문장 연쇄에서 나타난다고 생각할 수
있다.

- Wir hatten einen mühsamen Aufstieg. Der Abstieg war aber viel leichter.
- Morgen muß ich eine Prüfung ablegen. Der Prüfer ist mir nicht wohlgesinnt.
  [……]

---

53) 하르베크(Harweg, 1968,192ff.), 드레슬러(Dressler, 1973,38) 참조.

- 우리는 힘들여 올라갔다. 내려오기는 그러나 훨씬 쉬웠다.
- 내일 나는 시험을 쳐야 한다. 시험관은 나에게 호의적이지 않았다.
  [······]

단어들 간의 이러한 근접성 관계가 언어체계에 존재하지 않는 경우에는, 함축적 재수용의 형태에 의한 연결은 불가능하다. 문장 연쇄 'Hans betrat ein Haus. Das Madchen schrie laut. [한스는 어떤 집을 들어갔다. 그 소녀는 크게 소리를 질렀다.]'는 (Hans betrat ein Haus. Die Tur knarrte laut [한스는 어떤 집을 들어갔다. 문이 크게 삐걱거렸다.]와는 달리) 이상한 느낌을 줄 수 있다. 이런 식의 연결은 텍스트의 그 어떤 곳에서 Haus [일정한 집]와 Madchen [일정한 소녀] 사이의 자질 관계가 형성될 때에만 수용된다.[54] 그러므로 Stadt-Bahnhof [도시-역] 등과는 대조적으로 Haus-Madchen [집-소녀]의 관계는 언어체계의 현상이 아니라 현실적인 언어사용의 현상이다.

(3) 재수용 관계의 도식적인 서술

텍스트의 재수용 관계는 구조 도식의 형태로 서술될 수 있다. 예시적으로 다음의 신문 논평을 가지고 설명해 보겠다.

(19) Mutiges Urteil
  Von Reiner Possekel
  [1] Eine Richterin beim Amtsgericht in Mettmann hat ein mutiges Urteil gesprochen. [2] Sie lehnte die Klage eines 18jahrigen Gymnasiasten ab, der von zu Hause weggezogen war und von seinen Eltern monatlich 299 Mark Unterhalt forderte. [3] Der junge Mann hatte sich daruber beklagt, daß seine

---

54) 롤란트 하르베크(R. Harweg)의 대치 이론에 대한 슈트뢰벨(A. Strobel)의 논의(만하임 독일어연구소(IDS Mannheim, 1970)의 어느 보고서에서 수행함)와 연결시켜 논의함. 우리는 다음의 중간 삽입문을 삽입시킴으로써 수용될 수 있도록 할 수 있다. "Hans betrat ein Haus. In diesem Haus befand sich ein Madchen. Das Madchen schrie laut [한스는 어떤 집을 들어갔다. 이 집에 한 소녀가 있었다. 그 소녀는 크게 소리를 질렀다.]."

Eltern ihn nicht aufgeklart, mit ihm nicht¨uber den Kommunismus diskutiert
und seiner Freundin Hausverbot erteilt hatten. [4] Trotzdem, so meinte die
Richterin, konne dem jungen Mann zugemutet werden, weiterhin im
Elternhaus wohnen zu bleiben und Toleranz aufzubringen.

[5] Das Urteil wird in vielen Familien heiße Diskussionen auslosen. [6] Das
ist gut so. [7] Manche Tochter und manche Sohne sehen offenbar in dem seit
Anfang vergangenen Jahres gultigen Volljahrigkeitsgesetz nur ihre Rechte. [8]
Dieses Gesetz billigt ihnen zu, schon im Alter von 18 Jahren gegen den
Willen der Eltern zu heiraten, die Schule zu verlassen oder Vertrage
abzuschließen. [9] Doch mehr Rechte bedeuten auch mehr Pflichten und
mehr Verantwortung.

[10] Die Richterin in Mettmann hat dem jungen Volljahrigen hinter die
Ohren geschrieben, daß die neue Regelung kein Freifahrtschein fur ein
vogelfreies Leben ist. [11] Nach wie vor gilt es, Rucksicht auf Eltern und
Geschwister zu nehmen.

[12] Die neue Volljahrigkeitsregelung ist eine Herausforderung an beide
Generationen. [13] Sicher werden auch einige Eltern lernen mussen, ihre nun
erwachsenen Sohne oder Tochter nicht mehr wie Kinder zu behandeln. [14]
Aber von jungen Leuten, die korperlich und geistig fruher reif sind, muß man
auch erwarten konnen, daß sie entsprechend fruher verantwortungsgewußt
und rucksichtsvoll sind.

<인용 : 함부르거 아벤트블라트 석간지(Hamburger Abendblatt), 1976.02.27.>

용감한 판결
라이너 포세켈

[1] 메트만의 지방법원에 근무하는 어느 여판사가 용감한 판결을 내렸다. [2]
그녀는 가정을 나와 자기 부모로부터 매월 299 마르크의 부양비를 요구한
18세의 남자 고등학생의 고소를 기각했다. [3] 그 젊은이는 자기 부모가 자기
에게 성에 관해 교육시켜주지 않았으며, 공산주의에 관하여 자기와 토론하지
않았으며, 그리고 자기 여자친구가 집안을 출입할 수 있도록 허락해주지 않
았다고 호소하였다. 그럼에도 불구하고, 그 여판사의 견해에 따르면, 그 젊은
이에게 부모의 집에서 계속 거주할 것과 관용을 배울 것을 요구하지 않을 수
없다는 것이다.

[5] 이 판결은 여러 가족들에게 격렬한 토론을 불러일으킬 것이다. [6] 그것

은 잘된 일이다. [7] 많은 아들딸들은 작년 초부터 통용되고 있는 성년법에서 분명히 그들의 권리만을 찾고 있다. [8] 이 법은 이들에게 이미 18세에 자기 부모의 의지와는 달리 결혼하거나, 학업을 포기하거나 계약을 맺을 수 있도록 허용하고 있다. [9] 하지만 더 많은 권리는 더 많은 의무와 책임을 의미하기도 한다.

[10] 메트만의 여판사는 새 규정이 법적 보호를 받지 못하는 생활을 위한 무임 승차권이 아니라는 점을 젊은 성인들에게 주지시켰다. [11] 예나 지금이나 부모와 형제자매를 배려하는 일은 필요하다.

[12] 새로운 성년법은 양 세대에 대한 도전이다. [13] 확실한 것은 몇몇 부모들도 이제 성인이 된 자신들의 아들이나 딸들을 더 이상 어린애처럼 다루어서는 안 된다는 점을 배워야 한다는 사실이다. [14] 그러나 육체적, 정신적으로 조숙한 젊은이들로부터 우리는 이들이 이에 상응하여 조숙하게 책임 의식도 있고 존경심도 있다는 것을 기대할 수도 있어야 한다.

  텍스트의 (명사적인 영역과 관련된) 핵심적인 재수용 관계를 도식으로 제시하면 다음과 같다.

분절문/재수용 관계

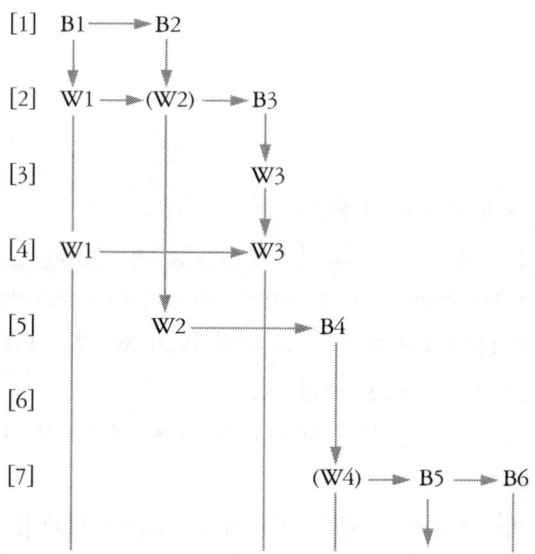

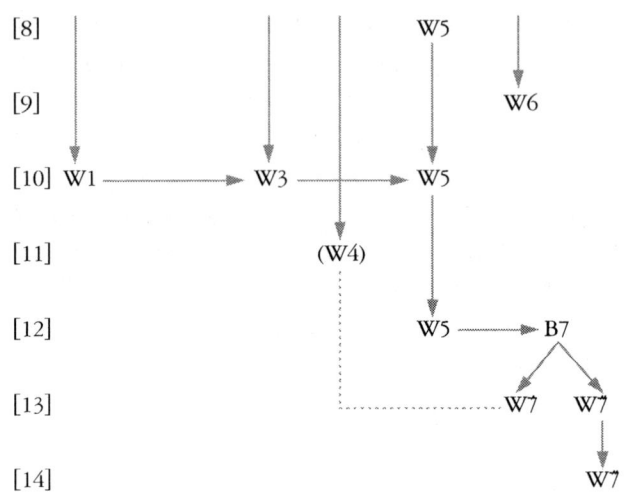

해설

B : 관련표현(피 대치어), W : 재수용할 표현(대치어)

B1 : *eine Richterin beim Amtsgericht im M.* [M의 지방법원에 근무하는 어느 여판사]

B2 : *ein mutiges Urteil* [용감한 판결]

B3 : *ein 18jähriger Gymnasiast* [18세의 남자 고등학생]

B4 : *in vielen Familien* [여러 가족들에게]

B5 : *das Volljahrigkeitsgesetz* [성년법]

B6 : *ihre Rechte* [그들의 권리]

B7 : beide Generationen [양 세대]

함축적 재수용은 괄호 속에 넣어 표기하였다.

B7(분절문 [12])은 곧바로 W7(*einige Eltern* [몇몇 부모들])과 W7(*ihre nun erwachsenen Söhne und Tochter* [이제 성인이 된 그들의 아들과 딸들])로 갈라진다. 그러나 W4(문장 [7]의)와 W4(문장 [11]의)를 건너 뛰어 B4와 W7/W7사이에 간접적인 재수용 관계가 형성된다(점선으로 암시하였음).

위의 도식은 (명사적) 재수용 구조를 보인 것인데, 텍스트의 문법적인 연결 구조의 핵심부를 이룬다.

다양한 형태의 재수용 원리를 가장 자세히 다룬 학자는 하르베크이다. 하르베크(그는 "결합적 대치"에 관하여 논의함)는 대치 유형의 복잡한 분류를 제시하였다. 그 가운데 동일 대치(예: 유의어에 의한 반복)와 근접 대치(함축적 재수용의 여러 형태들)가 가장 중요한 기본 유형들을 이룬다.[55]

재수용 원리는 텍스트언어학의 초기 단계에서 일반적으로 텍스트 응집성에 특히 구성적인 것으로 간주되었기 때문에[56], 이 원칙이 텍스트 응집성과 텍스트 이해에 관여적이라는 몇 가지 소견들을 덧붙여 보기로 한다.

3.3.2 재수용 원리의 의미

(1) 텍스트 응집성의 관여성

다음의 테제에서 출발하기로 한다: 다양한 형태들로 나타나는 재수용 원리는 텍스트 구성의 주요 수단이기는 하지마는, 이는 문장들의 연쇄가 응집적인 문장 연쇄임을 말해주는, 즉 텍스트라고 이해되는 필요 충분 조건을 제공해주는 것은 아니다. 왜냐하면, 한 편으로 재수용 원리에 따라 연결된 모든 문장 연속체들이 다 응집력이 있는 것으로 해석된다는 뜻은 아니며(예시 텍스트 (19)), 다른 한 편으로 응집력이 있는 것으로 해석되는 모든 문장 연쇄들이 다 재수용 원리에 따라 결합해 있다는 말은 아니다(예시 텍스트 (20)~(23)).

몇 가지 예를 통하여 이 테제를 설명해 보자.

(20) Ich habe eine alte Freundin in Hamburg getroffen. Dort gibt es zahlreiche
     ¨offentliche Bibliotheken. Diese Bibliotheken wurden von Jungen und Mädchen
     besucht. Die Jungen gehen oft in Schwimmbäder. Die Schwimmbäder waren

---

55) 하르베크(Harweg, 1968,178ff.) 참조. '대치'를 하르베크는 "다른 언어 표현을 통한 한 언어 표현의 대치"(앞책,20)라고 이해한다. 결합적 대치 관계는 관련표현과 재수용할 표현이 연속적으로, 즉 텍스트 안에서 연속적으로 위치한다는 특성이 있다(앞책).

56) 이를테면 라이블레(Raible, 1971,302) 참조: "서사 텍스트, 그리고 일반적으로 텍스트는 첫머리에서 새로운 것(신정보)으로 도입된 특정한 정보 단위들이 그 이후부터 공지시적으로 재수용되기 때문에 분명히 텍스트이다."

im letzten Jahr mehrere Wochen geschlossen. Die Woche hat 7 Tage. usw. usw.

나는 한 옛 친구를 함부르크에서 만났다. 거기에는 수많은 공공 도서관들이 있다. 이 도서관의 방문자들은 청소년들이었다. 젊은이들은 가끔 수영장으로 간다. 수영장들은 지난해에는 여러 주 동안 문을 열지 못했다. 그 주는 7일이 다. 등등.

(20)에서 (구성된) 문장 연쇄는 전반적으로 재수용 원리의 의미에서 연결되어 있기는 하지만, 그래도 응집력이 있다고 보기는 곤란하다. 이 말은 통일적인 주제를 전혀 식별할 수 없기 때문이다(이에 대해서는 아래의 3.4절을 보라). 그밖에도 시제의 불일치, 곧 시제의 비통일성이 장애가 된다. 완료, 현재, 과거의 시제는 이들의 순서에서 서로 일치하지 않았다.

(21) B. Brecht: Der beste Stil

[1] Das einzige, was Herr Keuner über den Stil sagte, ist: "Er sollte zitierbar sein. [2] Ein Zitat ist unpersönlich. [3] Was sind die besten Sohne? [4] Jene, welche den Vater vergessen machen!"

<인용 : 베르톨트 브레히트(B. Brecht)의 단편 『Geschichten vom Herrn Keuner』 (1971), 90쪽>

베르톨트 브레히트 : 가장 훌륭한 문체
코이너씨가 문체에 관해 언급한 유일한 것은 이러하다: "그것은 인용될 만한 것이어야 할 것이다. 인용이란 비(非)인칭적이다. 무엇이 가장 훌륭한 아들인 가? 아버지를 잊게 만드는 그런 아들!"

마지막의 두 분절문은 선행하는 분절문과 재수용 원리에 따라 연결된 경우가 아니다.57) 그렇지만 이들은 우리가 이해하기로는 응집력 있는 문장 연쇄이다. *Sohne* [아들들]을 *Stil* [문체]와 연관지어 우리가 이해한 것을 다음처럼 고

---

57) 경우에 따라 뒤에 오는 인용 전체를 지시하는 후조응적 대용형 *das einzige* (분절문 [1])가 첫 번째 두 분절문을 텍스트의 마지막 두 분절문과 연결시킨다는 입장을 대변할 수도 있을 것이다.

처 쓸 수 있다: *"Stil sollte unpersönlich sein wie ein Zitat. Der beste Stil ist jener, der den Verfasser vergessen macht.* [문체는 인용처럼 비인칭적이어야 한다. 가장 훌륭한 문체는 저자를 잊게 만드는 그런 것이다.]"

(22) Die Lampe brennt nicht. Die Sicherung ist durchgebrannt.

(23) Es hat ein Unglück gegeben. Zwei Autos sind zusammengestoßen.

(24) Es war eine regnerische Nacht. Zwei Männer standen in einem Hauseingang und rauchten.

(22) 램프는 점화되지 않았다. 안전 장치가 전소되었다.

(23) 불행한 일이 있었다. 두 대의 자동차가 충돌했다.

(24) 비가 오는 어느 날 밤이었다. 두 사나이가 어느 집 입구에 서서 담배를 피우고 있었다.

(22)~(24)의 문장 연쇄에서는 통사론적 · 의미론적 연결 신호들이 모두 빠져있다. 그러나 이 신호들을 주저할 필요 없이 응집력 있는 문장 연속체(즉 텍스트)로 분류할 수 있다. 우리는 두 번째 문장에 기술된 사태를 첫째 문장에 표현된 명제의 원인이라고 해석할 수 있다. (23)에서는 표현 *ein Unglück* [불행한 일]을 두 번째 문장의 명제(*"das Unglück bestand darin, daß* … [그 불행은 … 에 있다]")를 통하여 "명세화"함으로써 결속 관계가 성립한다. (24)의 예에서 첫 번째 문장은 두 번째 문장을 위한 "상황 설정", 곧 상황적 틀을 주고 있다.

이젠베르크는 이런 경우를 "텍스트화 유형"이라는 전문용어로 묶었다.[58]

끝으로, 재수용 원리와는 다른 문법적인 가능성들이 있음을 언급하고 넘어가기로 한다. 이와 관련하여 특히 중요한 역할을 하는 것은 접속사(예: *und* [그리고], *denn* [왜냐하면], *weil* [왜냐하면], *oder* [또는], …)에 의한 텍스트 결속이다. 상업광고에서 뽑은 아래의 텍스트 단락은 이 점을 잘 설명해준다.

(25) Das sprudelnde Boxazin S hilft rasch schmerzstillend und bei Erkältung auch fiebersenkend. *Denn* vollkommen in Wasser gelöste Wirkstoffe kann der

---

58) 이젠베르크(Isenberg, 1968, 198f.) 참조.

Korper schnell verwerten. Und soviel Vitamin C wie aus 7 Zitronen stärkt
die Widerstandskraft und macht wieder frisch. ···

<인용 : 슈테른(Stern) 주간지, 1978.02.16.>

가용성 복사친 S는 급히 통증을 진정시키는 데 도움을 주며, 감기의 열을 내
리기도 한다. *왜냐하면* 물에 완전히 용해된 작용 물질은 신체에 신속하게 이
용될 수 있기 때문이다. 그리고 7개의 레몬에서 뽑은 양에 버금가는 비타민
C가 저항력을 강화시켜주며 다시 원기를 북돋아준다. ···

대용형에 넣기 곤란한 부사어들도 텍스트 응집성에 영향을 미친다(예: *auch*
[역시], *vielmehr* [오히려], *also* [그러니까], *dennoch* [그렇지만]).

이로써 모든 문법적인 수단들은 아니지만 텍스트 응집성에 기여하는 가장
중요한 문법적인 수단들이 논의된 셈이다.[59)]

(2) 텍스트 이해의 관여성

끝으로, 문법적인 응집성 조건에 관한 논의를 요약하여 마무리짓기 위하여
다음의 질문을 제기해보자: 청자/독자는 어떤 징후들에 근거하여 연속하는 문
장들에 나타난 일정한 표현들 간의 재수용 관계를 수용하는가? 이런 징후들은
순수 문법적인, 즉 통사론적, 의미론적 방식인가?

'의미론적인' 관점에서 우리는 텍스트 내적, 언어 내적, 언어 외적 징후들
을 서로 구분할 수 있다.

- 텍스트 내적인 관계, 곧 관련표현과 재수용할 표현간의 관계는 텍스트
  자체에서 형성된다. 왜냐하면, 이 관계는 이런 형태에서는 언어적인 체
  계에서 수립되는 것이 아니기 때문이다(위의 예시 텍스트 (4) 참조: *ein
  43 Jahre alter Mann aus Pforzheim* [포르츠하임 출신의 43살 먹은 한 사나이]

---

59) 그밖에도 시제를 선택할 때의 규칙성을 들 수 있다(위의 예 (20) 참조). 지타(H. Sitta)
가 "텍스트 응집성"이란 표제로 편집한 격월간 잡지 「Der Deutschunterricht」(1988)의
61권도 참조.

- *der Facharbeiter* [전문 기능공] - *der Betrunkene* [주정뱅이] - *der Gefangene* [죄수] - *der Mann* [그 사나이]).

• 언어 내적인 관계, 곧 관련표현과 재수용할 표현간의 관계는 언어 체계에 고정되어 있다. 여기에 속하는 것으로는 위에서 취급한 의미론적인 관계들인데, 동의어 관계, 상의어 관계, 하의어 관계, 근접성(근접관계) 따위가 있다.

• 언어 외적인 표현, 곧 관련표현과 재수용할 표현간의 관계는 협의의 언어 체계를 넘어서며, 의사소통 파트너들의 백과사전적 경험과 지식, 즉 화자와 청자의 경험지식과 세상지식을 두루 포괄하는 넓은 의미의 '의미론'을 바탕으로 한다. 텍스트는 청자도 화자가 청자 측에 대하여 전제하고 있는 지식을 처리하는 그런 경우에서만 응집력이 있는 것으로 이해된다. 예를 들면, 다음의 (26)의 예에서 *der Präsident* [대통령]에 의한 *Nixon* [닉슨]의 재수용(문법적으로는 *W. Lippman* [리프맨] - *der Präsident* [대통령]의 관계도 가능할 것임)이 그러하다.

(26) Walter Lippmann, der große alte Mann der amerikanischen Publizistik, hat vor einigen Monaten¨uber **Richard Nixons** Vietnampolitik ein herbes Urteil gefällt; er fand sie "verdreht, akrobatisch, absurd". Am Jahreswechsel verwirrte *der Präsident* die Weltoffentlichkeit aufs neue ⋯

<인용 : 디 차이트(Die Zeit) 주간지, 1972.01.07.>

월터 리프맨은 미국 언론학의 훌륭한 아버지인데, 몇 달 전에 **리차드 닉슨**의 베트남 정책에 관해 신랄한 견해를 피력하였다. 그는 이것을 "터무니없고, 곡예적이며 부조리하다"고 보았다. 새해에 *대통령*은 세상을 또다시 어리둥절하게 했다. ⋯

물론 언어 내적인(좁은 의미의 언어체계에 의거한) 경험(어휘지식)과 언어 외적인(일반적인 세상지식에 의거한) 경험(백과사전적 지식)을 엄격히 구분하기가 어려운 경우가 드물지 않다.

'통사론적인' 관점에서 보면, 관사형, 그리고 관사의 기능을 보이는 대명사 (지시대명사, 인칭대명사, 의문대명사 등)는 보충적인 제약뿐만 아니라 부분적으로는 필수적인 제약에 유익하다. 왜냐하면 재수용 원리가 텍스트 응집성을 위하여 반드시 요구되는 조건으로 간주될 수 없는 경우라고 하더라도, 특별한 관심 없이는 텍스트 응집 관계의 이해를 어렵게 하고 오해를 야기할 수 있는 일정한 문법적 조건이나 규칙들을 엄수하는 일이 텍스트 생산에 적용되는 그런 경우도 있다. 이 규칙들 가운데 몇 가지는 이미 앞장에서 다루었다.

지금까지의 논의 결과를 간추리면 다음과 같다.

다양한 형태들에 의한 재수용 원리는 텍스트 응집성에 중요한 문장 결속의 유일한 수단임을 말해주는 것은 아니다. 문법적인 연결 신호들은 수용자가 충분한 주제와 맥락과 관련된 배경지식을 충분히 구사할 경우 무용지물이 될 수 있다. 응집성 문제는 결국 문법적인 연결 방식들을 통하여 설명될 수 있는 것이 아니다. 문법적인 연결구조, 특히 재수용 구조는 오히려 텍스트의 주제 관계를 위한 인자구조로서 기능을 한다. 다시 말해서 재수용 구조는 우리가 '주제적 텍스트 구조'라 일컫는 것과는 다른 ("한층 더 심층적인") 층위이다. 주제적인 텍스트 구조가 텍스트 응집성을 위해 갖는 의미는 다음절의 논의 대상이다.

3.4 텍스트 응집성의 주제적인 조건들

3.4.1 재수용 관계와 주제적인 텍스트구조

이제 앞 절의 끝에서 살펴본 텍스트의 재수용 관계와 주제 구조간의 응집 관계를 더 자세히 서술하여 보겠다.

브레히트의 다음의 텍스트 단락(문단: "Herrn K's Lieblingstier: K씨의 애완동물") (1)에 나타난 명시적 재수용과 함축적 재수용 관계를 살펴보자.

(1) [1] Als Herr K. gefragt wurde, welches Tier er vor allen schatze, nannte er den Elefanten und begründete dies so: [2] Der Elefant vereint List mit Starke. [3] Das ist nicht die kummerliche List, die ausreicht, einer Nachstellung zu entgehen oder ein Essen zu ergattern, indem man nicht auffallt, sondern die List, welcher die Starke für große Unternehmungen zur Verfugung steht. [4] Wo dieses Tier war, fuhrt eine breite Spur. [5] Dennoch ist es gutmutig, es versteht Spaß. [6] Es ist ein guter Freund, wie es ein guter Feind ist. [7] Sehr groß und schwer, ist es doch auch sehr schnell. [8] Sein Russel fuhrt einem enormen Korper auch die kleinsten Speisen zu, auch Nusse. [9] Seine Ohren sind verstellbar: [10] Er hort nur, was ihm paßt. [11] Er wird auch sehr alt. [12] Er ist auch gesellig, und dies nicht nur zu Elefanten. [13] Uberall ist er sowohl beliebt als auch gefurchtet. [14] Eine gewisse Komik macht es möglich, daß er sogar verehrt werden kann. [15] Er hat eine dicke Haut, darin zerbrechen die Messer; aber sein Gemut ist zart. ···

<인용 : 베르톨트 브레히트(B. Brecht)의 단편 『Geschichten vom Herrn Keuner』(1971), 37f.쪽>

[1] K씨는 모든 동물들 가운데 어떤 동물을 높이 평가하느냐는 질문을 받고, 코끼리를 들며 다음과 같이 그 이유를 들었다: [2] 코끼리는 노련하게 술책을 조화시킨다. [3] 이것은 추적을 따돌리거나 음식을 가로채기에 충분한, 딱하게 여길 만한 술수가 아니라, 거대한 모험을 노련하게 처리하는 술수이다. [4] 이 동물이 있었던 곳에는 폭넓은 흔적이 따른다. [5] 그렇지만 그것은 성품이 온순하며, 장난을 이해할 줄 안다. [6] 이것은 훌륭한 친구이자 훌륭한 적이기도 하다. [7] 매우 거대하고 육중하면서도 아주 잽싸다. [8] 이것의 코는 엄청난 몸통까지 가장 작은 음식물, 이를테면 땅콩류도 날라다 준다. [9] 이것의 귀는 움직일 수 있다. [10] 그래서 이것은 자기 마음에 드는 소리만 듣는다. [11] 이 것은 아주 나이가 많은 것도 있다. [12] 이것은 붙임성도 좋은데, 이는 코끼리에게만 있는 것은 아니다. [13] 어디에서나 이것은 사랑을 받기도 하고 두려움을 받기도 한다. [14] 그럼에도 이것이 존경받을 수 있다는 것은 우스꽝스럽다. [15] 이것은 피부가 두꺼운데, 이 두꺼운 피부 속에서는 칼이 부러지질 정

도다. 그러나 그것(피부)의 성향은 부드럽다. …

분석을 통하여 다음의 모습을 얻게 된다.[60]
명사구 *den Elefanten* [1]은 다음에 의하여 명시적으로 재수용되고 있다.

- *der Elefant* [코끼리는] [2] = 반복
- *dieses Tier* [이 동물이] [4] = 상위 표현에 의한 재수용. 이 표현은 분절 문 [5], [6], [7]에서 다시 대용형 'es [그것은, 이것은]'의 관련표현이 된다.
- *er* [이것은] 및 *ihm* [자기의, 그의] ([10, 11, 12, 13, 14, 15]) = 대용형 에 의한 재수용

함축적 재수용 관계는 관련표현인 *den Elefanten* [코끼리를] [1], *dieses Tier* [이 동물이] [4]와 재수용할 표현들인 *sein Russel* [이것의 코는] [8], *seine Ohren* [이것의 귀는] [9], *sein Gemüt* [그것의 성향은] [15] 사이에서 나타난다.[61] 그 러므로 매 번 문제가 되는 것은 존재론에 기초한 근접성 관계이다.

표현 *der Elefant* [코끼리]와 직접적으로 관계가 없는 다른 재수용 관계는 분절문 [2]와 [3] 사이에서, 그리고 *List* [술책] [2]와 *das* [이것은] [3][62], *mit Starke* [노련하게] [2]와 *die Starke* [노련함, 능력] [3] 사이에서 성립한다.

---

60) 여기서는 분절문 [1]의 후조응적 재수용 관계는 고려에 넣지 않았다. 대용형 'so'는 이 미 알려진 증거를 제공해주는 다음에 오는 진술을 지시한다.

61) 표현 *den Elefanten* [코끼리를]이나 *dieses Tier* [이 동물]가 관련표현으로서 의도된 것인지 는 기본적으로 미해결인 채로 남아있다. 분절문 [10] 이 후에 나타나는 인칭대명사 *er* [이것은]의 선택은 단어그룹 *den Elefanten* [그 코끼리를]이 가시적으로는 *sein Russel* [이 것의 코]과 *seine Ohren* [이것의 귀]의 관련표현이거나, 명시적으로는 *sein Gemüt* [그것의 성향]의 관련표현임을 분명히 해 준다.

62) 분절문 [3]에서 두 번 출현하는 명사 *List*와 분절문 [2]의 명사 *List* 사이에는 협의의 재 수용 관계가 나타나지 않는다. 복합적인 두 표현 '*die kummerliche List, die* … *auffallt*'와 '*die List, welcher* … *zur Verfugung steht*'는 오히려 분절문 [2]에 나오는 표현 *List*를 더 정 확히 규정해 주고 있다. 그래서 이 두 표현은 이 *List*라는 표현을 명세화하고 있는데, 하나는 부정적인 방향에서, 다른 하나는 긍정적인 방향에서 명세화되고 있다. 우리는 이런 경우를 '명세적 재수용(spezifizierende Wiederaufnahme)'이라고 부를 수 있을 것이 다. 하르베크(Harweg, 1968,60ff.)도 참조.

요약하면, 단어그룹 *der Elefant* [코끼리]는 텍스트 (1)의 거의 모든 문장들에서 재수용되고 있다. 따라서 이 단어그룹은 텍스트 (1)의 지배적인 지시인자에 해당한다.

이런 현상을 응집성 문제와 관련시키면, 다음처럼 말할 수 있을 것이다.

텍스트 응집성을 위한 재수용 원리의 의미는 근본적으로 텍스트의 다양한 재수용에서 하나의 텍스트 대상(여기서는: 코끼리)이 일관성 있게 언어적으로 표현되고 있다는 점에 있다. 따라서 문장들의 연속체를 응집력 있는 문장 연속체, 곧 텍스트화하는 일은 일차적으로 재수용 원리가 아니라 주제적인 방향 설정, 다시 말해서 "어떤 통일적인 대상에의 의사소통적인 집중 현상"[63]이다.

피게는 이와 관련하여 다음의 테제를 설정하였다: 특정한 텍스트 대상들(지시인자들)이 재수용되는 빈도 수는 텍스트의 핵심대상과 주변대상을 암시해 줄 수 있다.[64]

물론 우리가 피게의 암시를 절대적이라거나 수학적·통계적인 것으로 이해해서는 안 된다. 그러나 주 대상을 어떤 확실한 견고성과 지속성을 가지고 재수용되는 지시인자로만 정의할 경우, 주 대상과 부 대상 또는 다양한 주 대상들이 하나의 텍스트에서 서로 조합되는(다양한 재수용들이 각기 배열될 때 언어적으로 구체화되는) 방식은 수많은 텍스트의 주제구조를 분석하는 데 유익할 수 있을 것이다.

예를 들면, 어떤 텍스트의 주 대상들은 차례대로 취급되거나(예시 텍스트 (2)), 아니면 병렬식으로 나타날 수 있다(예시 텍스트 (3)).

(2) [1] **Hermeneutik**$_1$ bezieht sich auf ein "Vermögen", das wir in dem Maße erwerben, als wir eine natürliche Sprache "beherrschen" lernen: auf die Kunst, sprachlich kommunizierbaren Sinn zu verstehen und, im Falle gestörter Kommunikationen, verständlich zu machen. [2] Sinnverstehen richtet sich auf die semantischen Gehalte der Rede, aber auch auf die schriftlich fixierten oder in nichtsprachlichen Symbolsystemen enthaltenen Bedeutungen, soweit sie prinzipiell

---

63) 피게(Figge, 1971,171).
64) 피게(Figge, 1971,172)와 브링커(Brinker, 1973,18)도 참조.

in Rede "eingeholt" werden konnen. [3] Wir sprechen nicht züfallig von *der Kunst des Verstehens und des Verständlichmachens*₁, weil das Interpretationsvermögen, ¨uber das jeder Sprecher verfugt, stilisiert, eben zu einer Kunstfertigkeit ausgebildet werden kann. [4] Diese Kunst₁ verhalt sich symmetrisch zur **Kunst der ¨Ubersetzung und ¨Uberredung in Situationen**₂, in denen praktische Fragen zur Entscheidung gebracht werden. [5] Fur *Rhetorik*₂ gilt das gleiche: auch *sie*₂ s̈tutzt sich auf ein Vermögen, das zur kommunikativen Kompetenz eines jeden Sprechers gehort, aber artifiziell zu einer besonderen Fertigkeit entwickelt werden kann. [6] *Rhetorik*₂ und *Hermeneutik*₁ sind als Kunstlehren entstanden, die ein näturliches Vermögen methodisch in Zucht nehmen und kultivieren. ···

<인용 : 위르겐 하버마스(J. Habermas)의 논문 『Der Universalitätsanspruch der Hermeneutik』(Theorie-Diskussion : Hermeneutik und Ideologiekritik. Frankfurt 1971, 120쪽), 제1장>

[1] **해석학**₁은 우리가 어떤 자연언어를 배워 "지배"함으로써 얻게 되는 어떤 "능력", 곧 언어적으로 소통 가능한 진의(眞意)를 이해하고, 방해받은 의사소통의 경우들을 알기 쉽게 해주는 기술과 관계가 있다. [2] 진의 이해란 담화의 의미론적 내용을 마련해주며, 문자로 고착된 의미나 비언어적인 상징 체계에 포함된 의미를 마련해주기도 하는데, 그 점에서 의미는 원칙적으로 담화에서 "추적"해 낼 수 있다. [3] 우리는 무심결에 *이해하기*와 *이해시키기*의 기술₁에 관해 이야기하지는 않는다. 왜냐하면, 해석 능력은 각 화자에 의해 마음대로 처리되고, 문체화되어, 바로 재주로서 육성될 수 있기 때문이다. [4] 이 기술₁은 실제적인 질문들이 결정될 수 있는 상황에서 **번역과 설득의 기술**₂과 대칭관계에 있다. [5] *수사학*₂에도 이와 똑같은 것이 적용된다. 이것₂도 각 화자의 의사소통 능력에 속하기는 하지만, 인공적으로는 독특한 재주로 발전될 수 있는 능력에 근거를 두고 있다. [6] *수사학*₂과 *해석학*₁은 자연적인 능력을 방법론적으로 갈고 다듬는 기교론으로서 생겨난 것이다. ···

텍스트 단락 (2)는 연속 원리에 따라 구조화된 예이다. 이 텍스트의 두 가지 주 대상은 '해석학'과 '수사학'이다. 분절문 [1]-[3]에서는 '해석학'이 해설되고 있다(*ein Vermögen* [능력]과 *die Kunst, Sinn zu verstehen* [진의를 이해하는 기술]로서, 그리고 *die Kunst des Verstehens und Verständlichmachens* [이해하기와 이해시키기의 기술]로서). 분절문 [4]는 해석학을 텍스트의 두 번째 주 대상인 수사학과 연결시킨다. 그래서 분절문 [5]는 이 새로운 텍스트 대상을 설명하고 있으며, 분절문 [6]에서는 두 텍스트 대상들이 접속사 'und [그리고]'에 의해 연결되고 있다.

(3) Er fand **ein Zimmer**₁ in der Oststadt, **in einer kurzen, stumpfen Querstraße**₂, die nur auf einer Seite bebaut war. *Das Zimmer*₁ war ein schmaler Schlauch. *Die Straße*₂ war mit einer einzigen, inzwischen schwarzrot gewordenen Backsteinzeile besetzt ⋯

<인용 : 마르틴 발저(M. Walser)의 소설 『Ehren in Philippsburg』(1958)의 14쪽>

그는 오스트슈타트에서, 한 쪽으로만 집이 들어선 **짧고 절두형인 골목길에 있는** ₂ **방을 하나**₁ 찾았다. *그 방*₁은 폭이 좁은 관 모양을 하고 있었다. *그 거리*₂는 유일한, 그 동안 검붉은 색으로 변해버린 벽돌시가(市街)로 뒤덮여 있었다. ⋯

텍스트 단락 (3)에서는 두 텍스트 대상(방과 도로)이 이미 첫째 문장에서 도입되고 있는데, 그 다음의 분절문들에서 교대로 재수용되고 있다. 이는 병렬 원리에 따른 배열 방식에 해당한다.

위의 (3)절에서 논의한 텍스트 (19)는 더 복잡한 구조화 과정을 보여준다. 이 텍스트의 핵심적인 대상들은 우선 여판사, 18세의 남자 고등학생 그리고 판결이다. 다음으로 둘째 단락에서는 대상 '판결'이 물러나고 새로운 텍스트 대상들이 도입된다(가족과 특히 성년법). 구조 도식에서는 이런 변형이 재수용 관계(분절문 [5]나 [7]부터)에서 분명히 인식될 수 있다. 그러므로 이 변형은 주제적인 시점에서 위치 이동이 일어났음을 말해준다.

그러나 이미 이 두 가지 예를 통하여 우리는 재수용의 원리가 여러 가지로 주제적인 텍스트 구조를 서술할 수 있는 훌륭한 전제가 됨을 인식할 수 있다. 물론 이런 방식의 분석들은 지금까지 체계적으로 수행되지는 않았다. 이런 분석은 (소설 같은) 비교적 규모가 큰 텍스트의 경우 이런 형태로는 너무 비효율적이고 또 지나치게 미시분석적이라는 지적이다. 이 장에서 논의를 계속 전개시켜 나가기 위하여, 우리는 우리들의 노력을 텍스트의 주제 구조로 연장시킴으로써 (개개의 지시인자들65)로서의) 텍스트 대상들로부터 텍스트 주제의 상위 개념에 이르는 과정을 논의하겠다.

3.4.2 프라그 학파의 주제부-설명부 개념

현대 언어학에서는 텍스트 개념이 다양하게 이해되고 있다.[66] 텍스트 분석적인 관점에서는 마테지우스(V. Mathesius, 1929)에 의해 기초가 닦인 프라그 학파의 주제부-설명부 구분(기능적 문장 시점)이 널리 알려져 있다.[67] 이 개념에 따르면, 문장은 '전달가치' 면에서 볼 때 두 부분으로, 즉 '진술의 출발점'인 '주제부'와 '진술의 핵심'인 '설명부'로 구분될 수 있다.

이처럼 일차적으로 문장 중심적인 연구 경향은 그 후 60년대에 와서 다네쉬에 의하여 텍스트 구조를 의미론적으로 분석하는 일에서 결실을 볼 수 있게 되었다.[68] 다네쉬는 '주제' 개념을 무엇이 전달되는 것이라고 이해한다. 이 때 맥락적인 국면에서 중요한 것은 알려진 정보, 이미 주어진 정보 또는 상황을 토대로 유추될 수 있거나 수용자가 자신의 선지식과 세상지식에 의거하여 검증할 수 있는 정보이다. 그는 '설명부'를 주제에 관하여 전달되는 그 무엇이라고 규정한다. 그러므로 '설명부'는 -맥락적으로 보면- 새로운 정보, 이전에 언급된 적이 없는 정보 또는 텍스트 맥락이나 상황 맥락으로부터 유도될 수 없는 정보를 말한다. 다네쉬는 이제 텍스트 구조를 "주제들의 계기구조"라고 명시함으로써 문장 중심적인 노선을 거부한다. "텍스트의 실질적인 주제 구조는 [……] 주제들의 연쇄성과 접속성, 주제들의 교체 관계와 계층구조, 텍스트 단락들과 텍스트 전체 및 상황과의 관계이다."[69] 텍스트에서 나타난 주제 관계의 이러한 전체적인 복합체를 다네쉬는 '주제 전개'라 불렀다. 이것은 '텍스트 구성의 뼈대'를 이룬다. 다네쉬는 주제 전개 유형을 5가지로 구분한다.

---

65)* '지시 담지자(Referenzträger)'라고 번역되기도 한다.

66) 루츠(Lutz, 1981) 참조.

67) 귈리히와 라이블레(Gülich/Raible, 1977,60-89)와 루츠(Lutz, 1981,2장) 참조.

68) 이에 대해서는 다네쉬(Daneš, 1970,72-8)와 최근의 에롬스(Eroms, 1991) 참조.

69) 다네쉬(Daneš, 1970,74).

<1> 단순 선형식 전개 유형

첫째 문장의 설명부(Rhema: R)가 둘째 문장의 주제부(Thema: T)가 된다.

Hans(T_1) hat ein Fahrrad gekauft(R_1). Das Fahrrad ($T_2 = R_1$) steht im Keller(R_2). Im Keller($T_3 = R_2$) ⋯
한스는 자전거를 한 대 샀다. 그 자전거는 지하실에 있다. 지하실에는 ⋯

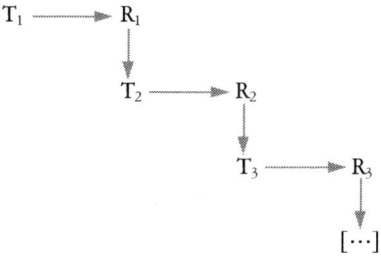

<2> 주제부 순환식(관통식) 전개 유형

한 문장 연쇄에서 주제는 불변한다. 그래서 개개의 문장들에서는 각각 새로운 설명부만 부가된다.

Mein Fahrrad(T_1) ist neu(R_1). Es(T_1) ist ein Geschenk meines Vaters(R_2). Es(T_1) steht zur Zeit im Keller(R_3) ⋯
나의 자전거는 새 것이다. 그것은 내 아버지가 주신 선물이다. 그것은 요즈음 지하실에 있다. ⋯

$$
\begin{array}{ll}
& T_1 \longrightarrow R_1 \\
& \quad\downarrow \\
= & T_1 \dashrightarrow R_2 \\
& \quad\downarrow \\
= & T_1 \dashrightarrow R_3 \\
& \quad\downarrow \\
& [\cdots]
\end{array}
$$

이 유형은 베르톨트 브레히트의 텍스트의 주제 구조에 특히 적합하다(예를 들어 분절문 [4]~[7]과 [10]~[15] 참조).[70)]

<3> 상위 주제 파생식 전개 유형

하나의 상위 주제(Hyperthema: HT)로부터 하위 주제들(각 문장들의 주제들)이 파생된다.

(브레히트 텍스트에서 뽑은) 예:

(8) Sein Russel(T_1) ˙fuhrt einem enormen Korper auch die kleinsten Speisen zu, auch Nusse(R_1). (9) Seine Ohren(T_2) sind verstellbar(R_2). (15) ···sein Gernut(T_3) ist zart(R_3).

이것의 코는 엄청난 몸통으로 가장 작은 음식물, 이를테면 땅콩류도 날라다 준다. 이것의 귀는 움직일 수 있다. ··· 그것의 성향은 부드럽다.

T_1, T_2, T_3의 상위 주제(HT)는 "*der Elefant* [코끼리]"인데 도식화하면 다음과 같다.

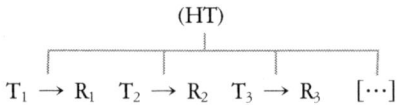

(HT)

$$T_1 \rightarrow R_1 \quad T_2 \rightarrow R_2 \quad T_3 \rightarrow R_3 \quad [\cdots]$$

<4> 설명부 분열식 전개 유형

한 문장의 설명부가 다수의 주제들로 분열된다.

In einem Hauseingang(T_1) stehen zwei Manner($R_1=R_1'+R_1''$). Der eine($T_2'=R_1'$) raucht(R_2'); der andere($T_2''=R_1''$) trinkt(R_2'').

집 입구에 두 명의 남자가 서 있다. 한 명은 담배를 피우고 있고, 다른 한 명은 술을 마시고 있다.

---

70) 이와 관련하여 귈리히와 라이블레(Gulich/Raible, 1977,80ff.)에서 주제부-설명부 개념에 의한 이 텍스트의 분석 참조.

$$T_1 \longrightarrow R_1(= R_1' \quad + \quad R_2'')$$
$$\downarrow$$
$$= T_2' \longrightarrow R_2'$$
$$\downarrow$$
$$T_2'' \longrightarrow R2$$

<5> 주제 비약식 전개 유형

맥락을 통해 어렵지 않게 보충될 수 있는 핵심 주제의 성분은 생략된다. 우리는 이 유형을 다음에 오는 문장 연쇄와 관련시켜 구체화할 수 있다(다네쉬 자신은 구체적인 예를 들지 않았음).

Hans(T_1) wurde in ein dunkles Zimmer(R_1) geführt. Es($T_2 = R_1$) war mit wertvollen Mobeln(R_2) ausgestattet. Die Teppiche(T_4) zeigten leuchtende Farben(R_4).
한스는 어두운 방으로 안내되었다. 그것은 값비싼 가구들로 장식되어 있었다. 양탄자는 색상이 현란하게 보였다.

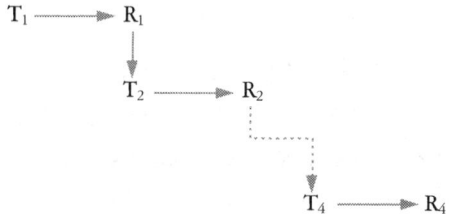

R_2(*Mobel* [가구])로부터 T_4(*Teppiche* [양탄자])로의 비약은 주제 '*Teppiche* [양탄자]'가 '*Zimmer* [방]'으로부터 추론될 수 있기 때문에 응집성에 장애를 받지 않고도 가능하다.

이 전개 유형은 (2)절에서 취급한 함축적 재수용의 형태와 일치한다.

이 유형들은 구체적인 텍스트에서 대개 순수한 형식대로만 실현되는 것이 아니라 다양한 방식으로 서로 조합되어 나타난다. 다네쉬가 암시했듯이, 수많은 특수한 경우들과의 불일치 현상도 나타난다.

이 연구 방향의 문제점은 기본 토대의 구분, 곧 주제부와 설명부의 구분에

서 이미 보인다. 그 이유는 이 구분을 상호 주관적으로 검증할 수 있는 충분
한 장치들이 마련되어 있지 않기 때문이다. 다네쉬는 개개의 문장성분들을 주
제부와 설명부에 귀속시킬 수 있는 "객관적인 기준"으로서 "보충 질문법"을
들고 있는데, 이 질문법으로 진술의 설명부가 질문된다는 식이다.[71]

예를 들어보자.

'Er bekam das Buch von einem Kollegen.' - Von wem bekam er das Buch?
'그는 한 동료로부터 그 책을 받았다.' - 누구로부터 그는 그 책을 받았는가?

첫째 문장의 보족어 *von einem Kollegen* [한 동료로부터]은 다네쉬에 따르면
설명부를 이룬다. 반면에 진술의 나머지는 주제부를 서술하고 있다. 그러나 다
음과 같은 다른 질문도 가능하다: *was bekam er von einem Kollegen?* [무엇을 그는
한 동료로부터 받았는가?] 이 질문의 *das Buch* [그 책을]는 설명부가 될 것이
다.

분명한 것은 보충 질문법의 기준을 주제부-설명부 구분 문제의 만족할 만
한 해결책으로 보기에는 전혀 어울리지 않는다는 점이다. 그래서 귈리히와 라
이블레도 주제부 - 설명부 개념을 텍스트 "*Herrn K.s Lieblingstier* [K씨의 애완동
물]"에 적용시켜 보았는데, 다음과 같은 결과에 이르렀다: "명백하고 추종할
만한 정의 기준의 결여는 드물지 않게 주제부 - 설명부 구조를 찾아내기 어렵
게 만들 수 있다."[72] 그러나 이런 비판보다 더 결정적인 것은 우리의 맥락에
서 보면 언어 이론적인 관점에서 주제 개념의 불분명한 위상이다. 말하자면
의미론적, 의사소통·화용론적 관점들이 서로 뒤섞여 있다(진술의 바탕인 주제
대 알려진 정보(구정보)인 주제). 구조의 기술 방식도 지나치게 텍스트 표층에
사로잡혀 있다. 그래서 어떤 텍스트의 주제부 - 설명부 분할 분석은 재수용 원
칙에 의한 기술을 통해서도 파악해낼 수 있는 것을 능가한다고 보기 어렵다.

---

71) 다네쉬(Daneš, 1970,73f.).
72) 귈리히와 라이블레(Gulich/Raible, 1977,83).

이 개념은 텍스트 구조를 명제들 간의 논리적·의미론적 관계 구조로 나타내기에는 부적합한 것 같다. 주제적인 텍스트 분석의 이러한 핵심적인 과제를 해결하기 위해서는 다른 '주제' 개념이 필요하다.

3.4.3 반 다이크의 거시구조와 초시구조 개념

다른 주제 개념은 그 어떤 형식면에서 표층구조와 심층구조의 구분을 바탕으로 한 생성변형문법에 초점을 둔 다양한 텍스트 이론적 연구 방향들의 특성을 이루고 있다.[73] 이 방향에서 가장 명시적으로 개진된 것은 반 다이크가 서사(敍事) 텍스트 분석의 테두리에서 발전시킨 텍스트의 '거시구조' 개념이다.[74]

이 개념은 우리들의 주제 개념에 관한 앞으로의 논의를 위하여 중요하기 때문에 이 항목을 간단히 살펴보겠다.

의미론적 텍스트 심층구조나 거시구조는 반 다이크에 따르면 텍스트의 '전국적 의미'를 제시해준다. 이것은 바꿔쓰기식 환원방식을 통해 얻는다: 구체적인 텍스트, 곧 표층 텍스트의 명제들로부터 반 다이크는 스스로 거시 규칙이라 부른 일련의 연산 과정들을 적용함으로써 이른바 거시 명제들을 유도해 낸다.[75]

거시 규칙으로는 다음의 것들이 있다.

· 삭제 규칙
"언어 사용자가 다음에 오는 명제의 해석에 더 이상 관여적이지 못한 것

---

73) 드레슬러(Dressler, 1973), 반 다이크(van Dijk, 1977,1980,1980a), 아그리콜라(Agricola, 1977,1979)도 참조.

74) 여기서는 기본적으로 반 다이크(van Dijk, 1980)에 근거하여 논의하겠다. 반 다이크의 논문에 대해서는 브링커(Brinker, 1973,20f.)와 퀼리히와 라이블레(Gulich/Raible, 1977, 250-280) 참조.

75) 반 다이크(van Dijk, 1980,45ff.) 참조. 그 다음의 인용은 반 다이크(van Dijk, 1980, 183f.).

으로 받아들인 명제들은 모두 삭제된다."

▪ 일반화 규칙

"하나의 공통적인 초시(超視) 개념(상위 개념)에 의해 파악되는 개념들이 나타나는 각각의 명제 계기는 이 초시 개념을 포함한 하나의 명제를 통하여 대치된다."

▪ 구성 규칙

"보다 전국적인 사태의 규준적 전제, 구성 요소, 결과, 특성들과 같은 것들을 나타내는 각각의 명제 계기는 이러한 전국적인 사태를 나타내는 하나의 명제를 통해 대치된다."

　규칙 적용의 결과는 텍스트 요약, 곧 거시구조를 직접 구현시킨 것으로 간주되는 개요이다. 반 다이크는 이 규칙들이 - 맥락, 수용자, 그리고 수용자의 인지적인 입장이나 태도에 의존하여 - 다양하게 응용될 수 있으며, 이에 따라 동일한 텍스트도 다양하게 요약될 수 있음을 고안해 내었다.[76]

　텍스트 주제는 반 다이크에 따르면 "일정한 요약 차원에서 유도된 하나의 거시 명제"와 다를 바 없다. 물론 이것은 텍스트에서 명시적으로 명명되지 않는 경우가 보통이다. 이런 경우는 '주제어(열쇠가 되는 말)'나 '주제문'에 해당된다.[77]

　반 다이크는 자신의 거시구조 개념은 인지적인 실체를 소유하고 있다고 주장한다. 여기서는 자세히 논의될 수 없지만, 심리학적 방식의 경험적인 논증과 그 나름대로의 실험을 통하여 반 다이크는 거시구조와 그 구성이 (거시구조를 응용함으로써) 텍스트 이해의 심리학적 과정 모델에서 결정적인 역할을 한다는 점을 입증하고자 하였다.[78]

　반 다이크의 논문은 그 동안 여러 방면에서 비판을 받았다.[79] 비판은 한

---

76) 반 다이크(van Dijk, 1980,49f.) 참조.

77) 반 다이크(van Dijk, 1980,50) 참조.

78) 반 다이크(van Dijk, 1980,183ff.) 참조. 이에 대해서는 브링커(Brinker, 1983,20), 귈리히와 라이블레(Gulich/Raible, 1977,270ff.)도 참조. 반 다이크의 실험은 이차적으로 서사 텍스트의 기억과 개요와 관계가 있다.

편으로 거시구조 자체의 형식과 유도 과정에, 다른 한 편으로 텍스트 연산(변형)을 통하여 의미론적인 심층구조로부터 텍스트의 표층구조가 어떻게 생성될 수 있느냐는 문제에, 마지막으로 관련 텍스트의 거시구조에 도달하기 위해서는 거시 규칙들이 개별적으로 어떻게 적용되어야 하느냐는 물음에 가해졌다. 물론 이 개념의 '인지적인 관여성'에 관한 반 다이크 자신의 공리(公理)도 시빗거리이다.

반 다이크는 그의 최근 논문들에서 거시구조 외에도 이른바 초시구조(超視構造)를 끌어들이고 있다. 그는 초시구조 개념을 "어떤 텍스트의 전국적인 조직을 확립하고, 조합 가능성들이 규약적인 규칙들에 바탕한 일련의 범주들로 구성되어 있는 일종의 추상적인 스키마"[80]라고 이해한다. 초시구조는 "형성 규칙들"을 통하여 생성되고 "변형 규칙들"을 통하여 수정되는 "기본 기저구조"로 간주된다. 반 다이크는 초시구조를 - 생성문법의 구조 도해("구(句)표지")에 기대어 - 계층적으로 배열된 범주적 나무그림으로 제시하고 있는데, 이러한 표현법은 너무 경직된 범주 조직을 함축하고 있다는 비판을 받을 가능성이 있다.

물론 생성적인 관련 틀이 암시되고는 있지만 더 이상 개진되고 있지는 않다. 적어도 이 영역이 이론적, 경험적으로 확산되고 있는 사정을 감안해 볼 때, 반 다이크는 그러한 초시구조의 "전제된 자질들에 대한 몇 가지 주해"[81]에 한정시키고 있다. 그래서 초시구조의 위상은 그의 전체 모델 안에서도 극히 불투명하게 된다. 이는 특히 초시구조와 거시구조의 유도 관계와 관련이 있다. 반 다이크는 이에 대하여 초시구조는 그 대상이 주제, 곧 거시구조이자 텍스트 내용인 "일종의 텍스트 형태"를 형성한다는 점만 지적하고 있다.[82] 인지적인 관점, 다시 말해서 텍스트 가공과 정보 가공의 국면에서 보면, 초시구조는 텍스트를 위한 생산 스키마이자 해석 스키마로 간주된다.[83]

---

79) 이를테면 귈리히와 라이블레(Gulich/Raible, 1977,272ff.), 쾨스톱(Quastoff, 1980,39ff.)의 비판 참조.
80) 반 다이크(van Dijk, 1980,131).
81) 반 다이크(van Dijk, 1980,129).
82) 반 다이크(van Dijk, 1980,128).

반 다이크는 두 가지 초시구조, 더 정확하게는 이야기[84]와 논증의 초시구조를 기술하고 있다.[85] 여기서 문제삼고 있는 것은 이미 일련의 연구 업적들이 제시하고 있는 구조이다. 이 연구 업적들로 잠시 눈을 돌려보기로 한다(아래의 3.5절 참조).

반 다이크(아그리콜라, 드레슬러 등도 포함하여)의 저서에 기초한 의미론적·주제적 텍스트 기저의 존재 가설은 수긍할만하다. 이 가설은 - 다음 단원에서 제시하겠지만 - 우리들의 일상언어적인 주제 개념과 일치하며, 다음과 같은 경험과 관찰의 도움을 받을 수 있다.[86]

- 텍스트 생산 시 우리가 주목하는 것은 보통 전체적인 텍스트 내용이 아니라, 대개 우리가 말하거나 쓰고자하는 주제이거나 주제들일 뿐이다.
- 우리는 텍스트를 요약문, 말하자면 하나의 표제나 제목으로 요약할 수 있다.
- 우리는 동일한 주제로 다양한 텍스트들을 저장할 수 있다.
- 우리는 소설, 드라마, 영화 등이 같은 주제를 취급하고 있다고 단정한다.
- 우리는 누군가가 주제에서 벗나갔다고, 이를테면 주어진 주제를 적법하게 개진시키지 못했음을 뜻하는 말을 한다.

아래의 절에서 서술된 주제 전개의 개념은 텍스트가 일정한(궁극적으로 의사소통적으로 제어된) 원칙에 따라 텍스트의 전체 내용으로 전개되는 하나의 핵심 주제, 곧 하나의 주제를 갖는다는 가정에서 출발한다. 반 다이크의 거시구조와 초시구조의 모델과는 달리, 이 개념은 그러나 생성적인 의미에서의 텍

---

83) 반 다이크(van Dijk, 1980,186f.) 참조.

84)* 'Erzählung'은 '이야기', '중편(中篇)', '서사(敍事) (텍스트)', '설화(說話)' 등으로 다양하게 번역되어 사용되고 있는데, 여기서는 텍스트 유형의 명칭으로는 '서사(敍事)'나 '이야기'를, 부가어로 사용될 경우에는 '서사(적)'이라는 표현을 사용하겠다.

85) 반 다이크(van Dijk, 1980,140ff.) 참조. 그밖에도 반 다이크가 논의한 학술 논문의 초시구조는 논증적인 초시구조의 특이한 변이형으로서 취급되고 있다.

86) 드레슬러(Dressler, 1973,17ff.), 반 다이크(van Dijk, 1972a,06), 브링커(Brinker, 1973,20)도 참조.

스트 모델이어야 할 필요는 없다. 또한 이 개념은 텍스트 가공과 정보 가공의 인지적 과정을 고려해 볼 때 앞으로의 가설들과는 무관하다. 우리는 "텍스트 주제"와 "주제 전개 형태"라는 개념들을 우선 분석 범주들로만 이용할 것이다. 이 분석 범주들의 도움으로 '주어진' 텍스트들의 주제 구조를 밝혀 보기로 한다. 이를 통하여 우리들의 그때 그때의 텍스트 이해가 - 적어도 어느 정도까지는 - 상호 주관적으로도 검증될 수 있을 것이다.

3.4.4 텍스트 주제와 주제 전개

(1) 텍스트 내용의 핵심으로서 주제

일상언어에서는 주제를 텍스트나 대화나 그림(영상) 등의 "대상"이라고 이해한다(이를테면 강연 주제, '*ein Thema behandeln* [어떤 주제를 다루다]' 등 참조). 물론 '주제'라는 단어는 텍스트가 언어적으로 명사적인 재수용이나 대명사적인 재수용에서 나타나듯이, 어떤 텍스트의 의사소통상의 주 대상(지배적인 지시인자)과 관련이 있다. 뿐만 아니라, '주제'의 일상 개념은 흔히 텍스트에서 이 핵심 대상, 곧 텍스트의 기본 사상이나 중심 사상에 관해 "요약하는 식으로(in nuce)" 진술되는 것도 포함한다(이를테면 '*uber das Thema diskutieren* [일정한 주제에 관해 토론하다]', '*das Thema verfehlen* [주제를 놓치다]', '*vom Thema abkommen* [주제에서 벗어나다]' 등의 어법 참조).

'주제'라는 말의 이러한 일상언어적인 사용에 근거하여 우리는 '주제'를 텍스트 내용의 핵심이라고 정의하기로 한다. 이 때 "텍스트 내용"이란 용어는 하나 또는 그 이상의 대상(즉, 인물, 사태, 사건, 행위, 생각 등)과 관련된 텍스트의 사고 과정을 말한다.[87] (핵심 내용으로서의) 텍스트 주제는 특정한 텍스트

---

87) 필자는 이 주제 정의를 이미 1971년에 논의하였던 텍스트의 정보 구조 기술 방법과 결부시키고 있다(브링커(Brinker, 1971,233f.). 당시에 사용된 명칭 '정보 구조'와 '기본 정보'는 개념적으로 전문용어인 '주제 구조', '텍스트 주제'와 일치한다. 브링커(Brinker,

분절문(이를테면 제목이나 특정한 문장)에서 실현되거나, 아니면 우리가 텍스트 주제를 텍스트 내용에서 추론해야 하는데, 이를테면 '요약식 바꿔쓰기'의 방법을 통하여 추론한다. 그 결과, 텍스트 주제는 텍스트 내용의 최선의 요약이다. 때문에 우리는 텍스트 환원법을 반 다이크의 거시 연산(조작)에 근거할 수도 있을 것이다. 그러나 이 연산을 적용해 보면, - 귈리히와 라이블레가 예시 텍스트에서 지적하였듯이[88] - 이 규칙에 기대어 분석하기가 곤란할 정도로 많은 불명확한 점이 나타난다. 아무튼 (핵심 내용으로서의) 주제를 텍스트언어학적으로 분석할 때 무수한 단계들을 거치면서 '올바른' 주제 작성에 이르는 "기계적인" 절차를 규정하기 어렵다는 점을 이해할 필요가 있다.[89] 주제를 규정짓는 일은 오히려 그때 그때의 독자가 텍스트로부터 얻는 전체적인 이해에 의존한다. 이러한 전체적인 이해는 결정적으로 행위자가 추측한 의도를 통하여, 다시 말하면 화자/저자가 자신의 텍스트로 '수용자의 견해에 어울리게' 추구하는 의사소통 의도를 통하여 규정된다(이에 대해서는 아래의 4.3절 참조).

따라서 정확히 적용하게 되면 적절하게 주제를 규정할 수 있도록 보장해 주는 세부적인(형식적인) 연산 과정이 원칙적으로는 제시될 수 없더라도, 주제

1979,9ff.)도 참조.

88) 귈리히와 라이블레(Gulich/Raible, 1977,274f.) 참조.

89) 그 때문에 텍스트의 표층구조에서 텍스트의 핵심 주제("핵심 정보(Informationskern)")에 이르는 '객관적인' 단계에 도달할 수 있도록 하는 텍스트 내용의 분석 모델을 구축하고자 한 아그리콜라(Agricola, 1979)의 시도에 맞서는 근본적인 재고를 하게 된다(앞 책,8,34 참조 - 필자의 강조). 아그리콜라가 그의 분석 모델에서 일차적으로 문제삼고 있는 것은 기계적인 정보 가공의 필요성에 부응하여 복잡한 텍스트를 특정한 연산적인 장치에 기대어 본질적인 것, 곧 - 그의 말을 빌리자면 - "관여적인 것(das Relevante)"으로 축소시키는 일이다(마치 객관적으로, 다시 말해서 그때 그때의 수용 상황과는 무관하게 이른바 '텍스트 자체에서' 고정될 수 있는 것처럼). "주제와 텍스트는 서로 의미론적인 응축 대 융합과 비례 관계에, 그리고 관여적인 것 대 관여적인 것 + 수의적 - 변이적 - 잉여적인 것과 비례 관계에 있다(Thema und Text stehen [···] zueinander im Verhaltnis von semantischer Konzentration zu Diffusion, von Relevantem zu Relevantem plus Fakultativ-Variabel-Redundantem)"(32쪽). 텍스트 생산시 주제의 단계적인 전개와 텍스트 수용 시 역 방향으로 텍스트로부터 주제를 추론해내는 유추적인 과정은 서로 일치한다. 아그리콜라는 이러한 과정을 모형적으로 기술하기 위한 복잡한 형식적인 장치를 개발하였다. 우리들의 논의와 관련하여 이 점에 대한 더 이상의 설명은 하지 않겠다.

분석이 지향할 수 있는 몇 가지 원칙들을 세우는 일은 가능하다.[90]

이 때 일차적으로 중요한 것은 재수용 원칙인데, 이는 주제를 텍스트 분석적으로 규정할 때 핵심적인 텍스트 대상들에 근거할 수 있음을 말한다. 이 말은 텍스트 대상이 문법적인 관점에서 다양한 재수용 형태로 표현되는 경우와 같다.

대개 텍스트는 경우에 따라 주제에 대한 중요성(관어성)이 서로 다른 다수의 주제들을 포함하고 있다. 그래서 주제의 등급 구조인 일종의 주제 계층구조가 발생한다.

핵심 주제와 주변 주제를 구별할 수 있도록 두 가지 원칙을 더 설정하겠다.

• 유도 가능성의 원칙

이는 텍스트의 다른 주제들이 (우리들의 텍스트 이해를 위해) 가장 설득력 있게 "유도"될 수 있는 주제를 텍스트의 핵심 주제로 간주한다는 말이다.

• 양립성의 원칙

이 원칙은 텍스트의 주제와 의사소통 기능이 어느 정도까지는 상호의존적이다(이를테면 화행론에서 말하는 발화수반행위와 명제행위의 관계와 비교될 수 있음)는 가정에 기초를 둔 것이다. 그래서 텍스트의 핵심 주제로 볼 수 있는 것은 텍스트 화용론적 분석에 준거하여 탐구된 텍스트 기능과 가장 잘 양립할 수 있는 주제이다(이에 대해서는 아래의 4장 참조).

이제 우리는 극히 잠정적인 이러한 규정들을 두 가지 텍스트를 예로 들어 명세화하여 텍스트 분석적 관점에서 정확히 규정하여 보겠다.

(1) Zimmer ausgebrannt

Aachen - [1] Gegen 15 Uhr wurde gestern die Aachener Berufsfeuerwehr alarmiert. [2] Sie rückte in die Thomashofsstraße aus, wo es in einer Wohnung

---

90) 브링커(Brinker, 1980a,139f.) 참조.

brannte. [3] Die Feuerwehrleute 'loschten mit drei C-Rohren. [4] Oberbrandrat Starke war ebenfalls am Einsatzort. [5] Zwei Zimmer brannten vollkommen aus. [6] Drei weitere wurden in Mitleidenschaft gezogen. [7] Die Ursache des Brandes ist noch nicht bekannt. [8] Die Kripo hat sich inzwischen eingeschaltet. [9] Die Feuerwehrleute mußten aus einem oberen Geschoß ein Kleinkind retten. [10] Wahrend des Brandes befand sich niemand in der heimgesuchten Wohnung.

<인용 : 아헤너 나흐리히텐(Aachener Nachrichten) 일간지, 1973.02.17.>

방이 전소되다
아헨 - 어제 15시경 아헨의 직업 소방대에 비상 경보가 울렸다. 이 소방대는 한 주택에 불이난 토마스호프 가(街)로 출동하였다. 소방대원들은 세 개의 C-관으로 진화했다. 소방 위원회 회장 슈타르케 씨도 출동 장소에 있었다. 두 개의 방이 완전히 전소되었다. 나머지 세 개도 함께 피해를 입었다. 화재의 원인은 아직 알려지지 않았다. 수사관이 그사이 투입되었다. 소방대원들은 윗 층으로부터 어린아이를 구출해야 했다. 화재 동안 피해를 입은 주택에는 사람이 한 명도 없었다.

위의 텍스트는 - 의사소통 · 화용론적으로 보면 - 화자가 수용자에게 특정한 사태를 알리고자 함으로써, 더 구체적으로 말하면, 수용자에게 특정한(부정적인) 사건을 (직접 과거형으로) 제보하고자 꾀함으로써 복합적인 정보행위임을 명시해준다(이에 대해서는 아래의 4.4.2절 참조).

이제 텍스트 주제를 규정하여 보자.

재수용의 빈도 면에서 보면, 어휘 *Feuerwehr* [소방대](B1)와 *Wohnung* [주택](B2)이 핵심적인 텍스트 대상임을 알 수 있다.

명세화하면 다음과 같은 결과에 이른다.

B1 : die Aachener Berufsfeuerwehr [1] - sie [2] - die Feuerwehrleute [3] - Oberbrandrat Starke [4] - die Feuerwehrleute [9]

B2 : In einer Wohnung [2] - zwei Zimmer [5] - drei weitere [6] - in der heim-gesuchten Wohnung [10]

B1 : 아헨의 직업 소방대 - 이 소방대는 - 소방대원들 - 소방위원회 회장 슈타르케 씨 - 소방대원들

B2 : 한 주택에 - 두 개의 방 - 나머지 세 개 - 피해를 입은 주택에는

이러한 재수용 관계에 근거하면, 텍스트는 세 부분으로 나눠진다.

부분 1 : 지배적 지시인자 = *Feuerwehr* (*Feuerwehrleute/Oberbrantrat* [소방대(소방대원들/소방위원회 회장] = 함축적 재수용, 문화에 기초한 근접성 관계)
이 부분은 분절문 [1] - [4]와 [9]를 포함한다.

부분 2 : 지배적 지시인자 = *Wohnung* (*Zimmer* [주택(방] = 함축적 재수용, 문화에 기초한 근접성)
이 부분은 분절문 [2, 5, 10]을 포함한다.

부분 3 : 분절문 [7]과 [8]
분절문 [7]은 어휘 *Brand* [화재]를 거쳐 비로소 다른 분절문들(예: [2, 4, 5])과 결합되어 있다. 분절문 [7]과 [8]의 결합은 함축적이다. 이 결합은 우리들의 세상지식을 통하여 복구되기 때문이다(이를테면 다음과 같은 문장으로 바꿔쓰기가 가능한 세상지식: *Es gehört zur Aufgabe der Kripo, Brandursachen zu untersuchen* [화재 원인을 수사하는 것은 수사관의 임무에 속한다]).

이 분석에서 원칙적으로 주목해야 할 것은 주제 분할이 재수용 구조에서 어느 정도까지는 제시되겠지만, (1:1 관계의 의미에서) 완전하게 이루어지지는 않는다는 점이다. 주제 분석은 오히려 텍스트의 전반적인 이해에 근거하며, - 위에서 제시한 주제 정의에 따라 - 개별 텍스트 구절들의 지배적인 지시인자들뿐 아니라 텍스트 안에서 이 지시인자들을 거쳐서 진술된다는 점도 고려하고 있다. 더욱이 텍스트의 (핵심) 주제인 "*Wohnungsbrand* [주택 화재]"와 "*Feuerwehreinsatz* [소방대 출동]"의 두 가지 개념이 나타난다. 이 두 가지 주제는 텍스트 기능 ("사건 X에 관하여 제보한다")과 상응하는 텍스트 유형 "(신문) 뉴스"와 양립될

수 있다. 물론 텍스트의 명제들은 주제 *"Wohnungsbrand* [주택 화재]"에만 전적으로 수렴될 수 있다. 반대로 주제 *"Feuerwehreinsatz* [소방대 출동]"는 분절문 [1] - [4]와 경우에 따라 [9]의 명제들만 포용한다. 이러한 "유도 관계"에 대해서는 다음 장에서 더 자세히 논의하겠다.

주제를 텍스트 분석적으로 규정하는 것은 주제 조직의 문제와 밀접한 관련이 있다. 이에 따라 어느 정도로까지 축소되어야 하느냐는, 다시 말해서 어떤 첨가 사항들이 주제 조직에 흡수될 것이냐는 질문이 제기된다.[91]

우리는 이 틀을 여기에서도 의사소통·화용론적인 분석을 통하여, 다시 말하면 주제 조직을 텍스트 유형과 관련시켜 규정하여 보겠다.

위의 예시 텍스트에서 알 수 있는 분명한 사실은 주제를 조직할 때 공간적, 시간적인 첨가사항들이 고려되고 있다는 점이다. 왜냐하면, 이 텍스트는 주제 *"Wohnungsbrand* [주택 화재]"에 대한 일반적인 정보(이를테면 보험회사 측의 해명)를 주지 않고, 주제 *"Wohnungsbrand* [주택 화재]"(텍스트 유형 "뉴스"에 상응하는)를 특정한, 공간적·시간적으로 고정된 사건으로 취급하고 있기 때문이다. 주제가 명사구문(*"Der Wohnungsbrand am 16. 2. 73 gegen 15 Uhr in der Thomashofstraße in Aachen* [1973년 2월 16일 15시경, 아헨의 토마스호프가에서 화재 발생]")이나 이른바 평서문의 형태(이를테면 *"Am 16. 2. 73 ereignete sich gegen 15 Uhr ein Wohnungsbrand in der Thomashofstraße in Aachen* [1973년 2월 16일 15시경에 한 주택 화재가 아헨의 토마스호프 가에서 발생했다]")로 재생되고 있는지의 여부는 적어도 이 경우에는 중요하지 않는 듯하다.

이제 다음의 예시 텍스트로 눈을 돌려보자. (사진 부분을 제외한) 언어적 부분은 다음과 같다.

(2) Pflegen und pflegen lassen

[1] Lassen Sie sich pflegen und pflegen Sie zurück. [2] Das macht nicht nur Spaß, es ist auch gut für die Haut.

[3] Für die Hautpflege am ganzen Körper gibt es nichts Besseres als Nivea milk. [4] Denn sie enthält alles, was die Haut braucht, um glatt, geschmei-

---

91) 이 문제는 드레슬러(Dressler, 1973,19)에서 간단히 논의되었다.

dig und jung zu bleiben.

[5] Nivea milk hat einen dezenten, angenehm frischen Duft. [6] Sie 'laßt sich leicht verteilen: sanftes Streicheln genügt. [7] Und sie zieht schnell ein, ohne Fettglanz zu hinterlassen.

[8] Machen Sie den nächsten Badetag zum Pflegetag. [9] Baden Sie sich und Ihre Familie nicht nur mit Wasser und Seife. [10] Sondern pflegen Sie sich anschließend auch mit Nivea milk.

<인용 : 퓌어 지(Für Sie) 월간지, 1972년 6월 호>

손질하고 손질 받으세요
[1] 당신의 몸을 손질받고 손질하세요. [2] 이것은 기쁨만을 주는 것이 아니라, (이것은) 피부에도 좋습니다.
[3] 전신의 피부손질을 위해서는 니베아 밀크보다 더 나은 것은 없습니다. [4] 왜냐하면, 이것은 탄력있고, 부드럽고, 젊음이 유지되도록, 피부가 필요로 하는 모든 것을 함유하고 있기 때문입니다.
[5] 니베아 밀크는 은은하고, 기분 좋게 상큼한 향기를 담고 있습니다. [6] 이것은 쉽게 고루 바를 수 있습니다. 그래서 부드럽게 문지르는 것으로 충분합니다. [7] 그리고 이것은 번질거림을 남기지 않고 빠르게 흡수됩니다.
[8] 다음 번 목욕하는 날을 손질하는 날로 정하십시오. [9] 당신과 당신의 가족을 물과 비누로만 목욕시키지 말고, [10] 아울러 니베아 밀크로도 손질하십시오.

의사소통·화용론적 관점에서 보면, 이 텍스트는 복합적 요청 행위(더 정확히 말하면: 추천 행위)임을 명시해준다(이에 대해서는 아래의 4.4.3절 참조). 이 텍스트는 적어도 주어진 자료에 의하면 논증적 구조를 취하고 있다(이에 대해서는 아래의 3.5.3절 참조). 증명의 형태도 있다. 논증적(인 방법을 취하는) 텍스트들의 경우, 주제는 저자의 선도적인 테제를 통하여 (하나의 지시부와 하나의 서술부를 포함하는 이른바 평서문의 형태로) 가장 적절하게 제시된다.

텍스트 주제를 분석함으로써 텍스트에서 명시적으로 나타난 다음의 두 가지 테제(주제)를 얻게 된다(이에 대해서도 아래의 3.4.4.2절 참조).

1. 피부 손질을 위해서는 니베아 밀크보다 더 나은 것은 없다.
2. 니베아 밀크에 의한 피부 손질은 기쁨을 준다.

위의 두 가지 주제는 서로 병렬 접속되어 있다(접속사 *und* [그리고], *nicht nur - auch* [··· 일뿐 아니라 ··· 이기도 한]). 이 주제들은 핵심부에 이미 슬로건과 니베아 밀크(Nivea milk)라는 표제로 그 아래에 묘사된 병을 통하여 재현되고 있다(명시적으로 나타내면, 생산자는 니베아 밀크로 손질하고, 니베아 밀크로 손질받을 것을 수용자에게 추천한다). 주제의 단서가 되는 개념은 다양한 언어적인 형태와 결합 구조로 나타나는 '손질 또는 관리' 개념이다.

예시 텍스트 (1)에서는 유도 가능성의 원칙에 의거하여 핵심 주제와 주변 주제가 구별될 수 있었지만, 예시 텍스트 (2)에는 양립성의 원칙이 도입되어야 한다(두 주제는 - 논리적·의미론적으로 보면 - 병렬 관계에 있음). 그래서 주제 (1) *"Fur die Hautpflege gibt es nichts Besseres als Nivea milk* [피부 손질에는 니베아 밀크보다 더 나은 것은 없다]"는 핵심주제로, 주제 (2) *"Hautpflege mit Nivea milk macht Spaß* [니베아 밀크에 의한 피부 손질은 기쁨을 더해준다]"는 주변 주제로 보아야 한다는 결론이 나온다. 왜냐하면 주제 (1)은 구매 요구 및 구매 추천에 의해 주제 (2)보다 더 직접적인 근거제시 관계에 있기 때문이다. 지금까지의 텍스트 이해를 다음처럼 바꿔 쓸 수 있다.

"Nehmen Sie Nivea milk, denn ´fur die Hautpflege gibt es nichts Besseres als Nivea milk. Außerdem macht Hautpflege mit Nivea milk Spaß."
"니베아 밀크를 선택하십시오. 피부 손질에는 니베아 밀크보다 더 나은 것은 없으니까요. 게다가 니베아 밀크에 의한 피부 손질은 기쁨을 더해줍니다."

텍스트 화용론적 관점에서 보면(특히 예기된 텍스트 효과의 국면에서 보면), 주변 주제 안에서 우리는 물론 생산자가 특별한 광고 효과를 기대하는 텍스트의 핵심(요점)을 간파할 수 있다. 이 점은 *"Pflegen und pflegen lassen* [손질하고 손질 받으세요]"이나 *"Pflegen und zurückpflegen* [손질하고 손질 받으세요]"를 기쁨을 마련해 주는 허물없는 여러 사람들의 모습을 보여주는 전면 (광고) 사진에서 나타난다.

(2) 주제전개 개념

앞 절에서 다룬 유도 가능성의 원칙으로 우리는 이미 텍스트 주제 분석의 두 번째 기본 개념, 주제의 정신적인 실행 (과정)을 뜻하는 '주제 전개' 개념을 암시하였다. 주제 전개는 실제로 의사소통적 요인과 상황적인 요인(의사소통 상황과 의사소통 목적, 파트너 관계의 종류, 파트너 평가와 같은 요인들)을 통하여 제어되기 때문에, 근본적으로 한 주제를 다양하게 전개할 수 있는 가능성들이 주어진다. 그러나 이러한 관계들에 대해서는 아직 거의 알려진 바가 없다.

주제가 텍스트의 전체 내용으로 전개되는 현상을 상관적 범주, 곧 논리적 · 의미론적인 정의에 기초한 범주들의 연결이나 조합이라고 말할 수 있다. 이는 개별 텍스트 부분들(표제, 단락, 문장 등)에 표현된, 텍스트의 핵심 주제 (텍스트 주제)의 부분 내용이나 부분 주제들의 내적 관계를 제시해준다(예: 명세화, 증명 등).[92]

이에 따라서 텍스트의 주제 전개 분석은 다음의 두 단계에서 수행될 수 있다.

첫 번째 단계에서는 개별 명제들과 명제 복합체가 전체 텍스트 내용에 대한 내용상의 기여도를 탐구하여 되도록 간략하게(명사적 단어그룹이나 이른바 평서문의 형태로) 서술해 보겠다. 두 번째 단계는 첫 번째 단계에서 얻은 부분 내용이나 부분 주제의 논리적 · 의미론적 관계를 규정하여 범주에 따라 명칭을 부여하는 일이다.

이제 관련된 개념적, 방법론적인 규정들을 앞 절의 두 예시 텍스트에 적용시켜 설명해보자.[93]

신문 뉴스(예시 텍스트 (1), 78쪽 참조)의 텍스트 주제는 개념 "Wohnungsbrand [주택 화재]"의 주제적 구성성분이나 부분 주제들로 파악될 수 있는 다음의 세 가지 사건 중심적인 국면에서 전개되고 있다.

---

92) 브링커(Brinker, 1971,233f., 예시 분석도 참조), 브링커(Brinker, 1979,10f.) 참조.
93) 신문 뉴스의 분석에 대해서는 브링커(Brinker, 1980,140f.) 참조.

<1> 소방대의 화재 진화 작업(분절문 [1] - [4]는 "관통적" 지시인자 "*Feuerwehr* [소방대]"에 준거한 명제 복합체의 실현이라고 볼 수 있다; 그밖에도 분절문 [1]과 [2]에서는 주제가 시간적, 공간적으로 고정되어 있다).

<2> 화재의 결과(피해 확인, 물품 및 인명 피해에 따라 구분되어 있음: 분절문 [5]/[6]과 [9]/[10]), 분절문 [9]에 표현된, 부분 주제 2의 명제에 관여적인 것은 서술부이다. 부분 주제 2와 관계있는 것은 제목 '*Zimmer ausgebrannt* [방이 전소되다]'이다.

<3> 화재의 원인(분절문 [7]/[8])

핵심 주제와 부분 주제들을 연결시켜 주는 일반적인 범주는 - 간단히 말하면 - '명세화'의 범주이다.

부분 주제의 배열 방식은 부분적으로 고정되어 있는 듯하다. 첫 번째 부분 주제는 텍스트의 첫머리에 위치해야 하는데, 다른 두 부분 주제들의 순서는 어느 정도 임의적이다.

특이한 것은 두 번째 부분 주제가 상호 연관적으로 취급되지 않고 부분 주제 <3>이 서술됨에 따라 단절되고 있는 점이다. 이로 말미암아 둘째 열의 부분 주제들("*Folgen fur die Sachen* [재산피해]" - "*Folgen fur die Personen* [인명피해]")이 주제 계층구조의 첫 번째 단계에 배열되어 <1>과 <3>의 두 부분 주제가 동일선상에 있다는 인상을 주지만 논리적인 배열 순서와 상치된다. 도식으로 요약하면 다음과 같다.

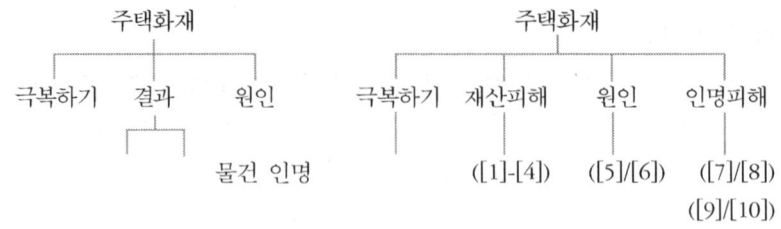

이에 따라 지식 프레임 안에서 재구성될 수 있는 "논리적" 구조는 부분 주제들의 '배열' 국면에서 나타나는 텍스트의 주제 구조와 일치하지 않는다. 두 번째 부분 주제가 비연속적으로 제시되기 때문에 발생하는 이러한 차이점은 수많은 정보 제공자(텍스트 생산자)들이 텍스트의 마지막 부분을 무질서하다거나 응집력이 없다고 생각하는 원인이 되기도 한다.

주어진 텍스트가 지나간 부정적인 사건을 주제로 삼고 있는 뉴스 텍스트들의 일반적인 주제 도식을 실현하고 있는지(이를테면 '대응조처 - 결과 - 원인'의 의미에서)는 더 많은 텍스트 자료를 통하여 검증할 필요가 있다.

다시 한 번 광고 선전(예시 텍스트 (2))에서의 주제 전개를 간단히 살펴보기로 하자.

핵심 주제는 테제 "Fur die Hautpflege gibt es nichts Besseres als Nivea milk [피부 손질에는 니베아 밀크보다 더 나은 것은 없다]"를 통하여 제시되고 있는데, 분절문 [4] - [7]의 명제들에서 근거제시가 되고 있다. 근거제시의 방식은 철저히 생산자가 수용자측에 대하여 전제하고 있는 기대 자세에 초점을 맞추고 있다. 곧 우리가 이런 류의 생산품으로부터 일반적으로 기대하게 되는 특성과 작용들이 판박이 형태로 열거되고 있다(생산품의 화학적인 합성에 관한 표시들은 없음).

두 번째 주제("*Hautpflege mit Nivea milk macht Spaß* [니베아 밀크에 의한 피부 손질은 기쁨을 더해준다]")만 명시되고 있는데, 언어적으로는 단어그룹 '*sanftes Streicheln* [부드럽게 문지름]'이나 '*Badetag* [목욕하는 날]'과 '*Pflegetag* [손질하는 날]'을 대립시킴으로써, 특히 비언어적으로는 이미 언급된 전면 사진을 통하여 구체화되고 있다.

이 두 주제는 - 이미 논의한 대로 - 서로 병렬된, 논리적으로는 서로 무관한 주제들로서 나타난다. 그러나 분절문 [6]에서 적어도 두 주제간의 느슨한 전제 관계가 형성된다. 왜냐하면 생산자는 생산품의 액체 농도가 "*Pflegen* [손질]"과 "*Zurückpflegen* [손질받음]"의 쾌적한 유희를 가능하게 만들기 때문이다(명시적으로 나타내면: "*Sie 'laßt sich leicht verteilen. Deshalb genügt sanftes Streicheln* [이것은 쉽게 고루 바를 수 있습니다. 그래서 부드럽게 문지르는 것으로 충분합니다]").

분석을 통하여 알 수 있는 것은 양 텍스트가 서로 다른 주제들에 바탕을 두고 있을 뿐 아니라, 이 주제들도 전혀 이질적으로 전개되고 있다는 점이다. 이 점은 구체적인 텍스트 내용과 이를 구성하는 명제들을 간과하고 각각 주제 전개에 기초가 되는 논리적·의미론적인 범주들을 고려할 때 특히 분명해진다 (한 편으로는 명세화, 다른 한 편으로는 증명과 해설의 범주들). 이 텍스트들은 분명히 다른 전개 가능성을 제시해주고 있다.

이제 언어 공동체에서 사용되는 일련의 주제 전개 '기본형들'이 형성되었는데, 그 가운데 기술적, 서사적, 설명적, 논증적으로 하나의 주제를 텍스트 내용으로 전개시키는 유형들이 가장 중요하다. 언어 참가자의 일상지식에 속하는 이러한 형태들의 (위에서 설명한 의미에서의) 특징은 의미론적·주제적인 범주들이거나 범주들의 결합 현상이다.

이러한 기본형들은 구체적인 텍스트들에서 다양하게 만들어지고 조합되어 나타날 수 있는데, 텍스트의 주제 구조를 규정해준다. 어떤 기본형이 지배적이냐에 따라 일차적으로 기술형(記述形), 서사형(敍事形), 설명형(說明形) 또는 논증형(論證形) 텍스트 구조 가운데 하나를 들 수 있다.

다음 절에서는 이른바 실용 텍스트[94]의 주제 구조에 특히 관여적인 기본형들, 곧 기술형, 설명형, 논증형 주제 전개 모형들을 더 자세히 기술하여 보겠다.[95]

3.5 주제전개의 기본 모형들

3.5.1 기술형 주제전개 모형

기술형 주제전개에서는, 하나의 주제가 그 구성요소들(곧 부분 주제들) 안

---

94) "실용 텍스트(Gebrauchstext)"의 정의에 대해서는 위의 제2장 각주 23 참조.
95) 서사적인 주제 전개형은 이에 반해서 - 문학적인 이야기(literarische Erzählung)를 간과하면 - 구어로 된 텍스트들에서 더 특징적이다(예: 일상 이야기). 이에 대해서는 아래의 68쪽 참조.

에 서술되어 공간과 시간에 배열된다. 가장 중요한 주제상의 범주는 명세화와 상황화이다.

기술형 주제전개는 주제의 종류에 따라 제약받는 다양한 생산 유형들에서 나타난다. 여기서는 다음과 같은 변이형들을 구분하고자 한다.

(a) 주제는 일회적인 사건 과정, 곧 역사상의 어떤 사건을 서술한다.

(1) Krach beim HSV

Vor dem heutigen Spiel des Hamburger SV beim internationalen Fußballturnier in Bilbao kam es zu einem handfesten Krach. Beim Training schickte Ernst Happel seinen Torwart Uli Stein nach einem Wortwechsel vorzeitig in die Kabine. (Seite 16).

<인용 : 함부르거 아벤트블라트(Hamburger Abendblatt) 석간지, 1982.08.12. 1쪽>

HSV팀의 소동

빌바오의 국제 축구 대회에서 함부르크 SV팀은 오늘의 경기에 앞서 격렬한 소동을 치렀다. 연습 때 에른스트 하펠은 자기 팀의 수문장인 울리 슈타인을 언쟁이 있은 후 서둘러 선수 대기실로 보냈다. (16쪽)

(텍스트) 생산자는 사건 'Krach beim HSV [HSV팀의 소동]'의 몇 가지 주된 구성요소들을 도입한다. 이로써 생산자는 이른바 무엇을 어떻게(사건의 흐름), 누가(행위자), 언제, 어디서(사건의 시간과 장소) 등의 의문사 질문에 대답한다. 행위자의 동기('왜')와 사건의 뜻밖의 결과('어떤 결과로')는 위의 짧은 뉴스단신에서는 열거되지 않았다. 이와 관련된 보충 정보는 뉴스단신이('Seite 16' [16쪽에 계속]) 지적해주는 더 자세한 보고에서 나타난다.

주제적인 텍스트 구성, 곧 개개의 명제 배열은 사건 보고의 경우, 일반적으로 보도된 사건의 시간적 흐름에 초점을 맞추고 있다.

문법적인 관점에서 보면, 이른바 과거 시제(위의 텍스트에서는 과거형) 및 시간 규정어와 처소 규정어들(예: vor dem heutigen Spiel [오늘 경기에 앞서], in Bilbao [빌바오에서] 등)이 지배적이다.

이러한 구성 과정에서 보면, 기술형 주제전개는 특히 제보적 텍스트 유형
인 '뉴스'와 '보고'의 특징을 이룬다. 앞의 3.4.4절에서 분석한 신문 뉴스도 여
기에 속한다.

명확성을 기하기 위하여 다른 예시 텍스트를 하나 더 끌어들여 보겠는데,
라디오 뉴스를 논의의 대상으로 삼았다.

(2) [1] Die Christlich-Demokratische Union lehnt die von der Bonner Koalition
beschlossenen Sparmaßnahmen nicht in Bausch und Bogen ab. [2] Sie
verweigert sich damit der von Franz Josef Strauß béfurworteten Linie. [3] Der
CDU-Vorsitzende Kohl sagte nach einer Präsidiumssitzung vor Journalisten in
Bonn, Steuer- und Abgabenerhöhungen lehne seine Partei jedoch nachdrucklich
ab. [4] Als Beispiele nannte er eine Erhöhung des Beitrages zur Arbeits-
losenversicherung sowie Einschränkungen beim sogenannten Ehegatten-Splitting
und bei der Vorsorgepauschale. [5] Die geplanten ¨Anderungen in der Kran-
kenversicherung stießen zwar auf erhebliche Kritik der CDU, ʼlagen aber
ihrer Generallinie, sagte Kohl. [6] ¨Uber einige andere Vorhaben werde seine
Partei mit sich reden lassen.

<인용 : 1982.08.30., 독일 NDR III 뉴스 방송, 19시, 두 번째 뉴스 단신>

기민당은 본의 연립 내각에 의해 결의된 절약 방침을 일괄적으로 거부하지는
않았다. 이 당은 이로써 프란츠 요셉 슈트라우스가 지지한 노선을 거절하고
있다. 기민당 총재 콜은 장관 회의 후, 본에서 기자 회견을 갖고 조세 인상을
자기 당은 단호히 거부한다고 말했다. 예로서 그는 실업자 보험 불입금의 인
상 및 이른바 남편과 별거해 있을 때의 절감과 잠정 정액 요금(flat rate)에서의
절감을 들었다. 의료 보험에서 계획된 변화는 기민당의 신랄한 비판에 부딪치
기는 하였지만, 자신의 일반 노선을 밟고 있다고 콜은 말했다. 몇 가지 다른
계획에 관해서는 그의 당과 같은 입장이다.

뉴스 방송은 휴지를 통하여 서로 나눠지고 개별 텍스트의 성격을 갖는, 다
시 말해서 응집성 원리에 따라 서로 무관한 관계에 있는 개개의 뉴스 단신들
로 구성되어 있다. 이 뉴스 텍스트들은 각각 상황화와 명세화의 주제적인 범
주들에 따라 전개되는 사태나 사건을 주제로 삼는다.

위의 예시 텍스트에서는 주제가 분절문 [1]과 [2]에 포함되어 있다: CDU [기민당]는 본(Bonn)의 절약 방침에 대해 슈트라우스가 청구한 일반 거부안에 동참하지 않는다. 주제는 분절문 [3]에서 상황화되고 있으며(정보 원천과 장소를 제시함으로써: *Kohl sagte nach einer Präsidiumssitzung vor Journalisten in Bonn* [콜 수상은 장관 회의 후 본에서 기자 회견을 가졌다]), CDU가 절약 목록의 어떤 부분에 동의하고, 어떤 부분에 거부하고 있는지를 텍스트생산자(저자)가 지시적으로 인용함으로써 명세화되고 있다.

(b) 주제는 규칙성이 있는 것으로 서술된(일반화 가능하고 반복 가능한) 과정을 말한다.

(3) (Das Stielen eines Hammers)
[1] Einen neuen Stiel zugerichtet kaufen, der in das ¨Ohr des Hammerkopfes paßt und nicht zu kurz ist: ´fur Schreinerhammer etwa 35cm.
[2] Hammerkopf aufsetzen und einige Male kräftig mit dem hinteren Ende des Stiels auf die Werkbank schlagen, so daß sich der Kopf festzieht. [···] Nach dieser Probe Hammerkopf wieder entfernen, schragen Schlitz ´fur Keil einschneiden.
[3] Schmalen Keil anfertigen.
[4] Hammer zusammensetzen, Kopf festschlagen, Keil mit etwas Leim bestreichen, eintreiben.
[5] Etwa¨uber den Hammerkopf vorstehendes Holz mit der Feinsage ¨absagen.
[6] Zum Schluß wird der Stiel mit Zelluloselack *eingelassen* und mit Stahlwolle *abgezogen*. ···
<인용 : 베르크마이스터(O.Werkmeister)의 『Die Axt im Haus』(1956), 183쪽 이하>

(망치의 손잡이)
[1] 망치 머리의 자루 구멍에 꼭 맞고 너무 짧지 않는, 이를테면 목수용 망치일 경우 약 35cm인 새 손잡이를 완성된 형태로 구입하시오.
[2] 망치 머리를 끼워 몇 번 손잡이의 뒤끝으로 작업대 위를 힘껏 치십시오. 그러면 머리가 꽉 끼게 됩니다. [···] 이렇게 시험한 후 망치 머리를 다시

분리시켜, 경사진 틈새에 쇠기를 박아 넣으시오.
[3] 가느다란 쇠기를 만들어 준비하시오.
[4] 망치를 조립하여, 머리를 때려 박고, 쇠기에 약간의 아교풀을 발라, 박아
   넣으시오.
[5] 망치 머리 위로 약간 돌출해 있는 나무를 고운 톱으로 잘라내시오.
[6] 마지막으로 손잡이가 섬유소 니스로 칠해지고, 강철 솜이 *제거됩니다.* …

생산자는 전체 과정(곧 주제)을 이 주제의 중요한 부분 과정들로 나누고 있
는데, 이 부분 과정들을 시간적인 병렬에 따라 개관적이면서도(번호 매김을 통
하여 암시되고 있음) 간략하게 기술하고 있다.
중요한 언어적 특성들을 들면 다음과 같다.

- 행위 동사의 지배적인 사용(*aufsetzen* [끼우다], *schlagen* [치다], *einschneiden*
  [파넣다], *anfertigen* [제작하다] 등);
- 부정사(Infinitiv)의 지배적인 사용(*kaufen* [구입하다]/*aufsetzen* [끼우다]/*schlagen*
  [치다] 등). 그러나 이것은 사용설명서, 사용법, 작업지침 등에서는 직접
  적인 요구 행위를 암시해주는 것이 아니라, 교시적인 텍스트 기능(호소
  기능의 변이형)의 도움을 받아 사용되고 있다(이에 관하여 더 자세한 논
  의로는 아래의 4.4.3절 참조). 따라서 이 부정사는 위의 텍스트에서도 원
  칙적으로 동작 수동문으로 대치될 수 있다(위의 예시 텍스트의 단락 [6]
  도 참조). 다른 기술형 텍스트들(예: 학술 논문, 참고서와 학습 교재)에서
  는 수동 구조가 선호되고 있다.

의학 교재에서 뽑은 예 :
(4) Die Linearextraktion
   Nach vorausgegangener Eröffnung der Linsenkapsel durch Dizision wird im
   Zustand der Quellung der Linse die Vorderkammer am oberen Hornhautrand
   durch schmalen Lanzenschnitt *eröffnet.* Die gequollenen Linsenmassen [···] *werden*
   exprimiert, ausgelöffelt oder am schonendsten mit Fuchsscher Spritze abgesaugt.
           <인용 : 홀비히(F. Hollwich)의 『Augenheilkunde[안과학]』(1974), 127쪽>

직선 추출

렌즈 캡슐을 분리시켜 미리 개방한 후, 렌즈를 물에 부풀린 상태에서 위쪽 각 막 테두리에 있는 전실이 가느다란 작살 모양의 단면을 통하여 *열린다.* 부풀 린 렌즈 이물질들은 [⋯] *정수되거나 제거되거나* 아니면 가장 부드럽게는 푹 스식 주사로 전부 *빨아내면* 된다.

- 관사의 탈락과 (부정사) 구문의 등위 접속(예시 텍스트 (3)의 단락 [2]와 [4]에서처럼). 이를 통해 - 절대 부정사의 사용과 더불어 - 간단하면서도 간결한, 경제적인 언어 구조에 이른다.

(c) 주제는 하나의 생물이나 대상을 지칭한다.

백과사전에서 뽑은 예:

(5) Elefanten sind die größten, schwersten Landsaugtiere. Sie haben einen langen, sehr beweglichen Russel. Die Schneidezahne sind zu Stoßzahnen umgebildet. Auf jeder Seite des Unter- und Oberkiefers findet sich nur ein großer Backen- zahn mit zahlreichen Schmelzfalten, der insgesamt sechsmal durch Einschub eines neuen Zahnes von hinten erneuert wird. Die Russelspitze, in der die Naserilocher liegen, ist sehr tastempfindlich und kann mit Hilfe von lappen- oder fingerformigen Fortsatzen feine Greifbewegungen machen. Das Haarkleid ist sehr dunn. Die sauleriformigen Beine haben unter den Knochen des Fußes ein machtiges elastisches Polster, wodurch der Elefant einen ¨uberraschend weichen und federnden Gang bekommt. Die Augen sind klein, Geruch und Gehor sind gut ausgebildet; die Ohren sind groß und beweglich. Nach einer Tragzeit von 20 bis 22 Monaten wird ein etwa 100 kg schweres Junges geboren, das zwei Jahre lang gesaugt wird. Elefanten werden 60, hochstens 70 Jahre alt; fur hoheres Alter liegen keine gesicherten Angaben vor.

<인용 : 브록하우스 백과사전(Brockhaus Enzyklopadie)(1968). 제5권, 397쪽>

(5) 코끼리는 가장 크고 육중한 육지의 젖먹이 동물이다. 이것은 길고 자유자재로 움직일 수 있는 코가 있다. 앞니들은 엄니들로 변형되었다. 아래턱과 위턱의 각 면에는 수많은 에나멜 주름살이 있는 어금니만 하나 있는데, 이것은 전부 6번에 걸친 새 이갈이를 통해 후미에서 되풀이된다. 콧구멍이 나 있는 코끝은

접촉에 아주 민감하여, 물갈퀴나 손 모양의 돌기를 이용하여 미세한 잡기 운
동도 할 수 있다. 외피는 아주 얇다. 기둥 모양의 다리는 발의 뼈 아래에 거
대한 탄력성 있는 쿠션을 가지고 있는데, 이를 통해 코끼리는 놀라울 정도로
부드럽고 탄력성 있는 걸음걸이를 할 수 있다. 눈은 작고, 후각과 청각은 잘
발달되어 있다. 그리고 귀는 크고 움직일 수 있다. 20에서 22개월에 걸친 잉
태기를 가진 후 약 100kg이나 나가는 새끼가 태어나는데, 2년 동안 젖을 먹
는다. 코끼리는 60살, 최고 70살이 된다. 더 많은 나이에 대한 신빙성 있는
자료는 제시되지 않고 있다.

주제전개는 위의 텍스트의 경우 유종(類種) 관계의 형태로 나타나는 부분-
전체 관계나 함의 관계에 따라 실현되고 있다. 다음으로 코끼리의 주요 자질
들(코, 이빨, 피부 가죽, 다리, 눈, 귀, 무게, 나이 등)에 따른 서술이 뒤따르고 있
는데, 양적으로도 제시되고 있다. 주제의 종류에 따라 더 많은 자료들도 첨가
될 수 있다(이를테면, 공간적인(지리적인) 분류, 사용 목적에 관한 보충 자료들).
　　언어적인 관점에서 보면, 이러한 서술 방식은 관통형 재수용 구조에 의해
두드러지게 된다.
　　지금까지 논의된 기술형 주제전개 모형의 특징은 일상언어적으로도 증명
된 '보고'와 '기술'의 의사소통 방식을 구분함으로써 더 분명해진다.
　　슈미트 등이 발전시킨 '기능·의사소통적 언어 기술 방법론'에서는 이러한
주제적 방법(슈미트는 이를 "의사소통 방식"이라 일컬음)을 다음처럼 바꿔 쓰고
있다.96)

  • 보고 : "시의적이거나, 실제로 있었던 것으로 간주된 단일(개별) 사건의
　　　　　언어적 서술"

---

96) 슈미트 외(Schmidt et al., 1981,91). '기능·의사소통적 언어 기술 방법론(funktional-
kommunikative Sprachbeschreibung: FKS)'의 의사소통 방식이 행위 목표의 달성에 이용
되는 언어적 행위모형들로서 규정되고 있음에 유의할 필요가 있다. 말하자면, 이 의사
소통 방식은 원칙적으로 이 책에서 소개된, 복합적인 주제 모형이라고 명시된 주제전
개의 기본형들과 동일시되면 안 된다. 이에 따라 우리는 텍스트 분석의 의사소통·기
능적 국면과 주제적 국면을 더 엄격히 구분하겠다. FKS의 "전국적 분석 장치(globaler
Ansatz)"에 대한 비판으로는 모취(Motsch, 1986,277ff.) 참조.

- 기술 : "생물, 무생물, 일치하는 불변 자질들을 가진 과정들의 부류 요소라고 이해되는 과정이나 상태의 서술"

분명한 것은 우리가 제시한 양식 (a)는 보고 방식과 일치하며, 양식 (b)와 (c)는 기술 방식의 형태를 띤다는 점이다.

끝으로 기술형 주제전개는 여기서는 자세히 취급할 수 없는 서사형 주제전개와 구별되어야 할 것이다.

'서사형' 주제전개는 특히 일상 이야기의 특징을 이루는데, 다음과 같은 뚜렷한 자질들에 의해 확연해진다.[97]

- 주제는 "진기성(珍奇性)의 최소 조건"(콰스톱)이나 "관심도의 기준"(반 다이크)을 충족시키고, 서술자가 그 어떤 방식으로 관여한 완결된 단일 사건을 통해 제시된다.
- 핵심적인 주제 범주에 넣을 수 있는 것은 "분규"(진기한 사건의 서술)와 "타결"(긍정적이거나 부정적인 관점에서 분규 해결)과 "평가"(이미 서사된 사건들(서술 대상들)에 대한 서술자의 평가, 감정적인 평가, 그리고 입장)이다. 그밖에도 "방향 설정"(장소, 시간, 행위자의 제시)과 경우에 따라 "결미"("도덕", 미래를 위한 훈계)가 추가된다.[98]

'기술형' 주제전개는 특히 제보적 텍스트(뉴스, 보도, 백과 사전 항목, 학술 논문 등)의 특징을 이룬다. 그러나 우리는 이 전개 모형을 교시적 텍스트(사용 설명서, 요리법, 사용 지침 등)와 규범적 텍스트(헌법, 계약, 협정, 유언 등)에서도 찾아볼 수 있다. 호소적 텍스트(예: 정치 논평)에서 이 모형은 흔히 주제, 곧 증명되어야 할 가설과 관련된 정보 토대가 기술적 원칙에 따라 형성되기 때문에 논증형 주제전개와 접목된다(이에 대해서는 아래의 3.5.3절 참조).

---

97) 서사 텍스트의 구조에 대해서는 귈리히(Gulich, 1976), 귈리히와 라이블레(Gulich/ Raible, 1977), 반 다이크(van Dijk, 1980;1980a), 콰스톱(Quasthoff, 1980) 참조.

98) 이 범주들은 서사 텍스트 분석의 발전에 토대가 되고 있는 Labov/Waletzky (1967/73) 의 논문으로 소급된다.

3.5.2 설명형 주제전개 모형

설명형 주제전개 모형을 기술하기 위하여 우리는 유명한 헴펠(C. G. Hempel)과 오펜하임(P. Oppenheim)의 과학적 모델(간단히 [H-O 도식]이라 부름)로 거슬러 올라갈 수 있다.99) 이 모델에 따르면, 학자는 일반적으로 설명항 (Explanans) 곧 설명할 사항이라 불리는 특정한 다른 사태들로부터 논리적으로 어떤 사실을 유도해 냄으로써, 어떤 사태(피 설명항(Explanandum), 곧 설명되어야 할 대상)를 설명한다. 설명항은 이른바 시작 조건 또는 난외 조건 (A)과 일반적인 법칙성(G)의 두 부분으로 구성되어 있다. 이에 따라 설명 방식을 취하는 텍스트의 주제는 사태/피 설명항(E)을 통하여 제시된다. 우리는 이 주제를 이른바 평서문의 문법적인 형태를 이용하여 가장 훌륭하게 공식화할 수 있다 (이것은 구체적인 텍스트에서는 가끔 의문문으로 나타나기도 한다).

이 관계를 도식으로 나타내면 다음과 같다.

$A_1, A_2 \cdots A_n$ (시작 조건을 기술하는 단일 진술들)
$G_1, G_2 \cdots G_n$ (법칙 진술)   설명항
_____
E   (설명되어야 할 현상을 기술하는 진술)   피설명항

예 :100)

[1] Die Heizungsrohre im Keller sind geplatzt, weil er heute nacht Frost gegeben hat und die Glaswatteverkleidung `fur die Heizungsanlage nicht geliefert worden ist; denn Frost `laßt das Wasser in den Heizungsrohren gefrieren, wenn sie nicht durch eine isolierende Verkleidung gegen Temperatureinflusse geschutzt sind.

지하실의 난방관이 파열되었다. 지난 밤 혹한이 있었고, 또 난방 장치용 유리 섬유 포장제가 공급되지 않았기 때문이다. 왜냐하면 난방관이 온도의 영향을 막아

---

99) 이에 대해서는 슈테크뮐러(Stegmüller, 1974,1장: "Der Begriff der Erklärung und seine Spielarten[설명 개념과 그 놀이방식]") 참조.
100) 랑(Lang, 1976,147-181)에 기댐.

주는 단열 포장제를 통해 보호받지 못한 경우, 난방관 속의 물을 얼게 할 수 있기 때문이다.

분석 :

A_1: Es hat heute nacht Frost gegeben.

A_2: Die Glaswatteverkleidung 'fur die Heizungsanlage ist nicht geliefert worden.

G_1: Frost 'laßt das Wasser in den Heizungsrohren gefrieren, wenn sie nicht durch eine isolierende Verkleidung gegen Temperatureinflusse geschutzt sind.

E: Die Heizungsrohre im Keller sind geplatzt.

A_1: 지난 밤은 혹한이었다.

A_2: 난방 장치용 유리 섬유 포장제가 공급되지 않았다.

G_1: 난방관이 온도의 영향을 막아주는 단열 포장제를 통해 보호받지 못한 경우, 혹한은 난방관 속의 물을 얼게 할 수 있다.

E: 지하실의 난방관이 파열되었다.

주의해야 할 것은 이 도해가 가끔 구체적인 텍스트에서는(특히 일상 텍스트뿐 아니라 여러 학술 텍스트에서) 함축적(이며 불완전한 상태로만)으로만 실현된다는 점이다.[101] 그러나 설명텍스트는 피 설명항(설명되어야 할 사항)과 설명항(설명된 사항, 곧 설명)의 구분을 인식할 수 있거나 재구성할 수 있는 경우에만 나타난다.

이와 관련하여 일상 영역에서 뽑은 다음의 두 가지 예시 텍스트를 고찰해보자.

(2) (Uber das Prufen der Kraftfahrzeugbatterie)

[1] Zunachst konnen Zerstorungen an den Anschlußbolzen auftreten. [2] Man erkennt diesen Vorgang daran, daß sich ein weißlichgelbliches Pulver bildet, das die Bleistutzen umgibt und auch zwischen den Klemmen sitzt. [3] Das beeintrachtigt den Stromubergang, und im Bleistutzen entstehen Zersetzungsnarben. [4] Mit einer Stahlburste, notfalls auch mit einem Messer, kann man Anschlußstut-

---

101) 일상 이야기(Alltagserzahlung)에 대해서는 바이어(Bayer, 1981,25-43) 참조.

zen und Klemmen wieder blank machen. [5] Reibt man dann die blanken Stellen mit ˝saurefreiem Fett ein, hat man ˙fur eine Weile Ruhe. [6] Die Deckflache der Batterie soll ab und zu gereinigt werden. [7] Durch abgelagerten Staub und Feuchtigkeit ḱonnen sonst Kriechsťrome fließen und die Batterie fruhzeitig entleeren. [8] Nun schrauben Sie die Stopsel ab und ṕrufen den Saurestand. [9] Die Flussigkeit soll 1 cm˙˙uber dem oberen Rand der Platten stehen. [10] Ist das nicht der Fall, muß sofort destilliertes Wasser bis zu diesem Stand nachgéfullt werden. [11] Geschieht das nicht, leidet die Batterie ˙fur die Dauer, denn an der Stromspeicherung nimmt nur der von der Flussigkeit bedeckte Teil der Platten teil; auch verh́artet dann der trockene Teil und scheidet damit ˙fur sṕatere Stromabgabe aus. <인용 : 베르크마이스터(O.Werkmeister)의 『Die Axt im Haus』(1856), 452쪽>

(차량 배터리의 점검에 관하여)
[1] 먼저 접속 볼트의 와해가 일어날 수 있다. [2] 우리는 이런 선례를 납 덮개를 둘러싸고 있고, 집게 사이에도 앉아 있는 희고 노란 가루가 생기는 것에서 알아차리게 된다. [3] 이는 전류의 통과를 방해하는데, 그래서 납 덮개 속에 분해 자국들이 발생한다. [4] 강철 솔이나 급한 경우에는 칼을 이용해서도 우리는 접속 볼트와 집게를 다시 닦아낼 수 있다. [5] 다음으로 깨끗해진 곳을 무산성 지방을 문질러 넣고는 잠시 휴식을 취한다. [6] 배터리의 덮개 표면은 자주 닦아 내어야 한다. [7] 그렇지 않을 경우 침전된 먼지와 습기를 통해 누전이 흘러 배터리를 조기에 방전시킬 수 있다. [8] 이제 마개를 풀어서 산화 상태를 점검하라. [9] 용액은 금속판의 윗 가장자리 보다 1cm 위에 있어야 한다. [10] 그렇지 않을 경우, 즉시 증류수가 이 상태에 이르기까지 다시 채워져야 한다. [11] 이렇게 하지 않을 경우, 배터리는 내구성에 해를 입는다. 왜냐하면 전류 충전에 관여하는 부분은 용액으로 뒤덮인 금속판 부분뿐이기 때문이다. 그래서 건조된 부분은 딱딱해져서 나중의 전류 공급에서 배제된다.

위의 텍스트는 배터리가 고장나지 않도록 자동차 운전자가 해야 할 일을 '안내'하기 위하여 작성된 것이다. 이 때 물론 일정한 관계들이 '설명'된다. 그러므로 이 텍스트 단위의 토대가 되고 있는 것은 함축적으로 기술형 전개 부분에 의해 엮어진(여기서 생산자는 독자가 해야 할 일을 기술한다. 예: 분절문 [4]~[6], [8]~[10]) 설명형 구조이다. 기본적인 설명형 구조를 명시적으로 제시하기 위해서는 각 텍스트 진술들을 부분적으로 재구성하여 나타낼 필요가 있다.

위의 텍스트는 세 가지 설명 관계로 구성되어 있다.

(a) A₁: Es treten Zerstorungen an den Anschlußbolzen auf, indem sich ein
    weißlichgelbliches Pulver bildet, das ([1]/[2]).

   A₂: Anschlußstutzen und Klemmen werden nicht regelmäßig gereinigt
    ([4]/[5]).

   G: A₁ beeinträchtigt den Stromubergang und laßt im Beistutzen Zerset-
    zungsnarben entstehen, wenn nicht regelmäßige Reinigung erfolgt ([3]/[4]
    와 [5]).

   E₁: Die Batterie funktioniert nicht.

A₁: 희고 노란 가루가 생기기 때문에, 접속볼트의 와해가 일어날 수 있다.[1]/[2]
A₂: 접속 볼트와 집게들이 규칙적으로 청소되어야 한다.[4]/[5]
G: 규칙적인 청소가 행해지지 않을 경우, A1은 전류의 통과를 방해하여 납 덮개
  속에 분해 자국들이 발생한다.[3]/[4]와 [5]

E₁: 배터리는 작동하지 않는다.

(b) A₁: Auf der Deckflache lagern sich Staub und Feuchtigkeit ab ([6]/[7]).

   A₂: Die Deckflache wird nicht regelmäßig gereinigt ([6]).

   G: Durch abgelagerten Staub und Feuchtigkeit fließen Kriechströme, die die
    Batterie fruhzeitig entleeren, wenn nicht eine regelmäßige Reinigung der
    Deckflache erfolgt ([7]/[6]).

   E₁: Die Batterie funktioniert nicht.

A₁: 덮개 표면 위에 먼지와 습기가 침전되어 있다.[6]/[7]
A₂: 덮개 표면은 규칙적으로 청소되지 않는다.[6]
G: 덮개 표면이 규칙적으로 청소되지 않을 경우, 침전된 먼지와 습기를 통해 배
  터리를 조기에 방전시키는 누전이 생긴다.

E₁: 배터리는 작동하지 않는다.

(c) A₁: Die Batterie weist zu wenig Flussigkeit auf ([9]/[10]).

   A₂: Es wird kein destilliertes Wasser nachgefullt ([10]/[11]).

G_1: Nur der von der Flussigkeit bedeckte Teil der Platten nimmt an der Stromspeicherung teil ([11]).

G_2: Der trockene Teil verhartet und scheidet für die spatere Stromabgabe aus[11], wenn nicht dafur gesorgt wird, daß die Flussigkeit 1 cm über dem oberen Rand der Platten steht ([9]/[10]).

E_2: Die Batterie wird auf die Dauer geschadigt ([11]).

A_1: 배터리 용액이 너무 부족함을 가리키고 있다 ([9]/[10]).

A_2: 증류수가 다시 채워지지 않고 있다 ([10]/[11]).

G_1: 금속판의 용액으로 뒤덮힌 부분만 전류 충전에 관여한다 ([11]).

G_2: 용액이 금속판의 윗 가장자리 보다 1cm 위에 있지 않을 경우 ([9]/ [10]), 건조된 부분은 딱딱해져서 나중의 전류 공급에서 배제된다 ([11]).

E_2: 배터리는 내구성에 해를 입는다.

예를 들어보자.

(3) Wenn Sie bei Gewitter im Bett liegen …

Abendblatt-Leser H. K., Reinbek: Sie schrieben kurzlich etwas über Blitzschutz. Meine Frage: Was passiert mir im franzosischen Bett, wenn der Stecker des Radios Kontakt hat und der Blitz schlagt ein? Kann ich durch die Sprungfedern der Matratze einen Schlag bekommen? ……

Innerstadtische Stromnetze sind gegen Blitzschlag ausreichend geschutzt. Auf dem flachen Lande gilt, wenn man ganz sichergeben will, noch immer die alte Regel, alle Elektroanschlusse aus den Steckdosen zu nehmen.

Wir hoffen, daß Ihnen nichts passiert, wenn Sie im Bett liegen, Radio horen und der Blitz einschlagt. Denn zwischen dem Radio und den Sprungfedern der Matratze kann nur dann eine Verbindung erfolgen, wenn ein elektronischer Leiter vorhanden ist.

<인용 : 함부르거 아벤트블라트(Hamburger Abendblatt) 석간지, 1982.09.03.; 표제: Was wollen Sie wissen?>

귀하가 뇌우가 칠 때 침대에 누워 있다면 …

석간 신문의 독자 H. K.: 귀하는 최근에 피뢰침에 관해 짤막한 글을 쓴 적이 있습니다. 저의 질문은 이러합니다: 라디오의 플러그가 연결되어 있는데 번개가 친다면, 저의 프랑스식 침대에 무슨 일이 일어날까요? 저는 매트리스의 용수철을 통해 벼락을 맞을 수 있을까요? ……

시내의 전선 망은 벼락에 충분하게 보호가 되어 있습니다. 아주 안전을 도모하고 싶다면, 모든 전기 접속을 전원에서 **빼어** 놓으라는 옛날 규칙도 여전히 평지에서는 적용됩니다.

우리는 귀하가 침대에 누워 라디오를 듣고 있는데 번개가 칠 때 귀하에게 아무런 일이 일어나지 않기를 바랍니다. 왜냐하면 전기 양도체가 있을 경우에만 라디오와 매트리스의 용수철 사이에서 접속 현상이 일어날 수 있기 때문입니다.

위의 텍스트는 두 부분으로 구성되어 있는데, 각 부분들은 생산자가 다르다. 이 두 부분은 '질문-대답'의 관계에 의해 서로 관련되어 있으며, 하나의 기본적인 의사소통 과정에 여러 단계들이 있음을 말해준다. 그러나 이들은 (구체적인) 공통의 제목 아래에 설정되고 있으며('*Wenn Sie bei Gewitter im Bett liegen* … [당신이 뇌우가 칠 때 침대에 누워 있다면, …]'), 고정된 표제 곧 인쇄술에 따라 나머지 텍스트와 뚜렷한 대조를 이루는 섹션(Rubrik/section)의 틀 안에서 나타난다('*Was wollen Sie wissen?* [당신은 무엇을 알고 싶습니까?]'). 따라서 이 두 부분은 독자적인 텍스트가 아닌 전체 텍스트의 부분 텍스트들로서 실현되고 있다.

첫 번째 부분 텍스트는 독자의 질문을 구성한다. 이에 대한 대답 텍스트는 두 부분으로 갈라진다(분절문 [4], [5]와 분절문 [6], [7]). 독자의 질문은 분절문 [6]과 [7]에서만 대답되고 있다. 이 단락은 (일상언어적인) 설명 텍스트로 작성된 것이다. 기본적인 구조는 헴펠-오펜하임식 설명 모델의 도움으로 다음처럼 설명될 수 있을 것이다.

A_1: Die Person X liegt im Bett auf einer Sprungfedermatratze.

A_2: Die Person X hört Radio.

A_3: Zwischen Radio und Sprungfedern ist kein elektrischer Leiter vorhanden.

A_4: Der Blitz schlägt ein.

G: Zwischen dem Radio und den Sprungfedern kann nur dann eine Verbindung
erfolgen, wenn ein elektrischer Leiter vorhanden ist.

E: Die Person X bekommt keinen Schlag.[102]

A_1: 사람 X는 용수철 매트리스 침대 위에 누워있다.
A_2: 사람 X는 라디오를 듣는다.
A_3: 라디오와 용수철 사이에 어떤 전기 양도체도 존재하지 않는다.
A_4: 번개가 친다.
G: 전기 양도체가 존재할 경우에만 라디오와 용수철 사이에서 접속현상이 일어
날 수 있다.

E: 사람 X는 벼락을 맞지 않는다.

분절문 [4]와 [5]는 - 이미 언급하였듯이 - 퓌 설명항에 관한 질문과 직접
관련을 맺고 있는 것은 아니다. 이들은 도시와 시골의 전선 망을 번개로부터
보호하기 위한 추가 정보를 포함하고 있다. 때문에 대답 텍스트는 거의 무관
하게 작용한다.

언어적인 관점에서 보면, 설명 방식을 취하는 텍스트는 광의의 인과 관계
(이유, 원인, 조건, 결과 등)를 암시해 주는 접속사, 부사, 전치사가 지배적으로
사용된다(예: *weil* [왜냐하면], *denn* [왜냐하면], *wenn* [··· 이라면]; *deshalb* [그 때문
에], *folglich* [따라서]; *wegen* [··· 때문에], *infolge* [··· 때문에]).

설명형 주제전개는 특히 교재, 교양 텍스트와 학술 텍스트처럼 지식확장을
목표로 삼는 특정한 텍스트 유형들에서 전형적으로 나타난다. 이 전개 방식은
흔히 기술형 주제전개와 연결되기도 하지만, 다음에 논의하게 될 복잡한 논증
방법에 통합될 수도 있다.

---

102) '*Wir hoffen, daß* ··· {*우리는 ···을 바란다*}'의 형식은 위의 텍스트에서 생산자의 어떤
조심성을 암시해준다. 생산자는 세 번째 조건을 (일반적으로) 주어진 것으로만 전제할
수 있기 때문이다. (그러나 생산자는 이 전제가 구체적인 경우에도 실제로 충족되었
는지 확실히 알고있지는 않다.)

3.5.3 논증형 주제전개 모형

논증형 주제전개를 서술하기 위하여 우리는 영국의 철학자 툴민[103]이 실천적 논증행위의 영역을 위하여 발전시킨 논증 모델에 초점을 맞추기로 한다. 툴민은 논리적·의미론적으로 정의된 여섯 가지 관계 범주들을 이용하여 일반 논증구조를 서술하였다. 생산자는 텍스트 주제를 나타내는 (논쟁적인) 주장이자 테제(결론)를 논거를 통하여 증명한다.[104] 인용된 자료(사실들)가 가설의 논거일 수 있고, 자료(D)에서 결론(C)에 이르는 단계가 수행될 수 있다는 것은 추론 규칙[105]을 통하여 정당화된다. 이 추론 규칙은 'Wenn D, dann C [D이면 C이다]' - 아니면 더 명확히 표현하여, '자료 x, y, z가 주어졌다면, 우리는 C임을 가정할 수 있다.' - 의 형식을 갖는 가설적인 일반진술이다. 생산자는 추론 규칙이 허용될 수 있는지 지원을 통해 증명한다. 이 때 중요한 것은 관련 논증 영역(행위 영역)의 특정한 내용적인 규준을 나타내는 진술이다(행동과 타당성 등의 법칙, 규범, 규칙). 가설의 개연성 정도(타당성 정도)를 우리는 이른바 양상 연산자(예: 아마도, 추측컨대, 어쩌면, wahrscheinlich, vermutlich, vielleicht 등), 추론 규칙의 효력을 한정시키는 상태, 이른바 예외 조건(rebuttal)을 통하여 제시할 수 있다. 이들 범주의 관계를 그림으로 나타내면 다음과 같다.[106]

---

103) 툴민(Toulmin, 1958/74,특히 3장) 참조. 이에 대한 자세한 논의로는 브링커(Brinker, 1980,53-71)와 이 책의 참고문헌, 그리고 코퍼슈미트(Kopperschmidt, 1980,89ff.)도 참조.

104) 괄호 안의 용어는 툴민의 것임. 용어 '결론(Konklusion(라틴어, conclusio))'은 전통 논리학에서 따온 것인데, 삼단논법(Syllogismus)에서의 결론(Schlußsatz)에 해당한다(곧, 두 '전제(Pramisse)'로부터의 논리적인 추론). '자료'라는 개념은 객관적인 의미로 이해하면 안 된다. 자료로 볼 수 있는 것은 구체적인 텍스트에서 생산자가 사실을 확립하기 위하여(원인, 동기, 이유 등) 인용하는 진술들이기 때문이다. 그러나 수용자는 이 자료를 거부하거나 문제삼을 수 있다. 명확성을 기하기 위하여 우리는 생산자가 자기의 테제를 위해 도입하는 이유라는 의미의 용어 '논거(Argumente)'를 사용하겠다. 주의해야 할 것은 논거라는 용어를 전통 논리학 보다 더 좁은 의미로 사용하고 있다는 점이다. 전통 논리학에서는 '논거'를 결론 또는 전제를 이용하여 표현하는 진술들(주장들)의 정돈된 연쇄(geordnete Folge)라고 이해한다.

105)* '추론 전제(Schlußpräsupposition)'라고도 한다.

106) 툴민(Toulmin, 1958,104)를 따름. 약어 설명: C=claim, D=datum, W=warrant. B= backing, Q=qualifier, R=rebuttal. 화살표는 자료와 결론 간의 관계를 기호화한 것이

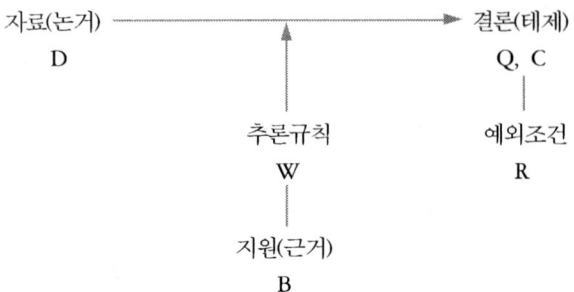

툴민의 예를 약간 변형시켜 위의 그림을 검토해 보자.

- 테제/결론(C):
  Hans ist deutscher Staatsbürger
  [한스는 독일 국민이다].

- 자료/논거(Datum/Argument: D):
  Hans wurde in Deutschland geboren
  [한스는 독일에서 태어났다].

- 추론 규칙(W):
  Wenn jemand in Deutschland geboren wurde, dann ist er in der Regel deutscher Staatsbürger
  [누군가가 독일에서 태어났다면, 그 사람은 대개 독일 국민이다].

- 추론 규칙의 지원(B):
  aufgrund der folgenden Gesetze …
  [다음의 법규에 의거하여]
  양상 연산자(Q):
  vermutlich
  [아마도]
  예외 조건(R):
  예: *beide Elternteile waren Ausländer*
  [부모가 둘 다 외국인이었다].

며, 자료는 결론을 지원한다.

테제와 논거(들)은 논증 텍스트의 바탕을 이룬다. 왜냐하면, 제시된 테제의 직접적인 증거물로서 우리가 끌어와야 할 자료의 제시가 없으면 논증이 될 수 없기 때문이다. 이에 반해, 추론 규칙과 지원은 논증적으로 진행되는 일상언어적인 텍스트에서는 표현되지 않는 경우가 흔하다. 그러나 이들은 여전히 논증의 함축적인 성분들이므로 논증 분석에서는 명시적으로 표현된다.

이제 두 가지 신문 논평을 예시적으로 분석하여 보겠는데, 이 때 실제로 나타나는 논증의 분석도구로서 툴민식의 논증구조를 이용하여 보자. 우리는 이용 과정에서 몇 가지를 변형시킬 필요가 있음을 이미 암시하였다.

툴민은 그의 모델을 텍스트가 아닌, 개개의 문장들에만 응용하였다. 그는 적용 규칙들 뿐 아니라 비공식적인 변형 기술들을 제대로 제시해 주지 못하고 있다. 이것은 거의 불가능한 것이기도 하다. 어떤 텍스트의 개별 명제들과 명제 복합체를 논증구조의 범주에 대입시키는 작업은 기계적으로 할 수는 없는 것이다.

예를 들어보자.

(1) **Hamburg und die Werbung**

von Egbert A. Hoffmann

[1] Die Hanseaten und die Hamburger Institutionen tun sich seit jeher schwer, wenn es darum geht, der Welt zu sagen: Seht, so attraktiv ist unsere Stadt! [2] Wenn andere Großstadter lautstark die Qualitaten ihrer Metropolen preisen, wird hier beredt geschwiegen. [3] Diese unerklarliche Scheu, "uber die unvergleichlichen Reize Hamburgs "offentlich zu sprechen, wird allgemein als "Understatement" bezeichnet - und das ist wohl als Kompliment gemeint. [4] Aber was hilft's: Ohne Selbstdarstellung sind leider keine Fremden zu bewegen, einer Stadt ein paar Stunden (oder ein paar Tage) ihres Urlaubs zu widmen, den sie eigentlich ganz woanders verbringen wollen.

[5] Um so mehr ist zu begrüßen, daß die Fremdenverkehrszentrale jetzt eine sehr erfolgreiche Werbeaktion gestartet hat, um den Zwischenstopp an den nordsudlichen Ferienstraßen anzubieten. [6] Und sie "verkauft" Hamburg genau dort, wo sich heute am ehesten potentielle Besucher finden lassen: in den norddeutschen Ferienorten. [7] Die ersten Erfahrungen bestatigen, daß die Ansprache an den

richtigen Ort erfolgt - so macht Familie Krause aus Köln, zur Zeit auf einem Camping-Platz an der Lubecker Bucht, offensichtlich gern mal einen "Sprung" nach Hamburg, wenn sie erfahrt, daß der Ferienetat nicht¨uber Gebuhr strapaziert wird. [8] Und Aage Jorgensen aus Aarhus rollt erwartungsfroh in Othmarschen von der West-Autobahn, wenn ihm an der danischen Grenze "verklart" wird, wie preiswert ein Hamburg-Stopp sein kann.

[9] Schnelle Straßen und Autobahnen haben, wie wir wissen, auch Nachteile - beispielsweise 'fur Hamburg, das man seit Eroffnung des Elbtunnels ja so bequem rechts oder links liegen lassen kann. [10] Um so wichtiger ist angelaufene Werbeaktion: Sie hilft der Hansestadt, alte Freunde zuruckzugewinnen und ihr neue Freunde zu machen.

<인용 : [함부르거 아벤트블라트(Hamburger Abendblatt) 석간지], 1976.06.28.>

함부르크와 홍보

에그베르트 A. 호프만

[1] 한자동맹 도시민과 함부르크의 공공 단체는 세상에 알리는 데 옛날부터 어려워하고 있다: 보라, 이렇게 매혹적인 우리의 도시를! [2] 다른 대도시들이 목청 높여 그들의 중심 도시의 질을 찬양할 때, 여기서는 웅변조로 침묵을 지키고 있다. [3] 함부르크의 탁월한 매력을 공식적으로 이야기하는 이러한 설명하기 어려운 소심함은 일반적으로 "조심스런 표현"이라고 불리고 있다. 그런데 이것은 찬사를 의미한다. [4] 그러나 다른 방법이 없다. 자기 서술(자화상)이 없이는 유감스럽게도 실제로 전혀 다른 곳에서 지내고 싶어하는 외국인들을 동요시켜 한 도시에 자기네들의 휴가 중 몇 시간(이나 며칠)을 머물게 할 수는 없다.

[5] 더욱이 관광교통국이 남북 휴가 도로에 중간 체류지를 제공하기 위하여 이제 성공적인 홍보 활동을 시작한 일은 환영받을 만하다. [6] 그래서 이것(교통국)은 오늘날 가장 먼저 잠재적인 방문객들을 발견할 수 있는 바로 그 곳, 즉 북부 독일의 휴양지에서 함부르크를 "팔고" 있다. [7] 첫 경험들에 의하면, 올바른 장소에 대한 인사말이 행해지는 것은 당연하다. 그래서 쾰른에서 온 크라우제 가족은 현재 뤼벡 만(灣)의 캠핑 장소에 머물고 있는데, 휴가 형편이 과도하게 부담을 받지 않는다는 사실을 알게 되면, 분명히 한 번쯤 함부르크로 "도약"하고 싶어할 것이다. [8] 그리고 아루스에서 온 아게 예르겐센은 함부르크 체류가 얼마나 적당한 가격인지 덴마크의 국경에서 "깨닫게" 된다면, 기대에 부풀어 서부 아우토반을 타고 오트마르셴으로 달려올 것이다.

[9] 고속도로와 아우토반은 우리가 익히 알고 있듯이, - 이를테면 엘베강의 터널

이 개통된 이래 편리하게 오른쪽이나 왼쪽에 머무를 수 있도록 해주는 함부르크
를 위해서는 단점이 될 수도 있다. [10] 훨씬 더 중요한 것은 불타나는 홍보 활
동이다: 이것은 한자동맹 도시에 도움을 줄 뿐 아니라, 옛날 친구들을 다시 불러
들여 이 도시의 새로운 친구들로 만드는 데 도움이 될 것이기 때문이다.

분석을 개관적으로 구성하기 위해서는, 먼저 텍스트의 명제들을 좀 더 간
략하게 표현하고 함축적인 진술들을 명시적으로 나타낼 필요가 있다.

- 테제 : 함부르크 관광 교통국의 홍보 활동은 환영받을 만하다[5].

- 논거 :
    주논거 1: Die Werbeaktion ist notwendig([4]에 함의되어 있음).
        하위논거들:
        (a) Hamburg ist eine attraktive Stadt [1].
        (b) Bisher wurde zu wenig geworben [1]-[3].
        (c) Hamburg ist leicht zu umfahren [9].
        (d) Sie hilft der Hansestadt, alte Freunde zuruckzugewinnen und ihr
            neue Freunde zu machen [10].

홍보 활동은 필요한 것이다.
        하위 논거들:
        (a) 함부르크는 매혹적인 도시이다 [1].
        (b) 지금까지는 홍보가 거의 되지 않았다 [1]-[3].
        (c) 함부르크는 우회당하기 쉽다 [9].
        (d) 이것은 한자동맹 도시에 도움을 줄뿐 아니라, 옛날 친구들을 다
            시 불러들여 이 도시의 새로운 친구들로 만드는 데 도움을 준다.

    주논거 2: Die Werbeaktion ist erfolgreich [5]/[6].
        하위 논거들:
        (a) Der richtige Personenkreis ist angesprochen [6]/[7].
        (a₁) Hinweis auf Erfahrungen(Krause/Jorgensen) - 분절문 [7]/[8].

홍보 활동은 성공적이다 [5]/[6].
　　하위 논거들:
　　(a) 올바른 무리의 사람들은 흥미를 가진다 [6]/[7].
　　(a₁) 경험 제시(크라우제/예르겐센)

논거들의 계층구조를 그림으로 나타내면 다음과 같을 것이다.

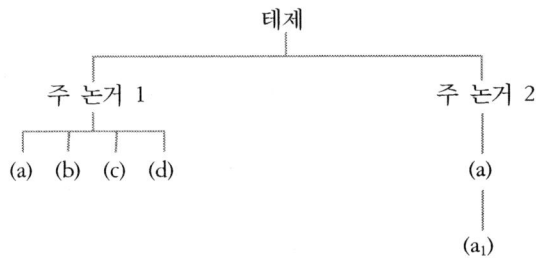

(위에서 아래로 향한 실선은 '*wird gestützt durch* [···를 통하여 지원 받음]'을, 아래에서
위로 향한 실선은 '*stützt/stützen* [지원함]'을 뜻한다.)

　　(툴민의 의미에서 말하는) 추론 규칙은 명시적으로 드러나 있지 않다.　그러
나 이것을 가정하여 표현하면 다음과 같을 수 있다: 홍보 활동이 불가피하고
또 성공적이라면, 이는 환영받을 만하다. 지원도 여전히 드러나 있지 않다. 우
리는 추론 규칙이 일상 세계에서 통용되고 있는 평가 원칙과 일치한다고 말할
수 있을 것이다. (어떤 행위가 불가피하면서도 동시에 성공적이고 또 성공적이었
다면, 이 또한 긍정적인 평가를 받을 수 있다.) 생산자는 이런 원칙을 공동의 가
치기반에 속하는 것으로 받아들일 수 있다고 생각한다.

　　예를 들어보자.

(2) Warum denn staatsverdrossen?
[1] Seit zehn Jahren sind nun die Sozialdemokraten in Bonn in Regierungs-
verantwortung. [2] Begonnen hatte es 1966 mit dem Eintritt in die Große

Koalition. [3] Die Rechnung von Herbert Wehner, die regierenden Christdemo-
kraten nicht allein durch Konfrontation, vielmehr durch eine flexible
Umarmungstaktik langsam aber sicher aus dem Spiel zu bringen, ist aufgegangen.
[4] Der zweite Akt war dann 1969 das sozial-liberale Bundnis mit einem
SPD-Kanzler an der Spitze.

[5] Wer damals von einer bestandenen Bewährungsprobe des demokratischen
Systems sprach, weil zum erstenmal seit Bestehen der Bundesrepublik der
parlamentarische Wechsel-Mechanismus funktioniert hatte, muß sich heute, beim
Ruckblick auf die vergangenen zehn Jahre, der neuerlichen Warnung des SPD-
Vorsitzenden Willy Brandt anschließen, daß sich erkennbar Staatsverdrossenheit
ausbreite. [6] Die Mahnung ist allerdings nur dann an die richtige Adresse
gerichtet, wenn sich die politischen Parteien selbst angesprochen fuhlen. [7] Denn
woher ist denn die Staatsverdrossenheit gekommen, vor deren Entstehen nicht
mehr gewarnt zu werden braucht, weil sie ñamlich bereits da ist?

[8] Die parlamentarische Demokratie ist doch wohl nur deshalb in jungster Zeit in
Zweifel gezogen worden, weil die beiden Parteien, die in Bonn als Opposition die
Regierung kontrollieren sollen, die Christdemokraten und die Christlich-Sozialen,
sich gegenseitig bis aufs Messer bekampft haben und kaum noch in der Lage sind,
ihre parlamentarischen Aufgaben wahrzunehmen. [9] Und die Regierungsparteien,
die Sozialdemokraten und die Freidemokraten, mußten erst auf den entschlossenen
Widerstand der Öffentlichkeit stoßen, um daran gehindert zu werden, mit ihrer
Rentenpolitik den Wahler zu betrugen.

[10] Der Staatsverdrossenheit, vor der Willy Brandt warnt, kann nur dann der
Boden entzogen werden, wenn die politischen Parteien selbst den Staat und damit
die parlamentarische Demokratie ernster nehmen als bisher.

<인용 : 프랑크푸르터 룬트샤우(Frankfurter Rundschau) 일간지, 1976.12.22. 3쪽>

도대체 왜 국가에 염증을 느끼는가?

[1] 10년 전부터 본의 사민당원들은 통치 책임을 떠맡고 있다. [2] 시작은 거대
연립 내각이 등장한 1966년부터였다. [3] 통치하고 있는 기민당원들을 대결을 통
해서라기보다는 오히려 유연한 포옹 전략을 통하여 서서히 그러나 확실하게 승
부를 내겠다는 헤르베르트 베너의 계산은 맞았다. [4] 두 번째 막은 그 다음에
1969년 사민당 수상을 필두로 한 사회-자유 연합이었다.

[5] 처음으로 연방 공화국이 성립한 이래 의회정치적인 교체 메커니즘이 기능을 해 왔기 때문에, 그 당시 민주주의 시스템의 존속 검증 시험에 관하여 이야기한 사람은 오늘날 지난 10년을 회고해 볼 때 피부로 느낄 수 있을 정도로 국가 염증 현상이 팽배하고 있다는 기민당 당수 빌리 브란트의 최근의 경고에 동조하고 있음에 틀림없다. [6] 이 경고는 물론 정치 정당들이 자신들의 피부에 와 닿는다고 느낄 때 비로소 올바른 번지수를 찾은 셈이다. [7] 왜냐하면 요컨대 이미 우리 곁에 와 있으므로, 그것이 생겨나는 데 대해서 경고 받을 필요조차 없는 국가 염증 현상의 진원지는 도대체 어디일까?

[8] 의회 민주주의는 근래에 신뢰를 얻지 못하고 있는데, 본에서 야당으로서 정부를 통제해야 할 두 정당들, 곧 기민당과 기사당원들이 서로 백병전을 벌여왔고, 또 자기네들의 의회 정치적인 과업들을 지각할 만한 상태에 있다고 보기 어렵다는 단지 그 이유 때문이다. [9] 그리고 정부 여당인 사민당과 자민당원들은 자기네들의 연금 정책으로 유권자를 기만하는 것을 가로막기 위한 대중의 단호한 저항과 부딪히지 않을 수 없었다.

[10] 빌리 브란트가 경고하고 있는 국가 염증 현상의 지반은 정치 정당들 스스로가 지금 보다 더 진지하게 국가와 의회 민주주의를 받아들일 경우에만 제거될 수 있을 것이다.

논평은 "*Brandt warnt vor neuer Staatsverdrossenheit* [브란트, 새로운 국가 염증 현상을 경고하다]"라는 제목의 특파원보고와 관계가 있다.

툴민의 구조를 응용하면, 다음과 같은 논증구조의 분석에 이른다.

테제(결론):
An der Staatsverdrossenheit der Burger sind die Parteien schuld
[시민들의 국가 염증 현상에 대한 책임은 정당들에게 있다]
(분절문 [6]/[7]에서; 분절문 [10]도 참고).

테제는 제목/표제에 설정된 질문에 대한 대답에 해당한다.

논거들(자료들):
(a) Die Opposition besteht aus zwei einander bekampfenden Parteien und nimmt ihre parlamentarischen Aufgaben kaum noch wahr

[야당은 서로 싸우고 있는 두 정당들로 구성되어 있는데, 자기네들의 의회 정
치적인 임무들을 거의 지각하지 못하고 있다]
(분절문 [8]에서).

(b) Die Regierungsparteien wollten mit ihrer Rentenpolitik den Wähler betrügen
[정부 여당은 자기네의 연금 정책으로 유권자를 기만하려 했다]
(분절문 [9]에서).

위의 두 (부분) 논거는 분절문 [10]에서 함축적으로 '전국적인' 하나의 논
거로 요약되고 있다.

Die politischen Parteien nehmen den Staat und damit die parlamentarische
Demokratie nicht ernst genug
정치 정당들은 국가와 의회 민주주의를 충분할 만큼 진지하게 받아들이고 있지
않다.

추론규칙:

Wenn die Parteien die parlamentarische Demokratie nicht ernst genug nehmen,
dann bewirken sie Staatsverdrossenheit
정당들이 의회 민주주의를 만족할 만큼 진지하게 받아들이지 않는다면, 이들은
국가 염증 현상을 야기한다(분절문 [10]에서).

추론 규칙은 위와 같이 언급되지는 않았으나 분절문 [10]에 전제되어 있
다. 생산자는 정당들이 자기네들의 태도를 바꾼다는 전제하에서 미래의 긍정
적인 발전을 예상함으로써 이른바 거꾸로, 즉 후조응적인 방향으로 공식화하
고 있다(진단적인 주장). 추론 규칙을 이런 식으로 공식화함으로써 행위 층위에
서는 정당들에 대한 간접적인 요구가 돋보이게 된다(이에 대해서는 아래의
4.4.3절 참조).

툴민식 규준의 나머지 범주들은 뚜렷이 드러나 있지는 않다.

(툴민의 규준에 따른) 위의 논증 분석에서 눈길을 끄는 것은 논평의 첫 번
째 다섯 분절문들이 분석에서 고려되지 않았다는 점이다. 분절문 [1] - [4]에서
생산자는 SPD가 정권을 잡은 지난 10년간(1966-76)에 대한 간략한 개관을 주

고 있다. 이 텍스트 단락에서 사용된 주제전개의 형태는 기술형(記述形)이다. 분절문 [5]에서는 논평의 동기가 분명해진다. 생산자는 보고(같은 신문의 1면에서)를 통하여 독자에게 이미 알려진, 이미 알려진 것으로 전제한 국가염증 현상이 지배적이라는 브란트의 경고를 확인하고 있다.

분명한 것은 분절문 [1] - [5]의 명제들이 가설을 더 거창한 역사적·정치적 관계 망에 편입시켜 논평의 동기를 들고 있다는 점이다. 이런 삽입식 텍스트 부분들은 (정치) 논평의 특징을 이루기 때문에, 툴민의 구조를 확장시켜 주제 범주를 도입할 필요가 있는데, 우리는 이 주제 범주를 '자료 삽입항'이라 부르겠다. 자료 삽입항은 가설과 논거들의 위치를 규정해준다. 이에 따라 자료 삽입항은 예시 텍스트 (2)에서 논증 영역을 특히 의회 민주주의의 기능에 한정시킴으로써('*auf den parlamentarischen Wechsel-Mechanismus* [의회 정치적인 교체 메커니즘]' - 분절문 [5]) 어느 정도 (엄격히 논리적인 의미에서는 아니지만) 논증을 지원하는 역할도 한다. 그리고 국가 염증 현상에 대한 책임을 떠맡을 수 있는 다른 요인들은 전혀 전면에 나타나지 않고 있다(예를 들어 주제 "국가 염증"에 관한 토론에서 가끔 주무 부처의 늑장들이 열거되고 있다).

끝으로, 전반적인 논증구조는 민주주의의 본질에 대한 특정한 견해에 기반을 두고 있다(여기에는 국가 염증에 관한 부정적인 평가도 함께 포함되어 있다.). 이로써 생산자가 독자와 공유하고 있다고 생각할 뿐만 아니라 자기의 독자들에게도 알려진 것으로 보는 논평의 '가치기반'이 밝혀졌다. 이 가치기반은 논평에서 직접적으로 표현되는 경우는 드문데, 위의 예시 텍스트에서도 극히 함축적인 모습을 보이고 있다.

그림으로 나타내면 다음과 같은 구조가 나타난다.[107]

---

107) 괄호 안의 숫자는 텍스트의 관련 분절문을 표기한 것임. 마이너스 부호는 범주가 명시적으로 뿐 아니라 함축적으로도 실현되지 않음을 의미한다. '가치기반(Wertbasis)'는 대개 함축되어 있기 때문에 모난 괄호 속에 넣었다.

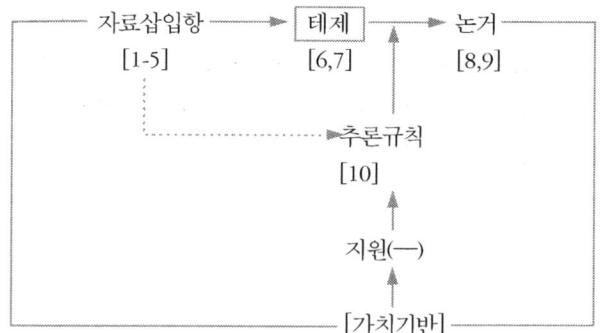

언어적인 관점에서 확인될 수 있는 것은 논평에서는 - 뉴스와는 달리 - 문장들 간의 종속 접속의 원리가 지배적이라는 점이다. 이 때 주문장과 성분문장(부문장)을 연결해주는 가장 중요한 방식은 인과적, 조건적, 결과적, 대조적인 문장 접속이다(예시 텍스트 [2]의 분절문 [5], [6], [7], [8], [10]를 보라). 반대로 뉴스에서는 병렬식 문장 접속이 지배적이다.

마지막으로, 구체적인 텍스트를 배제한 상태에서, 툴민과 연결하여 발전시킨 논증구조를 일반적인 층위에서 고찰해 보면, 다음과 같은 결론을 얻게 된다.

논증형 주제전개 모형에 중요한 것은 툴민이 다음과 같은 관계 망을 텍스트에 적용하지 않은 상태에서 자기의 논증 도식에서 명시한 것과 같은 테제, 논거, 추론 규칙, (규칙) 지원의 관계 망이다.

논평의 특징은 툴민의 모델에는 없는 다른 범주인 '자료 삽입항'인데, 이는 논리적으로 보면, 테제, 논거들과는 느슨한 관계에 있기는 하지만, 뉴스의 기초를 형성할 (보고와 논평을 중재해 줄) 뿐 아니라 테제 외에도 논거들을 특정한 맥락에 편입시키는 역할을 한다. 따라서 자료 삽입항은 논증 가능성을 한정시킴으로써 논증을 '지원하는' 기능도 갖는다.

나머지 한 범주는 합의된 것으로 전제된 가치기반인데, 이로부터 (가능한) 지원이 유도될 뿐만 아니라 결국 전체 논증구조도 이것에 근거한다.

논증형 주제전개는 특히 호소적 텍스트의 특징에 속한다. 왜냐하면 이 텍스트에서 생산자는 자기의 시각, 사태에 대한 자기의 가치평가의 근거를 제시함으로써 수용자를 납득시키고, 경우에 따라서는 수용자가 어떤 적절한 행위를 하도록 부추기는 일에 목적을 두기 때문이다. 그러나 우리는 논증형 주제 전개를 규범적 텍스트(예: 재판에서)와 특정한 제보적 텍스트(예: 서평과 학술 논문에서)에서도 발견하게 된다.

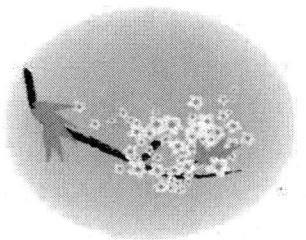

제4장 텍스트 기능의 분석

제3장에서는 문법적, 주제적인 텍스트 형성의 일반 조건들을 취급하였는데, 이 장에서는 텍스트의 의사소통적 기능, 간단히 말해서 텍스트 기능을 논의하겠다.

우리는 일반적으로 '기능'을 어떤 전체 안에서 인물, 기관 또는 대상이 갖는 과제라고 이해한다. 그래서 우리는 예를 들어 심장(心臟), 갑상선(甲狀腺), 시장(市長), 소설 인물의 기능에 관해 이야기한다.[108]

'기능'이라는 표현의 이러한 일반 언어적인 사용과 관련하여 우선 전문 용어 '텍스트 기능'을 극히 잠정적으로 어떤 텍스트가 의사소통 과정에서 얻게 되는 내포의미(진의) 또는 어떤 텍스트가 의사소통 상황의 테두리에서 실현되는 목적이라고 정의할 수 있을 것이다.[109]

---

108) 그로세(Große, 1976,25f.)도 참조.

텍스트는 하나 이상의 의사소통 기능을 보여줄 수 있다. 그러므로 이를테면 요리법은 제보적 기능과 호소적 기능을 갖기는 하지만, 지배적인 기능은 호소적 기능이다(요리법은 음식요리에 관한 생산자의 안내 행위라고 이해된다). 호소적(더 정확히 말하면: 교시적) 기능은 흔히 직접 특정한 언어적인 구조(예: 명령형, 이른바 공손형, 부정사형)110)을 통하여 표시된다(이에 대한 자세한 논의는 아래의 4.4.3절 참조). 다른 예로서 라디오 뉴스를 살펴보자. 이것은 제보적 텍스트 기능이 지배적이기는 하지만, 생산자가 청자에게 특정한 사태의 존속에 관한 정보를 전달하는 데 목적이 있다.111) 그러나 뉴스 방송은 고도의 인기가 있는 것이기 때문에, 이 텍스트 유형에 어느 정도의 오락 기능이 완전히 결여되어 있다고 말하기는 어렵다.112) 왜냐하면 뉴스는 "개인 상호간의 담화, 곧 대화에 적합한" 사건들을 주제로 삼기 때문이다.113)

이 예들은 다수의 기능들이 어떤 텍스트의 특징을 이룰 수는 있으나, 텍스트 전체의 의사소통 양식이 보통 '하나'의 기능에 의해서만 정해진다는 점을 분명히 해준다. 이러한 지배적인 의사소통 기능을 '텍스트 기능'이라 일컫는다.

이제 이 개념을 보다 정확히 이해할 필요가 있다. 왜냐하면 의사소통 과정에서 텍스트가 갖는 내포의미와 목적에 관하여 여기서 제시한 극히 일반적인 표현 방식은 아직 만족스럽지 못하기 때문이다.

화행론(오스틴, 서얼, 분덜리히 등)을, 텍스트 기능 개념을 적절하게 설명할 수 있는 이론적·개념적인 원리로 보고 간단히 고찰해 보자. 그러면 텍스트

---

109) 의사소통 과정은 적어도 두 명의 의사소통 파트너에 의해 형성되는데, 이들은 발화나 텍스트를 생산하고 수용함으로써 의사소통적 접촉을 하게 된다. 각각의 의사소통 과정은 장소와 시간에 의해 구분될 수 있는 의사소통 상황 속에서 진행된다.

110) 예: *Nehmen Sie* ⋯, *Man nehme* ⋯ 또는 ⋯ *nehmen*. 3.5.1절도 참조.

111) 라디오 뉴스는 구어적으로 실현되기는 하지만, 기본적으로 문자화된 텍스트 유형과 관련이 있다. 그러기 때문에 라디오 뉴스는 언어적인 구조에서도 신문 뉴스와 구별하기 힘들다. 다만 라디오 뉴스는 (화자를 통하여) 낭독된다. 생산자로 간주될 수 있는 사람은 정보를 발견하고 선별하여 언어화시키는 편집인이다.

112) 이에 대해서는 플룩 외(Fluck et al. 1975)의 부록 13쪽 참조.

113) 쿠취와 베스터바카이(A. Kutsch/J. Westerbarkey), Zur publizistischen 'Funktion' von Nachrichten[뉴스의 언론학적 '기능'에 대하여]. 슈트라스너(Straßner, 1975, 17) 참조.

기능을 행위이론에 근거하여 정의할 수 있을 것이다. 다음으로 텍스트 기능의 텍스트 분석적인 규정 문제를 논의하여 텍스트의 몇 가지 기본 기능들을 더 정확하게 기술하여 보겠다. 마지막으로 텍스트 기능과 텍스트 구조의 관계를 예시적으로 기술하겠다.

4.2 이론적인 바탕으로서 언어행위 개념

4.2.1 언어행위 개념

텍스트나 발화를 수단으로 생산자는 의사소통 과정에서 일정한 방식으로 수용자에게 영향을 미치고자 시도한다. 이러한 영향 시도는 목표 지향적인 행위이기 때문에, 우리는 이를 더 정확히 자동적(무의식적)으로 진행되는 행동(예: 숨쉬기, 하품)과는 달리 '의도적인 행동'이라고 정의할 수 있는 언어행위라고 규정하였다.[114]

행위는 행위자 자신과 관련되어 있거나, 아니면 다른 사람과 관련되어 있을 수 있다. 자기 중심적인 행위(예: 연필 잡기)는 주관적인 관점에서만 의미있는 것으로 나타난다. 반대로 파트너 중심적인 행위(예를 들어 다른 트럭 운전자를 앞질러 가게 하는 경우)는 근본적으로 사회적인 행위이다.

사회적인 행위에서는 의사소통적(즉, 기호 체계에 근거한) 행위가 특별한 의미를 갖는다. 의사소통 행위는 언어적인(예: 수많은 문자언어적 의사소통 행위에서) 의사소통 수단이나 비언어적인 의사소통 수단(제스처, 몸짓, 비유적 표현 등)을 통하여 수행될 수도 있고, 이 두 종류의 의사소통 수단들이 서로 영향

---

114) 아래의 행위 개념에 대한 논의는 칼마이어 외(Kallmeyer et al., 1974/I,15f.)와 귈리히와 라이블레(Gulich/Raible, 1977,22ff.)를 따름.

(예: "대면 의사소통"에서, 그림 이야기, 코믹, 광고 선전에서)을 주고받음으로써 수행될 수 있다. 그래서 우리는 외침말 'Sie Dummkopf [이 머저리야]'(언어)나 (손가락으로 자기 이마를 두드림으로써) 상대방이 돌았음을 표시함(제스처)으로써 또는 이 두 가지를 동시에 수행함으로써 다른 트럭운전사를 모욕할 수 있다. 많은 행위들은 언어적으로만 수행될 수 있는데, 이를테면 모욕에 대한 광고 보복이 그러하다.

의사소통적인 국면에서 보면, 언어행위, 즉 언어적인 기호 체계에 근거한 행위는 우리 사회에서 특히 중요한 의사소통행위의 형태이기는 하지만 '하나'의 형태에 불과하다. 언어적 행위(언어행위 또는 화행)를 기술하기 위해서는 이미 언급한 화행론이 기본이 된다.[115]

여기서는 언어학적 분석에 특히 중요한 몇 가지 논점들만 논의하겠다. 화행론에 관한 보다 자세한 논의는 언어 화용론의 테두리에서 행해져야 할 것이다.[116]

우리의 분석과 관련하여 무엇보다 중요한 것은 언어행위가 의도적일 뿐 아니라 규약적이라는 지적이다. 다시 말하면, 언어행위는 언어 공동체에서 개개의 언어 관계자들이 각각 그들의 사회화 과정에서 다소 완전하게 습득한 규칙에 따라 수행된다. 그래서 의사소통 파트너들은 일정한 언어적 행위가 의사소통 상황에서 어떤 조건 아래에서 그리고 어떤 규칙에 따라 수행될 수 있느냐는 물음에 대한 공통 지식을 소유하고 있다. 규약적으로 타당한 이러한 규칙과 조건들에 의거해서만 수용자는 발화와 텍스트에서 생산자가 추구한 이해 방식을 인식할 수 있다. 즉, 수용자가 (주장이나 질문 아니면 명령 등으로) 발화를 무엇이라고 파악해야 하는 점을 인식하게 된다. 앞의 표현에서 특히 강조되어야 할 것은 '파악해야 한다'는 말이다. 상대방이 화자의 '진정한 의도'를 인식했다는 말은 어떤 발화를 특정한 언어적인 행위와 동일시하는 일(이를테면

---

115) 오스틴(Austin, 1962/72), 서얼(Searle, 1969/71), 분덜리히(Wunderlich, 1972; 1976), 모취(Motsch, 1978,26ff.), 화행론에 관한 간략한 소개로는 람게(Ramge, 1978,45ff.)와 근래의 힌델랑(Hindelang, 1983), 하라스(Harras, 1983) 참조.
116)* 언어 화용론에 관한 체계적인 소개로는 슐리벤-랑에(Schlieben-Lange, 1975), 레빈슨(Levinson, 1983/1990), 메이(Mey, 1998) 참조.

발화 '*Ich verspreche dir, dich in zwei Wochen zu heiraten* [나는 2주 후에 너와 결혼할 것을 너에게 약속한다]'을 약속행위와 일치시키는 일)과 반드시 연관되어 있다는 뜻은 아니기 때문이다. 화자는 불성실할 수도 있고, 마치 그가 어떤 것을 약속하고, 충고하고, 추천하고 주장하는 것처럼 행하고는 있지만, 실제로는 다른 의도가 연관되어 있을 수도 있다(예를 들어 자기 여자친구가 저금해 놓은 돈을 노리는 결혼 사기꾼이 불성실하게 한 약속일 경우).

이로써 우리는 의사소통 파트너들이 서로 성실성(즉, 화행에서 규약적으로 '표현된 의도'와 '진정한 의도'와의 일치)을 이면에 깔고 있더라도 - 적어도 파트너의 불성실성을 추측할 만한 동기가 없는 한, "화행과 관련된, 이에 따라 규약적으로 타당하고 또 그렇게 이해될 수 있는 생산자의 행위 의도"를 "진정한 의도"와 구별해야 할 것이다.[117] 이러한 동기는 이를테면 파트너에게 해당 전과가 알려진다면, 결혼 사기꾼의 경우에서 나타난다.

언어행위의 규약성은 말하자면 화자가 일정한 발화로 청자로부터 바라는 바를 청자에게 이해시킬 수 있다는 전제이다. 그러나 이것은 다른 한 편으로 기만, 거짓, 조작을 가능하게 할 수도 있다.[118]

어떤 언어행위의 규약적으로 타당한 의사소통 의미는 이른바 구성 규칙을 통하여 제시된다. 서얼에 따르면, 구성 규칙은 - "이미 존재하는 행동 양식 또는 이와는 무관하게 존재하는 행동 양식들을 규정하는"(예: 예법) 제어 규칙과는 달리 - 행동의 새로운 형태(예: 축구 경기와 장기놀이의 규칙들)를 '생성한다'.[119] 구성 규칙은 다음과 같은 일반적인 형식을 취한다: "X는 맥락 C에서 Y로 간주된다." 다시 말하면, 발화나 텍스트는 특정한 상황 맥락이나 행위 맥락 C에서 청자에 대하여 (언어적) 행위 Y를 수행하는 화자/저자의 시도로 간주된다.[120]

서얼에 따라 이러한 구성 규칙들을 다음처럼 공식화할 수 있다.[121]

---

117) 람게(Ramge, 1978,48).
118) 그래서 화행과 관련된 규칙과 규범은 표면적으로만 제약받는다.
119) 서얼(Searle, 1969/71,54).
120) 서얼(Searle, 1969/71,56f.) 참조.
121) 서얼(Searle, 1969/71,100ff.) 참조.

- 언어행위 **요청**의 구성 규칙 : 발화는 상대방이 어떤 일정한 행위를 행하게 하려는 화자의 시도로 간주된다.

  예: *Ich fordere dich auf, morgen zu kommen.*
  [나는 내일 올 것을 너에게 요청한다.]

- 언어행위 **조언**의 구성 규칙 : 발화는 일정한 (미래의) 행위가 상대방의 관심 안에 있음을 화자가 상대방에게 행하는 보증 행위로 간주된다.

  예: *Ich rate dir, zum Arzt zu gehen.*
  [나는 의사에게 가볼 것을 너에게 권한다.]

- 언어행위 **약속**의 구성 규칙 : 발화는 의사소통 참가자에게는 약속(일정한 행위)의 내용을 수행하는 상대방에 대해 화자가 의무를 떠맡는 것으로 간주된다.

  예: *Ich verspreche dir, morgen zu kommen.*
  [나는 내일 올 것을 너에게 약속한다.]

- 언어행위 **주장, 확언, 증명**의 구성 규칙 : 발화는 각 진술이 실제의 사건 상태를 서술한 것임을 화자가 상대방에게 보증해 주는 것으로 간주된다.

  예: *Ich behaupte, daß das Produkt X besonders gut ist.*
  [나는 상품 X가 특히 우수하다고 주장한다.]

- 언어행위 **질문**의 구성 규칙 : 발화는 상대방으로부터 일정한 정보를 교묘하게 끄집어내려는 화자의 시도로 간주된다.

  예: *Wie komme ich am schnellsten zum Bahnhof?*
  (더 명시적인 표현: *Ich frage dich, wie ich am schnellsten zum Bahnhof komme.*)
  [어떻게 하면 나는 가장 빨리 역으로 가죠?]
  [나는 가장 빨리 역으로 가는 방법을 너에게 묻고 있다]

명시적인 화행 형태로 여겨지는 경우는 '수행 동사', 곧 일인칭의 화행 지칭 동사를 가진 이른바 완전한 문장이다. 그리고 다음처럼 표현 'hiermit [이로써]'이 보완될 수 있다.[122]

Ich verspreche dir (hiermit), daß ich morgen komme.
Ich rate dir (hiermit), zum Arzt zu gehen.

나는 (이로써) 내가 내일 올 것을 너에게 약속한다.
나는 (이로써) 의사에게 가볼 것을 너에게 충고한다.

명시적인 형태에서 분명히 알 수 있는 것은 각 언어행위가 - 이미 명시하였듯이(앞의 3.2절 참조) - 화행모형을 나타내는 발화수반부(예: 약속, 충고)와 행위 내용(예: 약속, 충고)을 포함하는 명제부로 구성되어 있다는 점이다.

이밖에도 보충되어야 할 것은 발화의 표현 면과 관련된 이른바 '발화행위'(언어행위 수행 시 음성, 단어, 문장의 발화)이다. 발화행위 개념은 근본적으로 전통 언어학과 구조 언어학의 연구 대상을 이루는 언어 국면들을 포괄한다(예: 음운론, 형태론, 통사론, 어휘론과 같은 '고전적인' 언어학의 부분 원리들). 그러나 여기서 말하는 언어학적인 서술은 행위이론에 바탕을 둔 것이 아니다. 구조주의 언어학과 생성변형문법의 제한된 언어 개념과는 달리 화행론적인 개념에서 말하는 '언어'는 문법적인 규칙 체계를 항상 포괄하는 어떤 사회나 그룹의 언어적인 행위 체계 전체를 의미한다.

언어행위(주장하고, 명령하고, 질문하고, 약속하고, 소망을 말하고, 축하하는 따위의 언어행위)는 서얼에 따르면 화자가 정상적인 의사소통에서 동시에 함께 수행하는 발화수반행위, 명제행위, 발화행위 등의 세 가지 상이한 종류의 부분 행위들로 구성되어 있다.[123]

화행의 이러한 성분들과 대조를 이루는 것은 특히 '발화효과행위'이다. 이것은 발화수반행위가 수용자의 행위, 사상, 관점 등에 미치는 영향을 나타낸 것이다.[124] 예를 들어 확언 행위의 수행(예: *Bei Familie Müller ist eingebrochen*

---

122) 분덜리히(Wunderlich, 1972a,15ff.) 참조.
123)* 서얼(Searle, 1969/71,40f.) 참조.

worden [뮐러 가족에게 강도의 침입이 있었다])은 누군가를 불안하게 할 수 있으며, 요구 행위(예: *Putz mir mal die Schuhe!* [내 구두를 좀 닦아라!])는 증오감을 불러일으킬 수 있다.[125] 오스틴에 따르면, 발화효과행위는 발화수반행위와는 달리 비규약적이다. 다시 말하면, 앞에서 인용한 발화를 통하여 특정한 상황적, 사회적인 조건하에서 극히 정해진 인물에게 야기할 수 있는 '불안', '증오'의 효과는 우리들의 언어적인 행위 체계에서, 적어도 그때 그때의 발화행위들과 확언, 명령 등과 같은 발화수반행위들 간의 관계와 동일한 방식으로 주장된 것은 아니다.[126]

4.2.2 발화수반표지

명령, 충고, 약속, 주장 등은 구체적으로 나타나는 언어행위가 아니라 화행 유형(언어적 행위모형)이다. 구체적으로 수행된 언어행위, 곧 특정한 사람이 일정한 상황에서 정해진 상대방에게 수행하는 행위는 특정한 화행 유형(오스틴과 서얼의 전문 용어로는 발화수반(행위) 모형 또는 발화수반(행위) 유형)의 실현이라고 이해되고 기술된다. 그러므로 다양한 발화들[127]이 동일한 행위 유형(여기서는 약속의 유형)을 표현할 수 있다.

규약적으로 타당한 일련의 언어적, 문법적인 수단들이 있는데, 이들은 - 비록 항상 명백한 것은 아니지만 - 언어행위의 유형을 암시하는 데 도움을 준다.[128]

---

124) 서얼(Searle, 1969/71,42) 참조. 그밖에도 발화효과행위의 두 가지 양상에 대한 논의로는 홀리(Holly, 1979) 참조.
125) 오스틴(Austin, 1962/72,116f.) 참조.
126) 힌델랑(Hindelang, 1983,13f.)참조.
127) 예: *Ich verspreche dir, morgen zu kommen; Verlaß dich darauf; ich komme morgen; Ich werde morgen bestimmt kommen; dann bis morgen; …*
나는 내일 올 것을 너에게 약속한다; 그 사실을 믿어라/기대해도 좋다; 내일 오겠다; 나는 내일 확실히 오겠다; 그럼 내일까지 안녕; …
128) 서얼(Searle, 1969/71,49f.), 분덜리히(Wunderlich, 1972a,15ff.), 특히 죄켈란트(Sokeland,

특히 이와 관련된 것으로는 다음을 들 수 있다.

- 앞서 취급한 이른바 명시적인 수행 공식.
- 문장 유형(전통문법의 의문문, 요청문, 평서문)과 문장 모형(서법, 시제, 수, 인칭 등과 같은 기본적인 문법적 정보를 포함한 구문안(構文案). 이를 테면 일인칭 대명사의 주어와 미래형 서술어를 포함한 문 구조(예: '*Ich werde dich bald besuchen* [나는 머지않아 너를 방문하겠다]')는 통고임을, 이 인칭 대명사의 주어와 접속법 2식의 화법동사 *sollen*과 결합한 서술어를 가진 구조(예: '*Du sollst zum Arzt gehen* [너는 의사한테 가봐야 한다]')는 추천임을 암시해준다.
- 이른바 명암 불변화사(예: *aber, doch, bloß, nur, ja, mal*)와 양태어들(예: *bestimmt, hoffentlich, möglicherweise, zweifello*).[129]
- 일반적으로 맥락과 무관하게 일정한 발화수반력을 나타낼 수 있는 명제 내용. 이에 따라 발화 '*Wir werden morgen wiederkommen* [우리는 내일 다시 오겠다]'은 문장 유형에 따라 통고임을 암시해준다. 더욱이 이 발화가 협박이나 약속을 명시해 주는 것인지는 맥락과 관련된 명제 내용(이를테면 화자와 상대방과의 역할 관계나 이 관계와 관련된 명제 의미)에 의해 밝혀진다.

구어와 관련해서는 특히 운율적인 자질들(억양, 강세, 경우에 따라 말의 속도 등)이 더 언급될 수 있을 것이다.

이러한 행위 지침적인 언어적 수단들을 "화행유형의 표지" 또는 "발화수반(행위)표지"라 부른다.

언어적인 표지들 간에는 흔히 고정된 지배 관계가 성립한다.[130] 그래서 이를테면 특정한 불변화사들은 발화의 의사소통 기능(이른바 발화수반력)을 위

1980.4장) 참조.

129)*불변화사(Partikel)와 양태어(Modalwort)의 통사론적, 의미론적, 화용론적인 구분에 대해서는 헬비히와 부샤(Helbig/Buscha, 1984,475ff.,500ff.) 참조.

130) 이에 대한 자세한 논의로는 죄켈란트(Sökeland, 1980,76ff.) 참조.

해 실현된 문장 유형보다 더 중요하다. 이러한 관계는 다음의 예에서 분명해
질 수 있다.

(1) Mach das Fenster zu!
(2) Geh *doch mal* zum Arzt!
(3) Sollen wir das Auto nehmen?
(4) Kannst du *denn nicht* das Fenster zumachen?

(1) 창문을 열어라!
(2) 의사에게 *꼭 한번* 가봐라!
(3) 우리 자동차를 타고 갈까?
(4) 너는 *도대체* 창문을 닫을 수 *없니?*

　(1)의 예에서는 화행 유형 명령이 명령형(이른바 요청문)에 의해 암시되고
있다. (2)의 예에서는 불변화사 *doch* [꼭]와 *mal* [한 번]이 명령형 *geh* [가봐라]의
행위 의미를 완화시켜준다(명령에서 부탁으로). (3)의 예에서 정동사의 문두 위
치, 이른바 의문문 위치는 질문 행위를 암시한다. 예문 (4)에서는 발화의 불변
화사 *denn* [도대체]과 *nicht* [아니하는]이 확연히 요구의 특성을 더해주고 있다.
불변화사는 문장 유형(이른바 의문문)보다 더 지배적이기 때문이다.

　죄케란트의 연구에 따르면, 지배 관계에 따라 다음과 같은 일반적인 모습
이 나타난다: 불변화사, 운율적 자질과 명제내용은 명시적 수행 공식과 문장
유형이나 문장 모형보다 더 강한 언어적인 표지들이다. 전자는 표지와 일치할
경우 바로 어떤 발화의 실제적인 발화수반력을 표시하기 때문이다.[131]

　각각의 언어행위는 행위 맥락이나 상황 맥락에 들어 있기 때문에 맥락 표
지들(예: 그때 그때의 역할 관계, 공공제도적인 프레임, 배경 지식 등)을 고려해야
한다. 게다가 많은 경우에는 어떤 구체적인 발화수반행위가 제시되어 있는지
맥락상의 정보들에 준거해서만 결정될 수 있다. 예를 들어, 어떤 강사가 자기
강좌의 과제물을 매 번 제출하지 않은 학생에게 '*Sie haben lange nichts von sich*

---

131) 죄켈란트(Sokeland, 1980,78ff.) 참조.

hören lassen [자네는 오랫동안 아무런 소식이 없더군]'이라고 말한다면, 이는 맥락에 의해서만 이 발화가 확언보다는 오히려 경고를 암시해주고 있음을 분명히 해준다. 결론적으로 말하면, 우리는 일반적으로 맥락 표지가 언어적인 표지보다 더 우세하다고 말할 수 있다.

우리는 이 절과 앞 절에서 화행의 몇 가지 기본 개념들을 논의하였다. 그러나 이 개념들은 근본적으로 화행론의 창시자들이 제시한 서술에만 한정시킨 단순한(기본적인) 언어행위의 구조와 관련된 것들이다. 단순한 언어행위는 문법적인 관점에서 보면, 대개 이른바 완전한 문장의 범위를 벗어나지 않는다. 이제 단순한 언어행위에서 얻은 관심사들이 우리의 정의에 따르면 대개 한 문장 이상을 포함하는, 다시 말해서 비교적 복잡하게 구성된 텍스트에 어떤 형태로 응용될 수 있는지를 질문할 차례다.

이러한 질문은 오늘날의 텍스트언어학적인 연구에서 다양한 방식으로 다루어지고 있다. 여기서는 특히 우리가 일차적으로 논의하고자 하는 텍스트 기능 개념과 발화수반구조의 분석이 거론될 필요가 있다.

4.2.3 발화수반구조의 분석

발화수반(행위)구조의 분석론(모취, 피베거, 로젠니렌 등)[132]에서는 텍스트를 기본적인 언어행위들(위의 학자들은 "발화수반행위"라고 부르고 있음)이 계층적으로 구조화된 연속체라고 정의한다.[133] 발화수반행위는 텍스트구성의 기본

---

132)* 예를 들어 모취와 피베거(Motsch/Viehweger, 1981), 브란트 외(Brandt et al., 1983), 로젠니렌(Rosengren, 1983), 모취(Motsch, 1986), 모취(Motsch, 1987), 로젠니렌(Rosengren, 1987), 모취와 피베거(Motsch/Viehweger, 1991), 하이네만과 피베거(Heinemann/Viehweger, 1991,54ff.), 브란트와 로젠니렌(Brandt/Rosengren, 1992) 참조.

133) 모취(Motsch, 1987,45)는 "발화수반행위를 '발화수반행위 = (발화, 의도, 조건, 결과)'의 특성을 가진 4단(4개의 부분들로 이루어진) 단위(Quadrupel)"라고 이해한다. 여기서 발화는 발화를, 의도는 발화함으로써 일정한 목표에 도달하려는 화자의 의도를, 조건은 목적에 도달될 수 있도록 발화상황에서 충족되어야 하는 조건들의 집합을, 그리고 결과는 발화수반행위의 수행과 연관되어 있을 수 있는 결과들의 집합을 뜻한다.

단위로 간주된다. "계층적으로 구조화"되어 있다는 말은 이런 맥락에서 보면
발화수반행위들 간에 다양한 하위 관계와 상위 관계가 성립한다는 뜻이다. 이
때 보통은 하나의 정해진 발화수반행위가 나머지 발화수반행위들을 지배한
다.134) 그래서 전자가 텍스트의 전체목표를 명시해준다. 나머지 발화수반행위
들은 이 지배적인 발화수반행위를 지원하는, 다시 말해 이 발화수반행위의 성
공을 보장해 주는 역할을 하는데,135) 이들을 '부차적' 발화수반행위라고 부른
다. "화자는 […] 청자 측의 오해, 거절, 원하지 않은 반응이 발생하지 않도록
자기의 전체 행위를 구축해야 한다. […] 이러한 가능성은 화자가 지배적인
발화수반행위를 부차적인 발화수반행위들을 통하여 지원함으로써 이루어진다.
[…] 이는 발화수반행위 유형에 관한 체계적인 지식을 바탕으로 할 때 가능하
다. […]."136)

　　우리는 이러한 장치를 다음의 두 가지 (간단한) 예시 텍스트137)에서 구체
화해 보겠다.

(1) Dort liegt meine Tasche. Kannst du sie sehen? Die hol mir mal!
(2) Du bist sehr erkaltet. Geh doch bitte zum Arzt. Er hat seine Praxis ganz in
　　der Nähe.

　　모취와 파쉬(Motsch/Pasch, 1986)도 참조.

134) 물론 어떤 텍스트의 행위들이 동등한 자격으로 병렬해 있는 발화수반행위들 간의 등
위 접속도 있을 수 있다. 브란트 외(Brandt et al., 1983), 모취(Motsch, 1987,58)도 참
조. 그러나 주된 관심은 종속적인 접속 관계에 있다. 왜냐하면 바로 이 접속 관계가
텍스트의 발화수반행위 계층구조에 구성적이기 때문이다.

135) 발화수반행위의 일반적인 성공 조건들로 이를테면 이해 조건, 용인 조건, 실행 가능성
조건이 있다. 모취(Motsch, 1987,58f.) 참조.

136) 텍스트의 발화수반(행위) 구조의 토대가 되는 것이 목적 계층구조임이 전제되고 있다.
브란트 외(Brandt et al., 1983), 모취(Motsch, 1987,58) 참조. 모취(1987,58)는 이런 맥
락에서 심리학적 행위이론에서 복합 행위의 기술 가능성을 제시하고 있는데, 이 심리
학적 행위 이론에서는 "행위 계획을 하나의 전체 목표가 여러 부분 행위들을 거쳐 도
달될 수 있도록 부분 행위들이 배열되어 있는 구조"라고 파악하고 있다.

137) 지금까지 이 분석 장치의 범위 안에서 '복잡한' 텍스트를 구체적으로 분석한 예는 극
소수에 불과하다. 예를 들어 확언 텍스트(모취 1987), 지침 텍스트(피베거와 슈피스
(Viewweger/Spies, 1987), 제품설명서(헨젤(Hensel, 1989), 그리고 상용편지(브란트 외
(Brandt et al., 1983) 분야에서 뽑은 개별 텍스트들에 관한 분석들이 있다.

(1) 저기에 내 가방이 놓여있다. 너 그것이 보이지? 그것을 나에게 좀 가져오렴!
(2) 너는 심한 감기에 걸렸구나. 의사에게 꼭 좀 가봐라. 그는 영업을 아주 가까운 곳에서 하고 있다.

발화수반구조의 개념에 따라 (단순화시켜) 분석해 보면, 다음과 같은 결과에 이른다.

(1)의 예에서는 확언, 질문, 요구의 화행이 연속되고 있다. 이 때 확언과 질문은 요구에 종속한다. 확언과 질문은 이른바 요구를 마련해 주고 있는데, 이 요구는 생산자의 지배적인 행위 의도를 명시해 줌으로써 비로소 화행 계기성에 요구의 의사소통적 기능을 부여해준다.

(2)의 예에서는 "확언 - 부탁 - 확언"의 화행 연쇄가 나타난다. 여기서는 지배적인 화행 유형이 부탁이다. 이 부탁은 첫 번째 확언을 통하여 증명되어 두 번째 확언을 통하여 명세화되고 있기 때문이다. 다시 말해서, 부탁의 충족 가능성을 고려해 보면 피 발언자를 통하여 더 정확하게 규정되고 있다.

그러므로 발화수반구조의 분석은 발화수반행위들을 분할하여 이 행위들 간의 관계들, 이를테면 일정한 종류의 지원 관계들[138]을 탐구하는 데 본질이 있다. 그 결과로 텍스트의 행위구조가 명시되는, 도식화하여 제시할 수도 있는 발화수반 계층구조가 나타난다.

발화수반구조의 개념은 이 입문서의 범위에서는 요점적으로만 기술될 수 있는데, 일련의 의문들을 낳는다. 우리는 이 책을 대변해주는 텍스트 분석적인 구상에 특히 중요하다고 생각되는 세 가지 문제 영역들을 간단히 논의하여 보겠다. 첫 번째로 문제되는 것은 다음과 같다.

▪ 텍스트의 발화수반구조와 통사구조의 관계

발화수반구조의 분석은 발화수반행위의 유형들이 "문법에서 직접적인 일치점"을 가진다는, 다시 말해서 "발화수반행위의 유형들과 직접적인 관계에 있는 문법 범주들이 있다"는 가정에 근거하고 있는데, 이른바 문장 서법(평서

---

138) 모취(Motsch, 1987,60) 참조.

문, 의문문, 명령문)이 그러하다.139)

여기서 원칙적으로는 성립하지 않는 문장구조와 발화수반력 간의 1:1 관계가 실현되는 경우를 간과하고 근본적으로 이들 관계를 고립적으로만 고찰한다면, 여러 문장들에 하나의 발화수반력을 부여할 수 있다고 비판할 수 있을 것이다. 문장들이 텍스트라는 전체 속에 통합되어 있다면, 대개 이 문장들이 직접적인 행위 특질을 가지는 경우는 없다. 오히려 이들은 특히 텍스트의 주제구조와 관련하여 특정한 텍스트 내적인 기능들을 충족시킨다(증명 기능, 명세화 기능 등). 행위 특성은 텍스트 전체에 귀속되며, 텍스트 기능을 통하여 표현된다(이에 대해서는 아래의 4.3절 참조).

• 발화수반구조와 주제구조의 관계

발화수반구조의 분석은 행위구조로서의 텍스트 구조를 화행 유형들의 계층구조의 형태로 나타내고자 한다. 그러나 3.5절에서 수행한 우리들의 논의에 의거하면, 텍스트 구조는 여러 가지 점에서 일차적으로 주제전개의 특정한 기본형들을 배경으로 한 주제구조라고 생각될 수 있다. 이에 대해서는 물론 더 자세한 설명이 필요하다.

• 텍스트의 발화수반구조와 전체 목표 또는 전체 기능의 관계

발화수반구조의 분석은 지배적인 발화수반행위가 텍스트의 전국 목표, 곧 텍스트의 의사소통적인 전체 기능을 가리킨다는 견해에 기초한 것이다. 그러나 이런 관계는 원칙적으로 광고 텍스트에서 어렵지 않게 설명될 수 있는 것처럼 가정해서는 안 될 것이다.140) 어떤 텍스트의 지배적인 기본 기능에 본질적인 것은 오히려 텍스트 내적인 종류 뿐 아니라 텍스트 외적인(맥락적인) 종

---

139) 모취(Motsch, 1987,46ff.). 이른바 문장 서법은 특정한 입장이나 입장(태도) 형태들(Einstellungskonfigurationen)을 통하여 특성화된다(화자가 어떤 문장 발화의 명제 내용에 대해 받아들이는 입장이나 태도). 이를테면 선언 서법과 관련된 것은 "어떤 사태가 있음을 납득했다"(앞책)는 화자의 입장이다.

140) 이를테면 4.4.3절의 (7)의 예에서 구체화될 수 있다. 이에 대해서는 브링커(Brinker, 1983,141ff.)도 참조.

류의 다양한 기준들이다(이에 대한 자세한 논의로는 아래의 4.3.2절의 (2) 참조).

이제 텍스트 기능적인 분석 장치를 다루어 보자. 이 분석 장치의 기본은 텍스트 기능의 개념이 기본적인데, 물론 이 개념은 텍스트를 복합적인 언어행위라고 간주할 수 있도록 화행론에 기초할 필요가 있다. 다음 절에서는 이러한 구상을 대강 발전시켜 보겠다.

4.3 텍스트 기능 개념

4.3.1 텍스트 기능 – 진정한 의도 – 텍스트 효과

지금까지 텍스트 기능의 문제를 가장 다양하게 논의한 학자는 그로세이다.[141] 그의 연구와 연결시키면, 다음과 같은 정의를 얻게 된다: '텍스트 기능'이란 용어는 일정한, 규약적으로 타당한, 곧 의사소통 공동체에서 구속력 있게 규정된 수단들을 이용하여 텍스트에 표현된 생산자의 '의사소통 의도'를 일컫는 말이다. 말하자면 이는 수용자가 인식해야 할 생산자의 의도, 이른바 수용자가 텍스트를 '총체적으로' 무엇이라고, 이를테면 제보적 텍스트나 호소적 텍스트라고 파악할 수 있도록 해 주는, 수용자에 대한 생산자의 지침(교시)이다.[142]

텍스트 기능의 이와 같은 정의는 언어행위의 의도적인 국면과 규약적인 국면을 유사한 방식으로 서로 접목시키고 있기 때문에, 발화수반행위의 화행

---

141) 그로세(Große, 1976). 이 글에 대한 자세한 논의로는 브링커(Brinker, 1983) 참조.
142) 그로세(Große, 1976,68)는 "텍스트 기능"을 "어떤 텍스트에서 기호화된, 의사소통 도구로서의 텍스트에서 가시화되는 의도로서 - 이 점은 중요하다 - 수용자가 이 의도를 이해해야 하는 그런 것"으로 정의한다. 그래서 텍스트 기능은 "각각의 텍스트에 대해 수신자가 바라던 이해양식에 관한 수용자의 교시(Instruktion)"(앞책,26)로 간주될 수 있다는 입장이다.

론적인 개념과 거의 일치한다. 발화수반행위가 어떤 발화의 행위 특성을 규정하고 있듯이, 텍스트 기능은 텍스트의 의사소통 양식, 다시 말해서 생산자가 수용자를 향해 표현한 의사소통적인 접촉 방식을 규정한다.

그러므로 (단순한 언어행위에서의) 발화수반행위에 걸맞게, 텍스트 기능도 생산자의 "진정한 의도"와 구별되어야 할 것이다. 진정한 의도, 즉 "숨겨진 의도"는 - 그로세가 이렇게 명명한 것처럼[143] - 텍스트 기능과 일치할 수 있으나, 그렇다고 이와 완전히 일치한다고 볼 수는 없다. 따라서 예를 들어 신문 뉴스의 특징은 비록 생산자가 암묵적으로 설득적인 의도를 추구하고는 있더라도 제보적 텍스트 기능이다. 텍스트 기능을 규정짓는 데 특히 결정적인 것은 생산자가 언어적 방식과 의사소통적 방식의 일정한 규칙들(규약들)을 참조하여 무엇을 인식시키고 싶어하느냐는 점이다.[144] 이는 신문 뉴스의 경우 "기술형 정보 전달체"가 문제되고 있음을 의미한다. 수용자가 생산자의 "숨겨진 의도" (그로세의 의하면, 무의식적일 수도 있는 의도)도 찾아낼 수 있는지의 여부는, 이를테면 텍스트 자체에 이러한 의도를 나타내는 일정한 표지들이 나타나 있는가, 친족 관계에 있는 텍스트들과 비교해 볼 때, 단서가 이 방향에서 제공되고 있는가, 아니면 생산자나 서술된 사태에 관한 보충 정보들이 수용자에게 유용한가의 여부에 좌우된다.[145]

그밖에도 텍스트 기능은 텍스트가 수용자에게 미치는 효과와 구별되어야 한다.[146] 단순한 언어행위에서의 발화효과행위와 마찬가지로, 텍스트 효과도 의도된 것이든 의도되지 않았던 것이든 상관없이 텍스트 기능과는 달리 규약화된 것이 아니다.

이제 우리는 다음과 같은 질문을 할 수 있다: 텍스트 기능은 구체적인 경우에서 어떻게 텍스트 분석적으로 탐구될 수 있을까? - 발화수반 표지에 유추

---

143) 그로세(Große, 1976,68f.) 참조.
144) 모취(Motsch, 1978,30)도 참조: "화자 의도로 간주되는 것은 청자가 인식시키고 싶어 하는 일 뿐이다. 이 때 화자는 규칙, 곧 언어 행위를 위한 사회적인 규범을 참조한다."
145) 그로세(Große, 1976,68f.) 참조.
146) 그로세(Große, 1976,69ff.) 참조.

하여 - 텍스트 기능 표지도 설정될 수 있을까?

4.3.2 텍스트 기능의 텍스트 분석적 규정

(1) 그로세의 기준 목록

텍스트 기능을 구체적인 경우에서 탐구할 수 있도록 해주는 일련의 기준 목록을 발전시킨 학자는 지금까지 그로세 뿐이다. 그로세의 첫 번째 기준은 텍스트 기능은 텍스트에서 "지배적인 의미론적 문장 유형들"에서 인식될 수 있다는 입장이다.[147]

"의미론적 문장"이란 그로세에 따르면 하나의 "상위 명제적인 근저"와 하나의 "명제"[148]로 구성되어 있다. 상위 명제적인 근저를 표현함으로써 생산자는 수용자가 명제를 어떻게 이해해야 할 것인지를 수용자에게 교시해준다. 그로세는 스스로 "완결된 부류"라고 본 여섯 가지 유형들을 제시한다.[149]

(1) "wirklich"(ICH ASS),

(2) "realisierbar"(ICH APT),

(3) "vielleicht möglich"(ICH POSS),

(4) "notwendig"(ICH NEC),

(5) "(vom Sender) gewollt"(ICH VOL),

(6) "(vom Sender) positiv … oder negativ gewertet"(ICH AEST).

(1) "사실적"(ICH ASS),

(2) "실현가능한"(ICH APT),

---

147) 그로세(Große, 1976,72,116).

148) 그로세(Große, 1976,14ff.) 참조.

149) 그로세(Große, 1976,45ff.) 참조.

(3) "가능할 법한"(ICH POSS),

(4) "필수적"(ICH NEC),

(5) "(송신자가) 원한"(ICH VOL),

(6) "(송신자가) 긍정적 ⋯ 내지 부정적으로 평가한"(ICH AEST).

그는 명제들을 daß-절의 주어에 따라 분류하여 다음의 세 가지 명제 유형들을 얻는다: ICH-명제, DU-명제, X-명제.150) 명제 유형과 상위 명제적인 근저를 결합시킴으로써 그로세는 텍스트 기능들이 적용되는 의미론적인 문장의 유형들을 얻는다.

이를테면 흔하게 나타나는 유형 ICH ASS : X= = =(가능한 풀어쓰기: *Es ist der Fall, daß* ⋯ [사실은 ⋯ 이다])는 텍스트 기능 "정보전달"이 지배적임을 나타낸 것이다. 그러나 유형 ICH VOL : DU= = =(이는 이를테면 *Ich will, daß du/ihr/Sie* ⋯ [나는 너/너희들/당신이 ⋯ 하기를 바란다]로 바꿔쓰기가 가능함)가 지배적일 경우, 텍스트 기능 "요청"이 우세하다.151) 물론 그로세는 의미론적인 문장들 가운데 정해진 한 유형의 잦은 빈도가 반드시 특정한 텍스트 기능의 명백한 표지라고 보지는 않는다. 예를 들어 우리가 직관적으로 호소적인 특성을 가졌다고 말하는 텍스트(예: 선전 텍스트)에서 유형 ICH ASS:X= = =가 절대적으로 우세할 수 있다. 그래서 그로세는 그밖의 지배 기준들로서 "호소 요인", "선행 표지"152) 그리고 "행위 규칙"을 도입한다. 호소 요인은 언어적으로 "가치 평가적인 단어와 어법의 특히 잦은 빈도"와 "수사적인 문채 표현의 잦은 빈도"에서 나타날 수 있다.153) 이 호소 요인은 - 그로세의 말처럼 - 문장들에 "설득적인 의미"를 부여해준다(텍스트 기능 "요구"). 우리는 호소 요인을 도입함으로써 비로소 "평가(설득)가 지배적인 다수의 텍스트들을 사실 정보가 지

---

150) 그로세(Große, 1976,17) 참조. 그로세는 이를 위해 Ich = = =, DU = = =, X = = =의 부호 군을 택하고 있다. 이 때 시작 부호는 주어(1, 2, 3인칭)를, 그 다음의 부호들은 나머지 명제들을 표시한다.

151) 그로세(Große, 1976,57f.) 참조.

152)* 'Prasignal'은 미리 알려준다는 의미에서 '예비 표지'라고도 함.

153) 그로세(Große, 1976,18).

배적인 텍스트"와 구별할 수 있다.[154] "선행 표지"의 기능을 가지는 것으로는
표지 제목이나 헌법, 정관, 요리책과 같은 "장르 명칭" 등이 있다. "선행 표지
는 과소 평가되어서는 안 되는 의미를 갖는다. 왜냐하면 이것은 수용자로 하
여금 곧바로 텍스트의 기능에 초점을 맞출 수 있도록 해주기 때문이다."[155]
끝으로 그로세는 "행위 규칙"을 들고 있는데, 이것은 "그룹과/이나 사회에서
초개인적, 상호 주관적"으로 통용되는 "사회적인 규칙"이라고 규정된다. "모호
한 경우에는 텍스트 기능은 화용론적으로만 파악될 수 있는 행위 규칙을 통해
서 비로소 완전하게 규정되고 이해될 수 있다." 그로세는 그러나 이러한 규칙
들에 대해서는 전혀 논의하지 않았다. 왜냐하면 그는 "정상적인 경우"에서 구
체적인 문자 텍스트의 기능을 규정할 때 이 규칙들을 도외시할 수 있다고 생
각하기 때문이다.

위에서 제시한 기준들은 텍스트 기능의 구성 요소들로 간주되는데, 이들을
구성 공식으로 요약하면 다음과 같다.[156]

> 텍스트 기능 = (+/- 행위 규칙)(+/- 선행 표지)(+/- 호소 요인)+상위 명
> 제적 근저+명제 유형(선행 위치는 경우에 따라 우위성을 의미해
> 야 한다).

텍스트 기능의 운용에 관한 그로세의 제안에서 특히 지배성의 개념을 양
적·정태적으로 파악한 점은 문제가 있다. 이러한 견해는 이미 정해진 한 유
형의 의미론적인 문장들이나 평가적인 기능을 갖는 텍스트 구성소들의 빈번한
출현을 지배적인 텍스트 기능의 표지로 간주하고 있는 점에서 분명히 나타난
다. 그러나 이러한 입장은 개개의 표현들을 텍스트 맥락을 고려하지 않고 고
립적으로 고찰할 위험에 빠지게 할 수 있다. 이 점은 특히 호소 요인의 개념
에도 적용된다. (긍정적이거나 부정적으로) 평가적인 언어적 형태들의 빈번한
출현이 반드시 호소적인(설득적인) 텍스트 기능의 표지인 것은 아니다. 제보적

---

154) 그로세(Große, 1976,18f.).
155) 그로세(Große, 1976,21).
156) 그로세(Große, 1976,28f.,116).

기능이나 접촉 특유의 기능(예: 서평이나 사의 표명)이 지배적인 텍스트에서도 언어적인 평가행위와 수사적인 문채들이 빈번하다.[157] 이를테면 이러한 경우를 콘서트의 밤에 관한 비평에서 어렵지 않게 읽을 수 있다.

"Wer im Alter von 19 Jahren Regers sehr schwierige d-Moll-Cello-Suite so souverän bewältigt wie Christiane Peters im Hauskonzert der Oscar-und-Vera-Ritter-Stiftung, der darf hoffnungsvoll in die Zukunft sehen. Scheinbar mühelose Grifftechnik, leucht-kräftige Tongebung und Intonationssicherheit - schon dies nahm auf Anhieb für die junge Gerings-Schülerin ein ···
Der zweite Teil des Abends gehorte den 17- und 18jahrigen Geschwistern Erdmute und Donata Dorfel. Donata blieb alte und neue Blockflotenmusik so beseelt, so sauber in der Artikulation und nicht zuletzt mit solch stupender Fingerfertigkeit, daß sie auch "Verachter" des Blockflotenspiels für ihr Instrument hatte gewinnen müssen ···"   <인용 : Hamburger Abendblatt, 1982. 12. 15.>

"19살의 나이에 레거의 가장 어려운 d-단조-첼로 조곡을 오스카와 베라 리터 재단의 전용극장 콘서트에서 크리스티아네 페터스 만큼 탁월하게 다루는 그런 사람은 희망찬 미래를 내다볼 수 있을 것이다. 겉보기에 쉬운 터치 기술, 해맑고 힘찬 음조와 화음의 안정성 - 이미 이것이 당장에 젊은 게링가 여제자의 마음을 사로잡았다. ···
그날 저녁의 제2부는 17살과 18살난 오누이 에르트무테 되르펠과 도나타 되르펠의 것이었다. 도나타는 옛 리코더[158] 음악과 신 리코더 음악을 화음에서 그토록 생명력 있으면서 산뜻하게 연주했는데, 마지막에 그녀는 리코더 연주의 "멸시자"를 만나기나 한 듯 그렇게 놀랄만한 재주로 연주하지는 못했다. ···"

   (긍정적으로) 평가하는 단어들과 어법들 및 수사적인 문채들(예: 전조응사, 대조법, 점층법 등)이 특히 빈번할지라도 우리는 그 텍스트에 호소적인 기능을 부여하지 않고 제보적인 기능을 부여한다. 말하자면, 생산자(서평자)는 우리에게 어떤 사건에 대한 자기의 평가(이른바 입장 정보)를 전달한다.[159]

---

157) 브링커(Brinker, 1983,135), 딤터(Dimter, 1981,25) 참조.
158)* Blockflote는 영어의 recorder에 해당하는데, '옛 가로 피리'의 하나임.
159) "화자는 자기가 평가 대상에 대해 어떤 느낌과 입장을 가지고 있는지 전달하고 싶어

따라서 언어적인 단위와 구조들의 단순한 빈도 수는 텍스트 기능을 규정 짓는 적절한 기준이 못된다. 그러한 고찰 방식은 지나치게 텍스트 표층에 사로잡힌 것이다.

(2) 텍스트 기능의 표지들

그로세와는 달리, 우리는 화행론의 발화수반(행위) 표지 개념과 접목시키겠다. 그러나 우리는 텍스트의 개별 문장이나 명제들에 일정한 발화수반력들을 병기(倂記)하여, 텍스트 기능을 개개의 발화수반 유형으로부터 구축하는 노선을 취하지는 않을 것이다. 이런 방식은 4.2.3절에서 명시한 이유 때문에 문제가 있다.

우리는 텍스트 기능이 일정한 텍스트 내적(특히 언어적) 수단과 텍스트 외적(맥락적) 수단들을 통해 암시된다는 점에 근거한다. 우리는 이러한 수단들을 - 단순한 언어행위의 발화수반 표지에 유추하여 - "텍스트 기능의 표지"라 부르겠다.

이러한 표지들을 세 가지 기본 유형으로 구분하면 다음과 같다.

1. 생산자가 의도된 의사소통적인 접촉 방식을 수용자에게 (예: 명시적 수행 공식과 등가적인 문장 모형을 통하여) 명시적으로 표현하는 언어적인 형태와 구조들. 텍스트 기능이 이런 식으로 표시되는 경우, 우리는 텍스트 기능이 '직접적으로' 명시되고 있다고 말한다.
2. 생산자가 - 명시적이거나 함축적으로 - 텍스트 내용, 특히 텍스트 주제에 대해 자신의 입장을 표현하는 언어적인 형태와 구조들.
   생산자는 텍스트 내용의 진실성이나 개연성(예: *wissen* [알다], *glauben* [믿다], *zweifeln* [망설이다]), 자신의 지식의 신뢰도(예: *tatsächlich* [실제로], *bestimmt* [확고히], *offensichtlich* [분명히], *vielleicht* [아마도], *keineswegs* [결코 … 않다])를 표명할 수 있다. 그리고 생산자는 텍스트 내용(이나 텍스트 주

한다."(칠리히(Zillig, 1982,304)).

제)에 대해 자기의 (긍정적이고 부정적인) 가치평가(예: *fur gut halten* [좋다고 여기다], *schlecht finden* [나쁘다고 보다]), 관심 정도(예: *ünschen* [원하다], *beabsichtigen* [꾀하다], *wollen* [바라다], *vorziehen* [선호하다])나 자기의 심리적인 태도(예: *bedauern* [유감으로 생각하다], *erfreut sein* [···에 만족하고 있다])를 명시해 줄 수 있다. 화행론의 명제 입장 개념과 연결시켜 우리는 이를 "주제(적) 입장(즉, 주제를 바라보는 화자태도)"이라고 말할 수 있다.[160]

우리는 특정한 입장들이 나머지 텍스트 기능들보다는 정해진 텍스트 기능들과 더 쉽게(또는 어렵게) 결합된다는 점에서 텍스트 기능과 주제 입장이 서로 유관하다는 가정을 취하겠다. 물론 이러한 연관 관계가 세부적으로 연구된 적은 없기 때문에, 이에 대하여 언급할 것이 별로 없다. 그러나 텍스트 기능과 주제 입장 사이에 원칙적으로 1:1 관계가 성립한다는 점에 근거하면 안 된다(이에 대해서는 다음 절 참조). 때문에 우리는 주제 입장을 텍스트 기능의 분명한 표지라고 보지도 않을 것이다. 주제 입장은 대개 특정한 맥락 표지와 결합해서만 특정한 텍스트 기능을 예고해준다. 이런 경우에 우리는 텍스트 기능이 "간접적으로" 신호되고 있다고 말한다.

3. 텍스트의 상황적인 틀이나 텍스트가 배열되는 사회적인 행위 영역[161]의 상황적인 틀, 특히 제도적인 틀, 이를테면 텍스트 내용에 관한 전제된 배경 지식 등과 같은 맥락 표지들.

맥락은 텍스트의 의사소통·기능적인 해석을 위한 기본적인 의미에 해당

---

160)* 주제(대상)를 바라보는 화자의 입장이나 태도. 화행론의 '명제 입장'은 칼 뷜러가 화용론적 관점에서 말하는 언어 기능들 가운데 화자의 내면성이 표출되는 언어적 징후(徵候)와 관련된 화자 중심의 '표현 기능' 또는 로만 야콥슨의 '정표적 기능'에서 발견된다. 명제 입장의 유형에 대해서는 분덜리히(Wunderlich, 1976,73f.,306ff.) 참조. 그로세의 "상위 명제적 근저들"도 참조. 이에 대해서는 위의 (1)절(129쪽 이하) 참조.

161) 에르머트(Ermert, 1979,75ff.)는 예를 들어 역할 관계의 종류에 따라 '사적인' 행위 영역과 '공적인' 행위 영역을 구분한다. 이 종류에 구성적인, 곧 중요한 것은 경우에 따라 다양한 정도의 구속성이다. 이에 대해서는 5.4.2절도 참조.

한다. 즉, 텍스트가 명시적인 언어적 표지들을 보여주지 않거나, 경쟁적인 표지들, 곧 다양한 의사소통적 기능을 암시해주는 표지들을 포함하고 있다면, 결국 맥락 표지에 근거해서만 실제로 어떤 텍스트 기능을 문제삼고 있는지 규정될 수 있다. 바로 이 표지 일치의 가능성은 텍스트 기능이 언어적인 기준들(위의 1과 2의 항목에서 제시된 것과 같은 기준들)에 의거해서만 탐구될 수 있는 것이 아니라, 원칙적으로 맥락 분석이 결정적이라는 점을 명시해준다.

다음의 상용 편지에서 이 점을 구체화해 보겠다.

Sehr geehrter Herr B.
wir danken Ihnen 'fur den uns erteilten Auftrag und sichern Ihnen die Fertigstellung der Arbeiten zum 30. D.M. verbindlich zu.
Mit freundlichen Grüßen
Fa. A.

친애하는 B씨께
우리는 당신이 우리에게 한 주문에 감사드리며, 당신에게 30 마르크 상당의 업무를 달성하였음을 확실히 보증합니다.
감사합니다.
에이 회사

위의 텍스트는 서로 다른 의사소통적 기능들, 곧 접촉 기능과 책무 기능을 지시해 주는 두 개의 명시적인 수행 공식('*wir danken Ihnen* [우리는 당신에게 감사드립니다]' - '*wir sichern Ihnen verbindlich zu* [우리는 당신에게 확실히 보증합니다]')을 포함하고 있다(이에 대한 자세한 논의로는 4.4.5절과 4.4.4절 참조).

맥락, 특히 이 텍스트가 행위 영역 "상거래 (통상)"에 속한다는 소속성에 근거하면, 이 텍스트의 행위 특성은 "기한 보증이 있는 주문 인증"이라고 생각할 수 있다. 텍스트 기능의 표지 기능을 하는 것은 먼저 공식 '*Wir sichern Ihnen verbindlich zu.*'인데, 이 공식으로 생산자는 수용자가 일정한 책무, 곧 행위 영역 안에서 극히 합법화된 책무를 떠맡도록 이해시키고 있다. 그러므로 텍스트 기능, 곧 이 텍스트의 지배적인 의사소통적 기능은 책무 기능이다. 이에 반해 공식 'Wir danken Ihnen.'은 텍스트 기능의 표지가 아니다. 접촉 기능은 이 행위 맥락에서는 극히 부수적인 의미를 가지기 때문이다. 접촉 기능은 오히려 수신자와의 관계를 강화시켜 주는 보완 기능으로서 기능을 한다.[162]

　　다음 장에서는 텍스트의 몇 가지 기본 기능들을 자세히 다루면서, 이 책의 범위 안에서 다룬 구체적인 텍스트나 텍스트 유형들에서 이 기본 기능들의 다양한 모습(변이형들)을 심도있게 논의하겠다.

4.4 텍스트의 기본 기능들

4.4.1 지금까지의 분류 제안들

　　텍스트 기능을 구분하기 위하여 지금까지 제안된 거의 모든 분류 모델들은 그 어떤 형식면에서 뷜러의 도구 모델[163]과 접목되고 있다. 뷜러는 언어를 "도구(organon)"로 보면서, 이것을 이용하여 생산자는 수용자와 이 세상의 사물에 관하여 의사소통을 한다. 따라서 언어적인 기호는 동시에 현실의 대상과 사태의 "상징"으로서(서술 기능), 생산자의 내면성의 "징후"로서(표현 기능), 생산자가 수용자에게 호소하기 때문에 "신호"의 기능(호소 기능)을 한다.

　　이러한 구분과 관련해서, 귈리히와 라이블레는 "표현 기능", "서술 기능", "호소 기능"을 구분한다.[164]

---

162) 이 책에서는 텍스트 기능을 규정하는 문제에만 몰두한다. 텍스트 기능과 그 부속 기능(필자는 이것을 "보완 기능"이라 부르겠다)과의 관계에 대해서는 여기서 더 자세하게 다룰 수는 없다. 교시 텍스트와 관련해서 "보충 기능 '친교적'"이라고 말한 뫼른(Mohn, 1991) 참조.

163) 뷜러(Buhler, 1934,28ff.).

164) 귈리히와 라이블레(Gulich/Raible, 1975,152) 참조. 그밖에도 에르머트(Ermert, 1979, 68ff.), 딤터(Dimter, 1981,52ff.) 같은 논문들도 참조. 브링커(Brinker, 1983,131, 각주

그로세의 분류안도 뷜러의 모델 위에서 구축하고 있기는 하지만 상당히 변형되어 있다. 그로세는 먼저 "구속적인 상호작용 규칙성을 알려주는" "규범적" 텍스트 기능과 "비 규범적" 텍스트 기능을 구분하고 있다.165) 그는 이 구분의 바탕을 "인간의 비언어적인 행위 규칙과 언어적인 행위 규칙들의 핵심적인 의미"에 두고 있다. 그로세는 규범적 기능(법률, 정관, 계약, 전권 등에 특징적임)을 입법적, 포고적, 보증적, 위임적, 자책적, 합의적, 선언적 기능으로 나눈다.166) 비 규범적 기능들은 뷜러의 의사소통 모델에 기대어 "이 기능들의 지시적인 인칭 관계에 따라"(나-관계, 너-관계, X-관계) 정의된다.167) 이에 따라 그로세는 "자기서술"(일기와 자서전의 특징), "요청"(예: 광고 텍스트, 신문 논평, 홍보 텍스트 등의 특징), "정보전달"(뉴스, 보도, 기술, 학술 텍스트와 통속과학적 텍스트 등의 바탕을 이룸) 등의 단(單)인칭적인 기능과 "접촉 기능"(예: 축하문, 조위문 등에서 지배적임), "집단 표시적 기능"(예: 마르세이유의 노래와 같은 합창에서의 기능) 등의 다(多)인칭적 기능을 얻는다.

그로세는 텍스트 기능을 "일반화된 발화수반행위 형태"168)라 일컫고 있는데, 이것이 무엇을 뜻하는 것인지 정확한 설명을 주지는 않고 있다. 그러나 이 명칭은 화행론에서 발전된 발화수반 유형의 분류를 암시해준다. 화행론에서는 다양한 분류 제안들이 있다. 그 중에서 서얼의 분류169)가 가장 잘 알려져 있는데, 그의 분류는 논란의 여지가 있고 또 분류의 일반적인 조건들(완벽성, 이접성, 동질성 등)을 충분히 이행하고 있는 것은 아니지만, 현재 통용되고 있는 분류 중에서도 "가장 잘 된" 분류로 여겨지고 있다.170) 서얼은 발화수반행위 부류를 다섯 가지로 구분한다.171)

---

5)도 참조.
165) 그로세(Große, 1976,28).
166) 그로세(Große, 1976,58ff.).
167) 그로세(Große, 1976,30ff.,57f.).
168) Große(1976:70).
169) Searle(1975/82:17-50).
170) 발머(Ballmer, 1979,247-274, 인용: 273쪽).
171)*독일어와 영어의 예를 제시하면 다음과 같다.
  • 제시 행위(Repräsentative), 예: *Feststellung/ascertainment, Behauptung/assertion, Vorhersage/forecast, Explikation/explication, Diagnose/diagnosis, Beschreibung/description* ⋯

- 제시 행위(예: 확인, 주장, 예보, 설명, 진단, 기술 …)
- 지시 행위(예: 지령(지시), 명령, 부탁, 지침(훈령), 기도, 신청, 청원, 조언,
추천, 제안 등)
- 책무 행위(예: 약속, 서약, 맹세, 협박, 내기, 계약, 보증 등)
- 정표 행위(예: 감사, 축하, 사과, 조위, 불평, 환영(사), 인사 등)
- 선언 행위(예: 임명, 전쟁선포, 혼례, 선사, 해약, 해고, 유언, 파문 등)

서얼의 분류는 여러 기준들에 바탕을 두고 있는데, 다음의 두 가지 기준은
가장 중요한 것으로 볼 수 있다.[172]

(a) 화행의 발화수반 목적, 곧 화자가 자신의 발화로 추구하는 의사소통 의
도("화자가 자기의 발화로 이루고자 하는 바"). 이 기준에서 서얼은 개별 범주들
을 다음처럼 특성화한다.[173]

- 제시 행위 : 사태를 서술한다(참이나 거짓, 옳거나 옳지 않음)

- 지시 행위(Direktive), 예: *Anordnung/order, Befehl/order, Bitte/request, Weisung/instruction, Gebet/prayer, Antrag/application, Gesuch/petition, Ratschlag/advice, Empfehlung/recommendation, Vorschlag/suggestion,* …
- 위임 행위(Kommissive), 예: *Versprechen/promise, Gelubde/vow, Gelobnis/swear, Drohung/threat, Wette/bet, Vertrag/contract, Garantie/guarantee,* …
- 정표 행위(Expressive), 예: *Dank/thanks, Gluckwunsch/congratulation, Entschuldigung/excuse, Beileidsbezeugung/condolence, Klage/complaint, Willkommenheißung/welcome, Gruß/greeting,* …
- 선언 행위(Deklarative), 예: *Ernennung/appointment, Kriegserklarung/declaration of war, Trauung/wedding, Schenkung/give presents, Kundigung/termination, Entlassung/dismissal, Vermachtnis/bequest (legacy), Exkommunikation/excommunication,* …

172) 서얼(1975/82,17ff.). 세 번째로 중요한 기준으로서 서얼은 화자의 심리 상태(psychological states)를 도입하고 있는데, 이는 화행에서 경우에 따라 표현되는 것이다(예: *glauben[믿다], wünschen[바라다], bedauern[유감스러워하다]* …). 이 기준은 (2)절에서 다룬 명제 입장과 주제 입장(주제를 바라보는 입장)의 개념과 대개 일치한다. 서얼이 제시한 나머지 9가지 기준들은 우리의 논의와 관련하여 자세히 논의할 필요가 없다. 서얼의 분류에 대한 비판으로는 발머(Ballmer, 1979)와 하라스(Harras, 1983,208ff.), 그리고 최근의 울칸(Ulkan, 1992) 참조.

173) 이에 대해서는 서얼(Searle, 1973,116ff., 위의 인용은 116쪽), 서얼(Searle, 1975/82, 31ff.) 참조.

- 지시 행위 : 청자는 뭔가를 행하기 위해 동요되어야 한다.
- 책무 행위 : 화자는 미래의 행위에 대해 책임을 지며, 특정한 행동을 결심한다.
- 정표 행위 : 명제에 표명된 사태에 대한 화자의 심리적 입장 표현
- 선언 행위 : 성공적으로 수행되면 결과적으로 명제 내용과 현실이 일치하게 된다. 선언 행위는 "단지 성공적으로 수행된 상태에 의해서 언급될 대상이나 대상들의 상태나 정세에 변화를 야기한다. 이 변화는 선언의 이러한 특징을 다른 범주들과 구분시켜준다."[174] 선언 행위는 보통 제도적인 틀 속에서 고정된, 의례적인 어법으로 수행된다는 점에서도 확실히 독특한 위치를 차지한다. 예를 들어보자.

Sie sind hiermit von der Anklage freigesprochen.
[당신은 이로써 이 고소에 대해 무죄 판결을 받았습니다.]

정해진 제도적인 사실(고소에 대한 무죄 판결)은 상응하는 제도의 대표자(판사)가 바로 이 사실이 성립한다고 선고함으로써 야기된다.[175]

(b) 발화 내용(단어)과 사실(세계) 간의 적정성 방향

제시 행위에서는 단어와 세계가 일치해야 한다면, 지시 행위와 책무 행위에서는 세계는 단어에 걸맞게 변화되어야 한다. 정표 행위의 경우, 서얼에 따르면 세계와 단어의 배열방향이 성립하지 않는다. 명제의 진리가 자명한 것으로 전제되기 때문이다(이를테면, 발화 'Ich gratuliere dir zum Geburtstag [당신의 생일을 축하합니다]'에서 상대방이 생일이라는 사실). 선언 행위의 경우 - 이미 논의되었듯이 - 단어와 (제도적인) 사실이 일치한

---

174) 서얼(Searle, 1975/82,36f.).
175) 힌델랑(Hindelang, 1983,48) 참조.

다. 수행 방향은 "Wort-auf-Welt [단어가 세계로]"과 "Welt-auf-Wort [세계가 단어로]"의 두 가지이다. "선언의 수행은 단어와 세계가 서로 일치하는 경우에만 성공한다."176)

서얼의 발화수반행위 유형론에서도 뷜러의 기본 기능들이 전용되었음을 분명히 읽을 수 있다. 제시 행위, 정표 행위, 지시 행위의 부류들이 "서술", "표현", "호소"의 언어 기능들과 어느 정도 일치하기 때문이다.

뷜러에 근거한 모든 분류들에 대하여 이의를 제기할 수 있는데, - 언어학적으로 보면 - 이 분류가 이질적인 기준들에 근거하고 있기 때문에 전혀 동질성을 보여주지 못하고 있다는 점이다.177) 예를 들어 호소 기능과 접촉 기능은 의사소통 · 기능적 층위에서 정의되고 있다면(생산자와 수용자와의 의사소통적인 관계 방식), 서술 기능과 표현 기능 또는 자기 서술 기능은 주제적인 층위에서 다양한 지시 방식에 의거하여 규정되고 있다. "자기서술"의 기능에서는 생산자 자신의 인물의 주제화 작업을 문제삼으며, 서술 기능에서는 사태의 주제화 작업을 문제삼는다. 그러나 이런 경우들에서는 - 정보전달 면에서 보면 - 제보적인 텍스트 기능이나 호소적인 텍스트 기능이 바탕을 이루고 있다.

그런데 집단 표시적인 기능에서는 다른 기준이 역할을 한다. 그로세는 이 기능을 "특수한 경우"라고 부르고 있는데, 그 이유는 이 기능이 "동시에 기호 체계(더 정확히 말하면, 하위 기호체계(코드)) 자체의 기능"임을 명시해 주기 때문이다.178) 그러나 집단 소속성을 지정하는 일은 기본적으로 (위에서 정의한 의미에서의) 텍스트 기능의 문제가 아니다. 이러한 지정 작업은 (그로세 스스로 언급하고 있듯이) 여러 텍스트들에 들어있기는 하다. 그러나 이런 텍스트들에는 보통 호소적인 특성이 지배적이다.

규범적인 기능은 다르게 정의되고 있다. 규범적 텍스트란 그로세에 의하면

---

176) 서얼(Searle, 1975/82,37).
177) 프리어(Frier, 1979, 12)도 참조. 프리어는 "뷜러의 도구 모델에 초점을 맞출 경우 두 가지 상이한 분류 근거"가 나타난다고 지적한다(표현 기능과 서술 기능에서의 지시방식 대 호소 기능에서의 관계 국면). 하라스(Harras, 1983, 208f.)가 발머(Ballmer, 1979, 249)와 접목시켜) 서얼의 분류에 대해 제기한 첫 번째 이의("발화수반목적 형성의 임의성")도 이 견해를 지향하고 있다.
178) 그로세(Große, 1976,37).

"명시적으로 구속적인 행동과 통용의 규칙들"임을 말한다.[179] 그러나 규범적 텍스트 기능을 구분하는 데 중요한 자질인 [구속적] 자질에 속할 수 있는 것은 생산자의 의사소통 의도와 관련된 기능적인 범주들(이를테면 '제보'나 '호소'와 같은 범주들)과는 이론적인 상태가 다르다. [구속적] 기준은 일차적으로 사회적인 맥락에서 어떤 텍스트의 법적인 효력(이나 효과)과 관련이 있으며, 다양한 의사소통적 기능들과 결합될 수 있다(서얼의 의미에서 위임적 기능과 선언적 기능 외에도 호소적 기능과도 결합될 수 있다). 어떤 텍스트가 (법적인 의미에서) "구속적"인지는 근본적으로 사회적인 상황(역할 관계, 공적이거나 사적인 행위 영역 등)에 의해 정해진다. 그러므로 발화 "Lesen Sie bitte den Brief! [편지를 좀 읽어보십시오!]"는 법적인 상황 맥락에서 생산자와 수용자간의 위계적인 역할 관계에 따라 나타나는 경우에는 구속적인 요청(지령)과 관계가 있다. 반면에 동일한 발화가 다른 맥락에서는 순전히 (대칭적인) 부탁만을 나타낼 수 있다.[180]

위에서 제시한 분류 제안들과는 달리, 우리가 제시한 텍스트 기능의 구분은 통일된 기준, 곧 생산자가 텍스트를 수단으로 수용자에게 표출하는 의사소통적인 접촉 방식에 근거하고 있다고 볼 수 있다. 이에 따라 한층 더 동질적인 분류에 이를 수 있을 것이다. 우리는 분류의 바탕으로서 서얼의 발화수반행위의 유형론을 택하기는 하였지만, "제시 행위"와 "정표 행위"의 범주를 변형시켰다. 이 범주들은 - 이미 논의되었듯이 - 서얼에서는 일차적으로 상이한 지시 방식들에 근거하여 정의되었으므로 분명히 상호작용의 순간과 무관한 관계에 있다. 그래서 우리는 이 두 가지 범주 대신에 제보 기능과 접촉 기능을 도입하였다[181](그로세의 분류에서도 유시한 형태로 나타난다).

---

179) 그로세(Große, 1976,29).

180) 이에 대해서는 힌델랑(Hindelang, 1978,188;1983,53ff.) 참조. 힌데랑은 구속적 요구와 비구속적 요구의 두 가지를 구분한다(예를 들어 지침(훈령), 지시(지령), 주문, 법규 대 부탁, 조언, 힌트, 제안, 안내).

181) 물론 이로써 서얼의 의미에서 모든 제시적 화행들이 제보 기능을 가지며, 모든 정표적인 화행들이 접촉 기능을 가진다는 말은 아니다. 이들은 다른 의사소통 기능을 실현할 수도 있다. 제시 행위의 정보 기능에 대해서는 분덜리히(Wunderlich, 1976,176ff.) 참조. 정표적인 화행은 호소적인 기능이나 제보적인 기능을 가질 수도 있다. 다만 선

그래서 상호 인간적인 관계의 의사소통·기능적인 국면 아래에서 우리는 다음과 같은 텍스트의 기본 기능들을 설정하겠다.[182]

- 제보 기능
- 호소 기능
- 책무 기능
- 접촉 기능
- 선언 기능

다음의 절에서는 이러한 텍스트 기능들을 더 자세히 기술해 보겠다.[183]

4.4.2 제보 기능

생산자는 자신이 수용자에게 지식을 전달하고 싶어한다는, 곧 무엇에 관하여 제보하고 싶어한다고 수용자를 이해시킨다.[184]

제보 기능은 다음과 같은 바꿔쓰기를 통하여 설명될 수 있다.

Ich(der Emittent) informiere dich(den Rezipienten) über den Sachverhalt X(Textinhalt).
[나(생산자)는 너(수용자)에게 사태 X에 관하여 제보한다.]

직접적인 시점(視點)에서 제보적인 텍스트 기능은 *informieren* [제보(=*inform*)], *mitteilen* [전달(=*announce*)], *melden* [알림(=*report*)], *eröffnen* [개막(=*open*)], *berichten*

언 행위는 인간 상호간의 관계 국면 하에서 일차적으로 세계의 변화를 지향하고 있다는 점에서 특수한 경우로 간주될 수 있다. 하라스(Harras, 1983,209) 참조.

182) 브링커(Brinker, 1983,139f.)도 참조.

183) 이른바 시적 기능이 더 추가될 수 있겠는데, 이것은 문학 텍스트에서 지배적이며, 일차적으로 문예학적 연구의 대상이다. 그로세(Große, 1976,40ff.) 참조.

184) 이에 대해서는 딤터(Dimter, 1981,63f.)도 참조.

[보고(=report)], *benachrichtigen*[제보(=inform)], *unterrichten* [수업(=teach)]과 같은
동사를 가진 명시적인 수행 공식을 통하여 표시될 수 있다.

제보 기능은 흔히 생산자가 텍스트 내용의 진리를 소유하고 있다거나(소유
하고 있다고 자처하는) 지식의 신뢰도, 개연성의 가치와 관련된 주제 입장과 연
결된다. 그래서 생산자는 주제화된 사태를 시의적인, 곧 다소 개연적이거나 새
로운 것이라고 명시할 수 있다. 이러한 주제 입장을 다음과 같은 설명식 바꿔
쓰기를 통하여 이해를 쉽게 할 수 있다.[185]

Ich(der Emittent) weiß/mir ist bekannt, daß …
Es ist der Fall(ist wahr/steht fest usw.), daß …
Es ist wahrscheinlich(möglich/unwahrscheinlich usw.), daß …
Es trifft nicht zu, daß …
[……]

나(생산자)는 … 를 알고 있다.
사실은 … 이다(… 는 확실하다).
… 는 개연성이 있다/개연성이 없다.
… 은 틀림없는 사실이다.

생산자는 다양한 방식으로, 이를테면 출처를 제시하거나 화법동사(*sollen*
[(당위)해야 한다], *wollen* [바라다], …), 양태어(*offenbar* [확실히], *vermutlich* [추측컨
대], *wahrscheinlich* [아마], *bestimmt* [단호히/딱 잘라], …)와 그 밖의 언어적인 수단
들을 사용하여 자기 지식의 신뢰성을 제한할 수 있다.

신문 뉴스의 예를 들어보자.

(1) Die Initiative "Kein Atommüll in Wurgassen" *will nach eigenen Angaben*
ermittelt haben, daß bei dem Betriebsunfall im Kernkraftwerk Wurgassen
(Weser) 14 Arbeiter mit Radioaktivität in Berührung gekommen sind.
<인용 : 함부르거 아벤트블라트(Hamburger Abendblatt) 석간지, 1982.08.30.>

---

185) 그로세(Große, 1976,76ff.("단언 신호"), 79ff.("추측 신호")도 참조.

"핵폐기물이 없는 뷔르가쎈을"이라는 이니셔티브는 *자체 보고에 따르면*, 핵발
전소 (베저 강변의) 뷔르가쎈에서 운전 사고가 발생했을 때 14명의 노동자들
이 방사능에 접촉되었음이 조사되었다고 *한다*.

(2) Im Bremer Krankenhaus "Links der Weser" hat eine Hamburger Hausfrau
Funflinge zur Welt gebracht - drei Madchen und zwei Jungen. Eines der
Madchen starb. Die anderen Kinder, die je knapp 750 Gramm *wiegen sollen*,
liegen im Brutkasten.
<인용 : 함부르거 아벤트블라트(Hamburger Abendblatt) 석간지, 1980. 06. 09.>

브레멘의 병원 "링크스 데어 베저"에서 함부르크의 한 주부가 다섯 쌍둥이 -
세 명의 여아와 두 명의 남아 - 를 낳았다. 여아 중 한 명은 죽었다. 각각 몸
무게가 750g을 *족히 나가는* 다른 어린아이들은 인큐베이터 속에 누워있다.

(3) Die US-Regierung p̈ruft *offenbar* die Moglichkeit, in der Auseinandersetzung mit
ihren europaischen Verb̈undeten¨uber das Erdgas-Rohren-Embargo einzulenken.
<인용 : 함부르거 아벤트블라트(Hamburger Abendblatt) 석간지, 1982. 08. 30.>

미국 정부는 천연가스관 수출 금지에 관한 유럽 동맹국들과의 대결에서 양보
할 가능성이 있음을 *분명히* 시사하고 있다.

(4) Christoph von Dohnanyi und seine Familie werden sich *vermutlich* in Clevelands
Prominentenvorort Shaker Heights niederlassen.
<인용 : 함부르거 아벤트블라트(Hamburger Abendblatt) 석간지, 1982. 08. 12.>

크리스토프 폰 도나니와 그의 가족은 *추측컨대* 클리블랜드의 저명 인사들이
모여사는 교외도시 쉐이커 하이츠에 정주하게 될 것이다.

이러한 구성에서 제보 기능은 텍스트 유형 "뉴스"(신문, 라디오, 텔레비전),
"보고", 그리고 "진단 소견서", "넌픽션" 같은 여러 하위 부류들을 가진 "기
술"의 특징을 이룬다.

제보적 기능은 그러나 "평가적" 입장(예: etwas gut/schlecht finden [무엇을

좋거나 나쁘다고 본다])과 결합해 있을 수도 있다. 그래서 생산자는 수용자에게 사태에 대한 자기의 (긍정적이거나 부정적인) 평가를 (수용자의 태도에 영향을 미치려고 하지 않고) 알려준다.[186] 이러한 주제 입장은 "소견서", "서평", "독자 편지"와 같은 텍스트 유형에 특징적이다.

다음과 같은 설명식 풀어쓰기를 인용할 수 있다.

Ich(der Emittent) werte/empfinde als positiv/negativ, daß …
Es ist positiv/negativ, daß …
나(생산자)는 … 라고 평가한다/… 을 긍정적/부정적이라고 생각한다.
… 는 긍정적/부정적이다.

서평의 예를 들어보자.

(5) Eine sprachlich differenzierte Prosa bietet dieses (schludrig lektorierte) Buch nicht; es liefert jedoch etliche Informationen ¨uber einen bei uns fast unbekannten Kontinent.   <인용 : 디 차이트(Die Zeit) 주간지, 1980.11.20.>

언어적으로 기교적인 산문체를 이 (조잡하게 편집된) 책은 보여주지 못하고 있다. 하지만, 이것은 우리에게는 거의 알려지지 않은 대륙에 관한 두서너 가지의 정보를 제공하고 있다.

명시적인 형태로 나타내면 다음과 같다.

[Ich(der Kritiker) informiere dich (den Leser) da¨ruber, daß …]
Ich werte als negativ, daß dieses Buch keine sprachlich differenzierte Prosa bietet (und daß es schludrig lektoriert ist);
Ich werte als positiv, daß es etliche Informationen … liefert.

[나(생산자)는 너에게 … 에 관하여 제보한다.]
나는 이 책이 언어적으로 기교적인 산문체를 전혀 보여주지 못하고 있는 점과 조

---

186) 이에 대해서는 위의 각주 51 참조. 딤터(Dimter, 1981,63)도 참조.

잡스럽게 훈계하고 있는 점을 부정적인 면이라고 평가한다.

나는 이 책이 몇 가지 정보를 제공하고 있는 점을 긍정적이라고 평가한다.

평가(평가적 입장)를 언어적으로 나타낼 수 있는 가능성들은 엄청나다.[187] 그래서 우리는 뭔가를 좋다고, 나쁘다고, 의아스럽다고, 정상적이라고, 다행스럽다고, 지긋지긋하다고, 유감스럽다고, 맞다고, 틀리다고, 현명하다고, 어리석다고, 쉽다고, 어렵다고, 터무니없다고, 흥미롭다고 생각할 수 있다. 그리고 우리는 무엇을 환영하고, 무엇을 선고하고, 무엇을 자랑하고, 무엇에 만족해 할수 있다.

그러므로 제보적 기능은 사실 강조적인 언어 기술 방법 뿐 아니라 의견 강조적인 언어 기술 방법과 양립할 수 있다. 그러나 이 때 문제가 되는 것은 이것이냐 저것이냐의 양자택일이 아니라, 이 원리가 지배적이냐 아니면 저 원리가 지배적이냐는 것이다. 우리는 3.5.1절에서 취급하였던 라디오 뉴스에서이 점을 명백히 읽을 수 있다(텍스트 2).

라디오 뉴스의 서술은 사실 강조적이다. 다시 말해서 생산자는 명시적인 언어적 평가와 감정 호소를 피하고, 사태를 오로지 전달하기만 한다. 그래서 생산자는 평가적 입장을 표출하지도 않고, 주제를 더 광범위한 정치적·사회적인 관계 안에 편입시키려 하지도 않는다. 이러한 "중립적인" 서술 방식은 예시 텍스트에서는 특히 명세화 부분들이 간접 화법의 문법 형태로 재현되고 있는 데에서 찾을 수 있다. 접속법을 선택함으로써 생산자는 정확성에 대한 담보도 주지 않고 인용한 것이 아니라, 언급된 사실에 대한 책임을 명백히 화자(여기서는 콜(H. Kohl) 수상)에게 양도하고 있음을 암시해준다(이른바 지시적인 접속법).[188]

뉴스에 필수적인 서술 원리가 사실 강조적이라고 해서 뉴스 텍스트가 평가의 요소를 완전히 배제시키고 있다는 뜻은 아니다. 그때그때 노정된 뉴스거리들로부터 몇 가지 뉴스를 선택한다든지, 선택된 뉴스를 뉴스 시간에 방송하

---

187) 그로세(Große, 1976,82ff.)도 참조. 그는 평가적인 입장의 가장 중요한 범주들과 이의 언어적인 형태들을 제시하고 있다.

188) 용어는 글린츠(Glinz, 1975,110)에 따름.

도록 지시하는 따위도 분명히 가치평가이다.[189] 작성 방식도 - 의식적이든 무
의식적으로든 - 일정한 평가를 함축하거나 암시해 줄 수 있다.

이런 맥락에서 보면, 예시 텍스트의 분절문 [2]는 흥미롭다: *Sie (die CDU)
verweigert sich damit der von Franz Josef Strauß befurworteten Linie* [기민당은 이로
써 프란츠 요셉 슈트라우스의 지지 노선을 거부했다]. 이 주제적인 국면은 같
은 날짜의 텔레비전 방송(「Tagesschau[뉴스 쇼]」, 20시)에서는 다음처럼 구성되
고 있다: *Die CDU will die vom CSU-Vorsitzenden Strauß geforderte generelle
Ablehnung des Sparpakets der Bundesregierung nicht mittragen* [기민당은 기사당 당수
슈트라우스가 요구한, 연방 정부의 절약안 꾸러미(일괄 절약안)의 일반 부결을
동조할 의사가 없다]. 8월 31일자 「Hamburger Abendblatt[함부르거 아벤트블
라트]」 석간지에서도 유사한 구성을 취한다: *Die von dem CSU-Vorsitzenden
Franz Josef Strauß geforderte generelle Ablehnung des Sparpakets der Bundesregierung
wird von der CDU in diesem Umfang nicht mitgetragen* [기사당 당수 프란츠 요셉
슈트라우스가 요구한, 연방 정부의 절약안 꾸러미의 일반 부결은 기민당으로
부터 이 범위에서 동조를 받지 못했다]. 이 두 가지 구성 형태를 비교해 보면,
이 질문과 관련된 기민당(CDU)과 슈트라우스 간의 대립이 텔레비전과 신문
보고에서(‘*nicht mittragen* [동조를 받지 못하다]’) 보다는 라디오 뉴스에서 더 강
한 어조로 나타나고 있다(‘*sich verweigern* [거부하다]’). 많은 언어 참가자들은 동
사적인 의미 단위 “sich jemandem verweigern [누구와의 친교(intimacy)를 거부
하다]”으로부터 갈등 상황을 연상하게 된다.

두덴 독일어 대사전(DGW Bd.6, 1981)의 예증도 이런 성향을 보인다.

Jugendliche verweigern sich, sie wollen keine Rolle in der Erwachsenenwelt
¨ubernehmen - Sie hat sich ihrem Mann verweigert.
젊은이들은 친교를 거부하고, (그들은) 성인 세계의 역할을 떠맡지 않으려 한다. -

---

189)* 이에 대해서는 도피파트와 빌케(Dofivat/Wilke, 1976,81ff.) 참조. 저자들은 여기서 보
고의 토대를 이루는 주관적인 영향에 대해 자세히 다루고 있다. 우리말의 '평가'는 독
일어와 영어에서는 Wertung=evaluation과 Bewertung/valuation으로 세분되어 사용되고
있다.

그녀는 자기의 남편과 통정(通情)을 거부한다.

이 자리에서는 논란이 되어온 뉴스의 객관성 문제를 계속 다루기는 곤란하지만, 사실 강조성이 객관성과 동일시될 수 없음을 견지하겠다. 이른바 객관적인 보도는 - 라디오 법규에 명시되어 있듯이 - 도달될 수 없는 이상적인 개념에 불과하다.[190]

가치평가적 진술이 그의 제보적 기능 외에도 또한(또는 일차적으로) 호소적인 기능을 갖는지는 관련 텍스트가 속해 있는 맥락이나 텍스트 유형에 의해 밝혀진다. 'Es ist begluckend, daß … [… 이라는 점이 기쁘다]' 같은 문장은 인터뷰나 사적인 알림 편지에서는 특히 의견 통고임을 명시해준다(= 제보적 기능). 그러나 똑같은 어법이 선전 광고에서는 특히 호소의 특성을 갖는다(이에 대해서는 4.4.3절 참조).

4.4.3 호소 기능

생산자는 어떤 사실에 대하여 일정한 입장을 받아들이고/거나(의견 감화), 일정한 행위를 수행하도록(행동 감화) 수용자의 마음을 움직이고 싶다고 수용자를 이해시킨다.

호소적인 텍스트 기능은 다음과 같은 바꿔쓰기를 통하여 이해를 쉽게 할 수 있다.

Ich (der Emittent) fordere dich(den Rezipienten) auf, die Einstellung(Meinung) X zu¨ubernehmen/die Handlung X zu vollziehen.

나(생산자)는 너(수용자)에게 입장(의견) X를 떠맡을 것을/행위 X를 수행할 것을

---

190) 플룩 외(Fluck et al., 1975,부록 11쪽) 참조. M. Heun: Die Subjektivitat der¨offentlich-rechtlichen Nachrichten[공공-법률 뉴스의 주관성]. 슈트라스너(Straßner, 1975,66-82)도 참조.

요청한다.

예를 들어보자.

(1) 신문 논평의 예

In dieser Zwischenphase ··· ist eine Kredithilfe 'fur wirklich in ihrer Existenz
gefährdete Landwirte die vernünftigste Losung. Sie sollte jedoch sehr bald wirksam
werden. Denn auch hier gilt: 'Wer schnell gibt, gibt doppelt.'

<인용 : 함부르거 아벤트블라트(Hamburger Abendblatt), 1976.07.28.>

이러한 중간 단계에서 보면, ··· 실제로 그들의 생존에 위협을 받은 농부들을 위
한 신용보조는 가장 현명한 해결책이다. 왜냐하면, 여기서도 '빨리 주는 사람이
곱으로 준다'는 격언이 적용되기 때문이다.

설명식 바꿔쓰기를 수행할 때 우리는 정치 논평은 흔히 다층적으로 지향
되어 있다는 점을 염두에 두어야 한다. 수신자들은 한 편으로 스스로는 정치
분야에 종사하지 않는 독자들이지만, 다른 한 편으로 자기들의 행위와 관련된
위정자들이기도 하다.[191] 이에 따라 다음과 같은 바꿔쓰기가 가능해진다.

(a) Ich (der Autor) möchte Sie (den "normalen" Leser) davon¨ uberzeugen, daß···

(b) Ich (der Autor) möchte Sie (die politisch Verantwortlichen) davon¨ uberzeugen,
    daß X die vernünftigste Losung ist, und fordere Sie unter Hinweis auf das
    Sprichwort *Wer schnell gibt, gibt doppelt auf*, die Kredithilfe bald wirksam werden
    zu lassen.

(a) 나(저자)는 당신("정상적인" 독자)에게 [···] 을 납득시키고 싶다.

(b) 나(저자)는 당신(정치적으로 책임있는 위정자)에게 X가 가장 현명한 해결책임
    을 납득시키고 싶으며, '빨리 주는 사람이 곱으로 준다'는 격언을 지시함으로
    써 신용 보조가 효력을 발생할 수 있도록 해줄 것을 요구한다.

호소적 텍스트 기능을 가진 텍스트 유형들로는 광고 선전, 홍보 텍스트,

---

191) 잔디히(Sandig, 1978,157) 참조. 논평자는 이러한 수취인 그룹과 연계시켜 제안, 추천,
요청 따위를 표현함으로써 첫 번째 그룹의 수취인들에게 특유의 평가 행위를 전달한다.

(신문, 라디오, 텔레비전) 논평192), 작업 안내서, 사용 지침, (의사) 처방전, 법률 텍스트, 지원서, 신청서, 청원서(탄원서), 설교 등이 있다.

호소적 텍스트 기능은 곧장 *auffordern* [요청], *anordnen* [지시/지령], *befehlen* [명령], *bitten* [부탁], *raten* [조언], *empfehlen* [추천], *fragen* [질문], *beantragen* [신청], *verlangen* [청구], *beauftragen* [주문] 같은 동사를 가진 명시적인 수행 공식을 통하여 암시될 수 있다. 이러한 명시적인 구조들은 텍스트에서는 특히 드물다. 호소 기능의 가장 흔한 문법적인 표지들로는 오히려 다음과 같은 것들이 있다.193)

(a) 명령문

예를 들어, 광고 슬로건의 다음과 같은 표현들: *Nimm Vim!* [Vim을 택하십시오!] - *Genießen Sie Lord Extra!* [로드 엑스트라를 즐기십시오!] - *Entdecken Sie die frische Welt der Reyno!* [레노의 신선한 세계를 발견하십시오!]194)

그리고 3.4.4절에서 분석한 광고 선전 "*Pflegen und pflegen lassen* [(피부를) 손질하고 손질 받으세요!]"의 분절문 [8]-[10]도 참고하기 바란다.

---

192) (정치) 논평에서 생산자에게 중요한 것은 대개 자기의 입장을 전달하는 일이기도 하며(제보 기능), 동시에 생산자는 사태에 대한 자기의 평가를 수용자들이 위임받기를 목표로 한다. 논평은 뭔가 정해진 것을 행하거나 단념하라는 책임자들(위정자들, 위의 각주 (82) 참조)에 대한 (대개 간접적인) 호소도 여러 가지로 포함하고 있다. 이에 대해서는 3.5.3절에서 분석한 논평 "Warum denn staatsverdrossen? [도대체 왜 국가에 염증을 느끼나?]"도 참조.

193) 그로세(Große, 1976,86ff.)도 참조. 문자적 텍스트 유형의 가장 중요한 "의지 신호와 소망 신호"는 그로세에 따르면 명령(문), 의문문, 그리고 부정사이다.

194)*마지막 두 예에서 중요한 것은 명령문의 보완형이라고 부를 수 있는 이른바 공손형(후행 대명사 Sie를 가진 접속법 현재의 3인칭 복수)이다. 이 공손형은 우리가 존칭 Sie(당신)라는 호칭을 쓰는 인칭과는 달리 사용되고 있다. 이에 대해서는 두덴-문법(Duden-Grammatik, 1973,99, 1984,176), 엥엘(Engel, 1988,652) 참조.

(b) 부정사 구문

예: Pflegen und pflegen lassen(Nivea milk) - Erst mal entspannen, erst mal Picon - Frohen Herzens genießen(HB)

손질하고 손질 받으세요(니베아 밀크) - 먼저 긴장을 풀고, 먼저 피콘을 - 즐거운 마음을 누리세요(하베[195])!

부정사는 간결함과 단순함(주어가 없고, 시제와 서법 표시가 없음) 때문에 특히 사용법, 서비스 안내, 요리법 따위의 언어적인 구성에 특징적이다. 예를 들어보자.

(2) 자수품의 손질 안내문에서 인용
Farbige Stickereien stets gesondert behandeln. Eventuell im Stoff vorhandene Starke oder Appretur *auswaschen*. Nur alkalifreie Feinwaschmittel *verwenden*.

다색의 자수품들을 항상 따로 취급하시오. 경우에 따라 천에 남아있는 전분이나 광택을 *씻어내시오*. 알칼리 성분이 없는 고운 세제를 *사용하시오*.

(3) 요리법에서 인용
3-4 mittelgroße Zwiebeln *abziehen*, in Scheiben schneiden - 15g Butter oder Margarine erhitzen, die Zwiebeln darin leicht *bräunen*.

3-4개의 중간 크기의 양파를 까서 얇은 조각으로 써세요. - 15g의 버터나 마가린 을 데워서 여기에 양파를 넣어 가볍게 익히세요.

텍스트 유형 "사용 지침", "조작법 안내", "요리법"에서는 호소 기능의 특 수한 변이형들이 특징적인데, 이 점을 간단히 살펴보겠다. 생산자는 이런 종류

---

195)* 니베아 밀크(Nivea milk)는 독일에서 생산되는 화장품 상표 이름, 로드 엑스트라(Lord Extra), 빔(Vim), 피콘(Picon), 하베(HB)는 담배의 상표명임.

의 텍스트들에서 수용자가 원칙적으로 직접적인 행위를 하도록 야기하는 것이
아니라, 수용자에게 일정한 행위 단계와 행위 가능성들에 관한 정보를 제공하
고자 한다(예: 기구의 조작이나 음식 요리에 관한 정보). 이 텍스트의 의사소통
적 기능은 Wenn-dann 관계['…이면 …이다'의 조건 관계]에 의해 설명될 수
있다: 누군가가 스카트 놀이를 하고 싶다면, 규칙 A, B, C를 지켜라(*Wenn
jemand Skat spielen will, dann befolge er die Regeln A, B, C*); 기구 X를 이용하
려면, 첨부된 지침에 유의하라(*Wenn das Gerät X benutzt werden soll, dann
beachte man die beigefugten Hinweise*). 연구에 따르면, 작업 안내서, 거래 안내서, 사
용 안내서 등에 나타난 호소 기능의 이처럼 독특한 구성은 '교시(Instruktion)'
라는 개념을 통하여 특성화되고 있다. "교시의 수행에 결정적인 것은 교시자
와 수신자의 정보 교환에 대한 통념적인 관심이다. 이에 따라 교시가 성취될
수 있기 때문이다."[196] 반대로 직접적인 요구(요청)의 경우에는 지식을 전달하
고 수용자에게 자신의 행위 능력을 확장시킬 수 있도록 하는 일은 문제되지
않는다. 오히려 명제에 나타난 행위의 수행에 대한 생산자의 관심이 전면에
놓인다.

(c) 의문문

생산자는 어떤 정보를 언어적으로 전달하기 위하여 수용자에게 요구한다.
우리는 이러한 표지들을 특히 텍스트 유형 "설문지", (문자화된) "신문 인터
뷰", 문답형 "교재" 등에서 찾을 수 있다.

예를 들어보자.

(4) 관청의 설문지에서 인용
Haben Sie oder ihr Ehegatte eine Rente bei einer gesetzlichen Rentenversicherung

---

196) 이에 대한 자세한 논의로는 베버(Weber, 1982,1ff.)(인용은 2쪽) 참조. 전문어 텍스트
    의 교시적 기능에 대해서는 묀과 펠카(Mohn/Pelka, 1984,6f.,58ff.), 묀(Mohn, 1991) 참
    조.

beantragt?

[당신이나 당신 배우자는 법인 연금 보험 공단에 연금을 신청했습니까?]

(d) sollen/müssen+부정사, haben+zu+부정사, sein+zu+부정사 등을 가진 문형[197)]

예를 들어보자.

(5) 연방 공무원법에서 인용

§ 54 Der Beamte hat sich mit voller Hingabe seinem Beruf zu widmen. Er hat sein Amt uneigennützig nach bestem Gewissen zu verwalten. Sein Verhalten innerhalb und außerhalb des Dienstes muß der Achtung und dem Vertrauen gerecht werden, die sein Beruf erfordern.

§ 55 Der Beamte hat seine Vorgesetzten zu beraten und zu unterstützen. Er ist verpflichtet, die von ihnen erlassenen Anordnungen auszuführen ···

54조. 공무원은 헌신적으로 자기 직업에 몸을 바쳐야 한다. 그는 자기의 직책을 사리사욕이 없이 최선의 양심에 따라 수행해야 한다. 근무 안팎에서 그의 행동은 그의 직업이 요구하는 존경과 신뢰에 합당해야 한다.

55조. 공무원은 자기 상관들에게 조언(助言)하고 간언(諫言)해야 한다. 그는 그들이 내린 지시를 수행할 의무가 있다. ···

(6) 형사 소송법(STPO)에서 인용

§ 118a Von Ort und Zeit der mündlichen Verhandlung sind die Staatsanwaltschaft sowie der Beschuldigte und der Verteidiger zu benachrichtigen. Der Beschuldigte ist zu der Verhandlung vorzuführen ···

118a조. 구두 공판의 장소와 시간을 검사 및 형사 피고인 그리고 변호인은 알려주어야 한다. 형사 피고인은 공판을 위해 구인될 수 있다. ···

---

197) sein+zu+부정사 구문(의미: '···일 수 있다, 이어야 한다'는 수동의 의미)의 기능에 대해서는 브링커(Brinker, 1971a,121ff.) 참조.

여기서는 호소 기능이 생산자의 "규범적인" 입장과 접목되어 있다. 호소 기능은 수용자가 주제화된 사태를 실현할 의무가 있음을 말해준다.

이로써 우리는 호소 기능과 연관된 주제 입장을 얻게 된다.

이 때 보통 호소 기능을 표시해 주는 입장과, 항상 그렇지는 않지만 흔히 이 기능과 관련된 입장을 구별할 필요가 있다.

첫 번째 그룹에 속하는 것은 규범적인 입장 외에도 특히 생산자 자신의 관심(필요, 소망, 선호)을 나타내는 입장들이다. 예를 들어보자.

Ich möchte, daß der Sachverhalt X realisiert wird.
Ich hatte gern, wenn. ···
Ich wünsche mir, daß. ···
Ich brauche die Sache X.
[······]

나는 사태 X가 실현되기를 바랍니다.
나는 ··· 라면, 기꺼이 하겠습니다.
나는 ··· 이기를 바랍니다.
나는 사물 X가 필요합니다.
[······]

두 번째 그룹에 넣을 수 있는 것은 평가적 입장이다. 생산자는 그러나 - 제보 기능과의 결합에서처럼 - 자기의 입장 전달, 곧 순수한 의견 통고를 문제삼으면서도, 동시에 수용자가 사태에 대한 생산자 자신의 관점, 곧 (긍정적이거나 부정적인) 평가를 받아들여서 (적절히 어떤 태도를 취해주기)를 의도한다. 우리는 호소 기능과 평가적 입장의 연계성을 다음의 광고 텍스트에서 설명하여 보겠다. 광고의 언어적인 부분은 다음과 같다.

(7) [1] Mit Sicherheit auf alles Mogliche gefaßt.
    [2] Es gibt immer noch Verkehrsteilnehmer, die die Straße fur eine Kampfarena halten.

[3] Die Folgen sind bekannt.

[4] Deshalb geht VOLVO immer den Weg der Sicherheit.

[5] Denn sollte es wirklich einmal hart auf hart kommen, ist Sicherheit die größere Chance.

[6] VOLVO

[7] Informationsmaterial schickt Ihnen die VOLVO Deutschland GmbH Vertriebsgesellschaft, 6051 Dietzenbach-Steinberg.

[8] Sicher fahren - VOLVO fahren.

<인용 : ADAC motorwelt, 1973년 10월호>

[1] 안전을 기하여 모든 가능한 일에 대비하였습니다.

[2] 여전히 도로를 투기장으로 여기는 교통 참여자들이 있습니다.

[3] 결과는 주지의 사실입니다.

[4] 때문에 볼보자동차는 항상 안전의 길을 갑니다.

[5] 실제로 한번도 거친 싸움이 일어나지 않았다면, 안전은 더 가치있는 요행입니다.

[6] 볼보자동차

[7] 정보 자료들을 당신에게 다음의 주소가 보내드립니다: die VOLVO Deutschland GmbH Vertriebsgesellschaft, 6051 Dietzenbach-Steinberg.

[8] 안전하게 운전하는 길은 볼보자동차를 타고 가는 일입니다.

텍스트 유형 "선전 광고"는 호소적 텍스트 부류에 편입될 수 있다. 생산자는 수용자가 일정한 상품을 구매하도록 시도한다. 물론 선전 광고에서 구매 요구가 직접적인 형태로, 예를 들어 'Ich(생산자) *fordere Sie*(수용자) *auf, das Produkt X zu kaufen* [나는 당신이 상품 X를 살 것을 요청합니다]' 또는 '*Kaufen Sie das Produkt X* [상품 X를 사십시오]'처럼 명시적인 수행문을 통하여 표현되는 경우는 극히 드물다. 선전하는 사람으로서 보증인이 인용되는 광고에서도 생산자는 상품을 추천하기를 선호하는데, 대개 이런 행위는 간접적으로, 다시 말해서 입장(태도) 표명의 형태로 수행된다. 그래서 소개된 권위자는 스스로 다음과 같이 말한다: *Ich nehme (genieße, gönne mir) das Produkt X* [나는 상품 X를 사겠습니다(택하겠습니다, 수용하겠습니다)].198)

위의 예시 텍스트에서도 직접적인 요구 신호들은 하나도 발견되지 않는다. 그러나 우리는 분명히 이 텍스트를 관련 상품을 긍정적으로 평가하여 구매해 달라는 수용자에 대한 생산자의 (간접적인) 호소로 이해한다. 어떻게 텍스트를 이런 식으로 이해하게 되는가? 우리가 주관적으로 이 텍스트에 부여하는 호소 특성은 실제로 무엇에 기인하는 것일까?

이 의문점을 해결하기 위하여 평가적인 표현과 수사적인 문채들의 순수 출현 빈도만을 바탕으로 하여 정의된 그로세식의 "호소 요인"을 여과없이 인용하기는 어렵다. 이것은 - 이미 명시되었듯이 - 호소적 텍스트 기능의 확실한 표지가 아니다.

호소 기능을 암시해 주는 관여성과 관련하여 생산자의 평가적 입장과 이 입장의 언어적인 표현 형태들에 관한 연구는 개개의 표현들을 텍스트 맥락과 유리시킨 고립적인 고찰이어서는 안 된다. 오히려 중요한 것은 주제전개의 기본 형태(주제의 기본 구조)와 주제전개의 실현 방식(실현된 구조, 이에 대해서는 앞의 61쪽 이하 참조)을 밝혀내어 개개의 언어적인 수단과 수사적인 수단들을 이와 접목시키는 일이다.

위의 텍스트의 주제구조는 논증적 주제전개에 의해 규정되고 있다. 툴민의 범주들(위의 3.5.3절 참조)을 끌어들이면 다음처럼 기술될 수 있다.

테제 : Mit Volvo ist man auf alles Mogliche vorbereitet.[1]

논거 : Volvo geht immer den Weg der Sicherheit.[4]

추론 규칙(함축적) : Wenn ein Auto bzw. eine Autofirma immer den Weg der Sicherheit geht, dann ist man auf alles Mogliche (selbst auf das Schlimmste) vorbereitet.

지원 : Sicherheit ist der entscheidende Faktor (die größere Chance) im Straßenverkehr

---

198) 수용자는 이러한 간접형을 선호한다. "왜냐하면 요구 행위는 피 요구자라면 누구나 관계 층위에서 명령을 받고, 요구에 응하고, 지령을 따르는 사람, 간단히 말하면 자신의 행위가 결정적으로 다른 사람에 의해 결정될 수 있는 사람이라고 자신을 잘못 평가해 버리는 기대감을 주기 때문이다."(바이스바르트 외(Beisbart et al., 1976,154f.) 조빈스키(Sowinski, 1979,65)도 참조. 그러나 이러한 효과는 광고 의도를 저해할 수 있을 것이다.

[5] - mit Hinweis auf die drohenden Gefahren([2]와 [3]에서).

테제 : 볼보자동차로 우리는 모든 가능한 일에 대비하였다.

논거 : 볼보자동차는 항상 안전의 길을 간다.

추론 규칙(함축적): 자동차 및 자동차 회사가 항상 안전의 길을 간다면, 우리는 모
든 가능한 일(최악의 경우)을 대비한 것이다.

지원 : 안전은 도로 교통에서 결정적인 요인(더 가치있는 요행)이다. - 위협을 암시
함으로써.

이러한 실현의 특징은 생산자가 한층 더 외형적이고 표층적인 방식으로만
논증적 모형을 이용하고 있다는 점이다. 더욱이 이 텍스트가 수용자에게 논증
적으로, 즉 합리적인 방법으로 테제의 정당성을 납득시키려는 목표를 지향하
고 있다고 보기에는 무리가 있다(진술들이 내용적으로 너무 불명료하고, 너무 모
호한 상태에 있기 때문에 이러한 목표(납득시키려는 목표)에 이르기에는 결코 적
합하지 않다). 오히려 생산자에게 중요한 것은 수용자에게 감정적으로 말을 걸
어, 생산자 자신의 (심리적인) 입장에서 수용자에게 영향을 미치는 일이다. 이
러한 목표 설정은 생산자의 행동에서, 곧 두 가지 지향점으로 구성된 생산자
의 "광고 전략"에서 표명되고 있다.

첫 번째 방향에서, 생산자는 분절문 [2]에서 두 그룹의 교통 참여자가 있
음을 설정함으로써 극히 간략하게 불안감, 곧 위협적인 상황을 구축한다. 거리
를 여전히 투기장으로 여기고 위협을 야기하는 그룹을 명시적으로 거론하고
있다. 반면에 위협받고 있는, 수용자도 소속해 있는 다른 그룹은 함축되어 있
다. 생산자는 수용자에게 불안감, 적어도 위험한 감정을 유발시키는 내포의
미199)에 근거하여 적절히 모습을 드러내는 표현들을 선택하고 있다.

어법 '*auf etwas gefaßt sein* [무엇을 각오하고 있다]'은 일반적인 언어사용에
따르면, 긍정적인 결과보다는 오히려 부정적인 결과와 관계가 있다. 명사

---

199) 우리는 한 단어의 '내포의미(konnotative Bedeutung)'를 언어 의미론적으로 개념적인
내용(이른바 외연의미(denotative Bedeutung))과 더불어 한 단어의 전체 의미를 이루는
평가적, 감정적인 방식의 수반 개념(Begleitvorstellung)/부차 개념(Nebenvorstellung)의
복합체(Komplex)라고 이해하기로 한다.

'*Kampfarena* [투기장]'는 '*Straße* [도로]'와 연결시켜 공격과 위험의 생각을 일깨워 주고 있는데, 사람들은 이런 생각들을 떨쳐버릴 수 없고(제한된 공간으로서의 투기장), 그 희생자가 될 수 있다(투사의 격투, 투우 등을 연상하게 된다). 분절문 [3]은 일상 경험을 통하여 익히 알려진 사고의 결과를 암시해 준다. 일상 통용어적 어법인 'es kommt hart auf hart [거친 싸움을 건다]'는 대결, 충돌, 사고(事故)를 생각나게 할 수 있다.

두 번째 지향점에서는 생산자가 이러한 위협적인 상태로부터 벗어날 수 있는 타개책을 제공해준다. 그것은 볼보차가 가는 '안전의 길(*Weg der Sicherheit*)'이다. 상품 '*Volvo* [볼보]'는 안전 개념을 구현시키고 있기 때문에 "급박한 상황에서의 구조자(*Retter in der Not*)"로서 기능을 할 수 있다.

'*Sicherheit* [안전]'와 '*sicher* [안전한]' 같은 표현들은 이 광고에서 핵심적인 역할을 한다. 이 표현들은 상품을 가치와 목표의 개념과 내포의미적으로 연결시켜준다. 이런 어휘들이 절대적으로 긍정적인 사실을 명시해준다는 점을 간과하면, 이 어휘들의 의미론적 가치를 명확히 규정하기는 힘들다. 그래서 이들의 가치가 모호하고 불분명하게 된다.

우리는 '*Sicherheit*'를 일반적인 안전(상해와 위험에 안전함)과 좁은 의미의 기술적인 안전의 두 가지 개념으로 이해할 수 있다. 이 단어는 동시에 확신과 심리적인 안전이나 신뢰를 의미할 수도 있다.[200) 우리의 예시 광고에 나타난 안전 개념의 양면성의 예로는 표제어에 나오는 전치사적 단어그룹(전치사구) '*mit Sicherheit* [안전을 기하여]'가 있다. 이것은 도구적으로(명시적: *aufgrund der Sicherheit, die Volvo verkörpert, ist man auf alles Mögliche vorbereitet* [볼보가 구현하는 안전에 의거하여 우리는 모든 가능한 일을 미리 대비하였다]), 아니면 양태적으로 해석될 수 있다(명시적: *es ist sicher/gewiß, daß man auf alles Mögliche vorbereitet, wenn man Volvo wählt* [안전한/확실한 것은, 우리가 볼보 자동차를 선택하면 가능한

---

200) 두덴-문체사전(Duden-Stilwörterbuch, 1971,623)과 제2장의 각주 (5)에서 제시한 현대 독일어 사전들도 참조.

모든 일을 미리 대비하게 된다는 점이다.]). 안전의 가치와 상품 'Volvo'와의 동
일시 현상은 분절문 [4]에서 마련되고 있는데(이는 안전의 길만 있음을, 곧 볼보
자동차가 가는 안전의 길만 있음을 전제하고 있다), 이런 현상의 완전한 언어적
인 표현은 그 구조면에서 이미 'sicher'와 'Volvo'의 교환 가능성을 암시해 주고
있는 궁극적인 표어 'sicher fahren - Volvo fahren [안전하게 운전하는 길은 곧 볼
보를 운전하는 일]'에서 발견된다.

자동차 대신에 무소가 담긴 사진도 위에서 기술한 광고 책략의 일환이라
고 볼 수 있다.

먼저 사진의 의사소통적 기능은 극히 일반적으로 수용자의 주의력을 자극하는 일이다. 잡지의 독자라면 누구나 'Volvo'가 자동차 상표임을 알고 있기 때문에, 사진은 독자 자신의 기대와 일치하지 않는다. 왜냐하면 일반적으로 자동차 광고 선전에서는 상품 자체가 모사되기 때문이다.

사진을 광고 전략의 첫 번째 지향점에 넣어, 뾰족한 뿔로 관찰자에게 대항하는 무소를 'alle Mogliche [모든 가능한 일]'와 'Kampfarena [투기장]'라는 표현과 관련시킬 때, 우리는 이 사진모사를 텍스트에 묘사된 위협을 익살스럽고 우스꽝스럽게 구현시킨 것이라고 이해하게 된다.201)

그러나 우리는 사진을 광고 전략의 두 번째 지향점과 관련시킬 수도 있다. 이에 따라 사진은 익살스런 방식으로 공격 불가능성, 곧 거리를 투기장으로 여기는 교통 참여자들도 되도록 피해서 가는 이 상품의 안전성을 지원해주는 힘을 상징한다. 이러한 해석을 가능하게 하는 다른 면은 상품 이름이 다른 광고 선전에서 모사된 상품과 똑같은 방식으로 묘사된 무소에 할당되고 있는 점이다.

전체적으로 분명한 것은 이 상징적인 묘사는 바라던 대로의 확실한 해석놀이 공간을 열어준다는 점이다. 왜냐하면 이러한 두 가지 해석은 광고 전략과 완전히 양립할 수 있기 때문이다.

우리는 논증적인 전개 모형의 이러한 실현 - 우리의 예시 텍스트가 보여주듯이 - 을 "설득적인" 실현이라고 표기하겠다. 이러한 실현을 통하여 예시 텍스트는 상품을 위협적인 상황으로부터의 적절한 탈출구로 받아들이고 상품을 이처럼 긍정적으로 평가함으로써 이에 상응하는 행위 결과를 이끌어 내려는 생산자의 수용자에 대한 간접적인 요구의 특성을 갖게 되기 때문이다. 구매 호소는 명시적으로 진술될 필요가 없다. 수용자는 텍스트를 이미 외형적인 지면 편집, 곧 텍스트와 사진의 구성(이른바 레이아웃)에 준거하여 두말없이 광고 선전으로 인식하고, 자기의 일상 경험에 미루어 광고선전은 결국 선전된 상품도 판매의 목적을 수행하고 있음을 알고 있기 때문이다.202)

---

201) 익살스런 착상과 우스꽝스럽게 작용하는 상황을 포함시킨 것은 극히 관례적인 광고 전략이다. 조빈스키(Sowinski, 1976,19)도 참조.

4.4.4 책무 기능

생산자는 수용자가 특정한 행위를 수행할 의무가 있음을 수용자에게 이해 시킨다.[203] 책무 기능을 가진 텍스트 유형으로는 계약서, (문서상의) 합의서, 보증서, 서약서, 선서, 상품 전단 등이 있다.

일반적으로 다음과 같은 설명식 바꿔쓰기를 설정할 수 있다.

Ich(der Emittent) verpflichtet mich (dem Rezipienten gegeñuber), die Handlung X zu tun.

나(생산자)는 (수용자에 대해) 행위 X를 행할 의무가 있다.

예를 들어보자.

(1) 부자 관계 승인서에서 인용:
Demgemäß verpflichte ich mich, dem Kind vom 15. 06. 1962 an bis auf weiteres eine monatliche Rente von 100 DM [⋯] zu entrichten.

이에 따라 나는 이 아이에게 1962년 6월 15일부터 지속적으로 100 마르크의 월 연금을 지불할 의무가 있다.

(2) 함부르크시의 공무원법에서 인용:
Diensteid
"Ich schwöre Treue dem Grundgesetz 'fur die Bundesrepublik Deutschland und der Verfassung der Freien und Hansestadt Hamburg, Gehorsam den Gesetzen und gewissenhafte Erfullung meiner Amtspflichten, so wahr mir Gott helfe."

복무선서
"나는 독일 연방 공화국의 헌법과 자유시이자 한자동맹시인 함부르크의 헌법을

---

202) 그로세(Große, 1976,19)도 참조.
203) 그로세(Große, 1976,65)는 이러한 기능을 "규범적인" 기능 하에서 찾고 있다. 앞의 4.4.1절 참조.

준수하고, 규정에 따라 나의 직책을 양심적으로 수행할 것을 맹세합니다. 진심으로 맹세합니다."

(3) 어떤 회사의 상품 팜플렛에서 인용:
Wir danken Ihnen 'fur Ihre freundliche Anfrage und bieten Ihnen nachstehend an
··· Das Angebot ist befristet bis zum 30.04.78.

우리는 여러분들의 친절한 문의에 감사드리며, 다음에도 ··· 를 제공하겠습니다. 이 상품의 공급 기간은 1978년 4월 30일 까지 입니다.

(4) 보증 설명서에서 인용:
So garantieren wir Ihnen, daß jederzeit nur frische Ware hochster Qualitat und aus besten Rohstoffen zur Auslieferung gelang [···] Wir tauschen Ihnen bei berechtigten Beanstandungen diese Packung um und vergüten Ihnen zusatzlich Ihre Porto-auslagen.

이로써 우리는 최고 원단에 의한 최고 품질의 새 상품만을 공급할 것을 여러분들께 맹세합니다. ··· 우리는 여러분의 적법한 이의가 있을 시 그 물건을 교환해 드림과 동시에 우편 부담요금을 보상해 드리겠습니다.

(5) 계약서에서 인용:
$12 Samtliche mit diesem Vertrag und seiner Durchfuhrung verbundenen Kosten ïragt der Kaufer allein. Die Kosten 'fur die Loschung etwa vorhandener, vom Kaufer nicht¨ubernommener Belastungen ïragt jedoch der Verkaufer.

바꿔쓰기: Wir(der Kaufer und der Verkaufer als Unterzeichner) vereinbaren hiermit, daß der Kaufer verpflichtet ist, X zu tun, und daß der Verkaufer verpflichtet ist, Y zu tun.

12항. 이 계약과 그 이행에 따르는 비용 전체를 구매자가 혼자 부담한다. 구매자가 떠맡지 않은 기존 부담의 청산 비용은 그러나 판매자가 부담한다.

바꿔쓰기: 우리(서명자로서의 구매자와 판매자)는 이로써 구매자는 X를 행할 의

무가 있으며, 판매자는 Y를 행할 의무가 있음을 합의한다.
(계약서의 서명자는 모두 텍스트 생산자로 간주된다.)

자책적인 텍스트들은 보통 엄격하게 제도화되어 있다. 그래서 이에 속하는 텍스트들은 대부분 텍스트 기능이 직접 표출된다는 특징이 있는데, [*versprechen* [약속하다], *sich verpflichten* [의무를 지다], *schwören* [맹세하다], *übernehmen* [떠맡다], *sich bereit erklären* [동의/찬성하다], *garantieren* [보증하다], *sich verbürgen* [보증하다], *wetten* [내기하다], *anbieten* [제공하다]] 같은 동사를 가진 명시적인 수행 공식을 통해 표출된다.

책무 기능은 자의적이고 의도적인 방식의 주제 입장과 밀접한 관련을 맺고 있다(예: *ich beabsichtige* [나는 …을 꾀하고 있다], *habe vor* [계획하고 있다], *plane* [⋯할 계획이다], *werde* [⋯이 되겠다], *bin entschlossen* [결심했다] 등). 이 때문에 생산자는 주제화된 사태를 실현시키려는 준비성의 정도를 표현할 수 있다.

언어적·문법적인 책무 신호들이 전혀 나타나 있지 않는 경우(예시텍스트 (5)에서와 같이), 책무 기능은 주제적인 맥락 관계, 다른 텍스트 내적인 자질들(예: *Garantieschein* [보증서], *Diensteid* [복무선서], *Vertrag* [계약서] 같은 텍스트 제목)과/또는 행위 맥락과 상황 맥락에 의하여 드러나게 된다.

4.4.5 접촉 기능

생산자는 자기가 문제삼고 있는 것이 수용자와의 개인적인 관계(특히 개인적인 접촉(친교)을 만들고 유지하는 일)임을 수용자에게 이해시킨다.[204]

접촉 특유의 기능은 직접적인 관점에서 다음과 같은 동사나 동사구를 가진 명시적인 수행 공식을 통하여 표출된다: *danken* [감사하다], *um Entschuldigung bitten* [사과하다], *beglückwünschen* [축하하다], *gratulieren* [축하하다], *sich beschweren* [불평하다], *willkommen heißen* [환영하다], *Beileid aussprechen* [조의를 표하다],

---

204) 그로세(Große, 1976,32ff.) 참조.

verfluchen [저주하다] 등.

접촉 텍스트들은 생산자가 심리적인 입장을 표출할 필요가 있는 고정된 사회적인 동기들과 여러 가지로 접목되어 있다. 때문에 접촉 기능은 이러한 주제 입장들과 관련을 맺고 있는 경우가 흔하다(예: *bedauern* [동정하다], *leid tun* [유감으로 생각하다], *entzuckt sein* [즐겁다], *sich freuen* [기쁘다] 등). 이 때 중요한 것은 이러한 주제 입장으로서의 감정 발언이 아니라, 사회적인 기대감을 생산자를 통해 충족시키는 일이다. 이러한 입장 표명의 접촉 특유의 의미는 바로 이 점에서 기인한다.

예를 들어보자.

(1) (봉함엽서)
¨Uber die Gluckwünsche und Aufmerksamkeiten zu unserer Verlobung haben wir uns sehr gefreut und danken herzlich dafür.

우리들의 약혼을 축하하고 관심을 베풀어주시어 기쁘며, 이에 충심으로 감사드립니다.

이 텍스트("감사의 말")의 접촉 기능은 둘째 문장의 일부에서 바로 명시적인 수행 공식을 통하여 표출되고 있다. 첫 번째 문장의 일부에서 생산자는 자기의 심리적·감정적인 입장, 곧 주제화된 사태에 대한 자기의 기쁨을 표현하고 있다. 제보 기능과도 양립가능한 이러한 입장 표명은 이런 맥락에서 보면(이러한 입장 표명은 수신자의 앞선 행위가 효과가 있었음을 전제하고 있기 때문에) 명백히 접촉 강화적인 기능을 갖는다.

접촉 기능은 특히 이른바 참여 텍스트[205]의 특징에 속하는데, 여기서 생산자는 수신자와의 공동 참여(자신도 함께 기뻐함, 자신도 함께 슬퍼함 등), 곧 공감을 표명한다.

---

205) 이와는 달리 그로세는 참여 기능을 "친교 기능의 특수한 경우"(그로세(Große, 1976, 33)라고 부르고 있다.

참여 텍스트의 전형적인 유형은 축하 편지와 조위 편지나 조문 엽서이다. 기본이 되는 사건들이 같거나 유사한 형태로 반복되기 때문에, 여기서는 언어적인 관점에서 부분적으로 서식의 성격을 갖는 (문장 구성과 단어 선택과 관련된) 일정한 형식들이 제시되고 있다.

모범 서한문에서 뽑은 예 :

(2) Die Nachricht vom Heimgang Ihrer lieben Frau hat hier im Buro *große* *Betroffenheit ausgelost*, und ich möchte Ihnen im Namen aller Kollegen *unser* *aufrichtiges Beileid* zu *diesem schmerzlichen Verlust¨ubermitteln*.

      <인용 : 루게(E. Ruge)의 『Worte und Briefe der Anteilnahme』1979), 12쪽>

당신의 *사랑스런 부인의 귀천(사망)*에 관한 소식은 이 곳 사무실을 *대경실색케 하였습니다*. 그래서 나는 당신에게 모든 동료의 이름으로 이번의 쓰라린 상실감에 대한 우리들의 *심심한 조의를 전달하고 싶습니다*.

위에서 강조된 단어와 어법들은 텍스트 유형 "조위 편지"에서 특히 전형적으로 나타난다.

그림 엽서와 다른 형태의 접촉 편지들(예: 연애 편지)도 일차적으로 접촉 특유의 텍스트 기능을 표현한다.[206]

4.4.6 선언 기능

생산자는 수용자에게 주어진 텍스트가 새로운 현실을 창조하고 있음을, 텍스트의 (성공적인) 발화가 일정한 사실을 도입하고 있다는 의미를 이해시킨다.[207]

---

206) 대화 커뮤니케이션에서는 이런 기능이 특히 대화종류들인 "오락", "잡담", "한담(small talk)"(좋은 예로 이웃들 간의 날씨에 관한 알려진 대화가 있다)을 충족시킨다.
207) 선언 기능은 인물 상호간의 관계 국면에서 보면 특수한 경우로 간주될 수 있다. 이에 대해서는 제4장의 각주 (74) 참조.

우리는 선언 기능을 다음과 같은 풀어쓰기를 통하여 구체화할 수 있다.[208)]

Ich(der Emittent) bewirke hiermit, daß X als Y gilt.
[나(생산자)는 이로써 X가 Y로 간주되도록 야기한다[209)]]

선언 기능을 기본 기능으로 갖는 텍스트 유형들로는 임명장, 유언장, 유죄 판결, 전권 위임, 증명서 등이 있다. 예외없이 일정한 사회 제도와 관련된 텍스트 유형들과 관계가 있다.

선언 기능은 거의 언제나 직접적으로 (다시 말해서 고정되고, 관례화된, 명시적인 공식을 통하여) 표현되고 있다.

예를 들어보자.

(1) 유언장에서 인용
Ich setze meinen Bruder Franz S. zu meinem alleinigen Erben ein.
바꿔쓰기 : Ich bewirke hiermit, daß X(= mein Bruder Franz S.) als Y(= mein
        alleiniger Erbe) gilt.

나는 나의 남동생 프란츠 S을 나의 유일한 상속인으로 지정한다.
바꿔쓰기 : 나는 이로써 X(= 나의 남동생 프란츠 S)가 Y(= 나의 유일한 상속인)
        로 간주되기를 야기한다.

(2) 임명장에서 인용
Herr Franz S. wird zum Wissenschaftlichen Rat ernannt.
바꿔쓰기 : Ich(= der Minister) bewirke hiermit, daß X(= Herr Franz S.) als Y(=
        wiss. Rat) gilt.

프란츠 S씨는 강의 교수[210)]로 임명된다.

---

208) 이 기능도 (물론 다른 분류에서는) 그로세(Große, 1976,58ff.)의 규범적 기능에 포함되
   고 있다. 위의 4.4.1절도 참조.
209)* 여기서는 'bewirken'이 '목표 달성을 야기한다'는 의미로 사용되고 있다.

바꿔쓰기 : 나(= 장관)은 X(= 프란츠 S씨)가 Y(= 강의 교수)로 간주되기를 야기
한다.

(3) 증명서에서 인용
Es wird hiermit bescheinigt, daß Herr Franz S. regelmäßig an meinen
Lehrveranstaltungen teilgenommen hat.
바꿔쓰기 : Ich(= der Dozent) bewirke hiermit (durch diese meine Handlung des
Bescheinigens), daß als wahr(= Y) gilt, daß X(= 명제: "Franz S. hat
regelmäßig an meinen Lehrveranstaltungen teilgenommen").

이로써 프란츠 S군이 규칙적으로 본인의 강좌에 참석하였음을 증명한다.
바꿔쓰기 : 나(=강사)는 이로써(이러한 나의 증명 행위를 통하여) X("프란츠 S군
이 규칙적으로 본인의 강좌에 참석하였음")가 참(=Y)으로 간주되기
를 야기한다.

(4) 전권에서 인용
Ich bevollmächtige hiermit Herrn Dr. S., mein Haus für mich zu verkaufen.
바꿔쓰기 : Ich bewirke hiermit (durch diesen Text), daß X(Dr. S) als berechtigt
gilt, Y zu tun(=das Haus zu verkaufen).

본인은 이로써 S박사에게 본인을 대신하여 본인의 집을 매각할 전권을 위임한다.
바꿔쓰기 : 본인은 이로써(이 문서를 통하여) X(S박사)가 Y(= 그 집을 매각하는 일)
를 행할 권리가 있는 것으로 간주되기를 야기한다.

명시적인 언어 형식 외에 특히 선언 기능을 보여주는 (유언장, 초본, 증서,
전권 등과 같은) 정해진 텍스트 제목들도 있다.

---

210)* 'Wissenschaftlicher Rat' 또는 'Akademischer Rat'은 일반적으로 종신제, 즉 국가 공무
원으로서 '학술적인' 대학에서 강의하고 일정한 업무를 담당하는 강의 교수(lecturer)를
뜻하는데, Privatdozent(=outside lecturer: 무급 강사)와 außerplanmäßiger Professor의
중간에 위치한다. 직급 단계로는 Wissenschaftlicher Oberrat, Wissenschaftlicher Direktor
및 Studienprofessor가 있다. 이것은 미국에서는 조교수(assistant professor)를 의미한다.

4.5   텍스트 기능과 텍스트 구조의 관계 : 예시 분석

앞의 제3장과 제4장에서 우리는 텍스트를 구조적인 관점과 의사소통·기능적인 관점에서 살펴보았다. 기능적인 텍스트 자질과 구조적인 텍스트 자질은 언어학적 텍스트 분석에서 분명하게 구별될 수는 있지만, - 이미 여러 곳에서 분명해졌다 - 서로 완전히 고립시켜 연구될 수는 없다. 텍스트 기능과 텍스트 구조 사이에는 오히려 긴밀한 관계가 성립하고 있다. 일반적으로 텍스트기능 - 확실한 상황적, 평균적인 사실과 더불어 - 은 텍스트 구조, 다시 말해서 문법적인, 주제적인 관점에서의 텍스트 구성을 규칙적으로 결정해 준다고 말할 수 있다(위의 2.3절도 참조). 물론 여기서 성립하는 조건 관계들은 세부적으로는 아직 극히 미미하게 연구되어서, 아직 일련의 규칙들을 설정할 입장이 못된다. 때문에 우리는 구체적인 예시 텍스트에서 구조와 기능의 몇 가지 기본적인 관계들을 제시하는 것으로 만족해야 할 것이다.

예를 들어보자.

Machen wir einen neuen Anfang!
Von Dr. Erich Hoepfner

Ⅰ [1] Blauer Himmel, strahlender Sonnenschein, und dann nichts wie raus - an die See oder ins Grune! [2] Das ist fast immer der erste Gedanke, wenn das Gespräch auf Pfingsten kommt. [3] Wer könnte uns das auch übernehmen, uns gestreßten Großstadtmenschen von heute?

Ⅱ [4] An das christliche Pfingstfest, den "Geburtstag der Kirche", denken nur noch wenige. [5] Oder erinnern wir uns noch, was davon im Neuen Testament erzahlt wird? [6] Wie in Jerusalem 50 Tage nach Ostern der Geist Gottes uber die zwolf Apostel kam, wie sie dann zu Tausenden redeten, und wie ihre vielen Zuhörer, die doch aus ganz verschiedenen Volkern, Kulturen und Sprachkreisen kamen, auch spontan begriffen, was sie sagten und wollten.

[7] Ein epochemachendes Beispiel geglückter Massenkommunikation, könnte man sagen.

Ⅲ [8] Kommunikation ist ja heute ein besonders beliebtes Schlagwort. [9] Aber je mehr man davon redet, um so weniger klappt es damit offenbar. [10] Ob im kleinen Kreis der Familie oder zwischen alt und jung, ob zwischen Hamburger Theaterleuten oder den Machtigen aus Ost und West - da wird geredet und aneinander vorbeigeredet, wird mißverstanden oder¨uberhaupt nicht mehr geredet, daß man an der menschlichen Vernunft schie verzweifeln könnte.

Ⅳ [11] Machen wir in diesen Tagen doch wenigstens im kleinen einen neuen Anfang: [12] Reden wir so miteinander, daß wir uns auch verstehen. [13] Einfach, ehrlich und voll Verstandnis ´fur den anderen. [14] ¨Uberall, wo das geschieht, wird dann ein kleines Stückchen unserer Welt ein kleines bißchen freundlicher und schoner werden.

<인용 : 함부르거 아벤트블라트(Hamburger Abendblatt), 석간지, 1980년 오순절, 2쪽: 표제 "Kommentare[논평]">

새로 시작하자!
에리히 회프너

Ⅰ [1] 파란 하늘, 빛나는 햇살, 자 밖으로 나가자 - 바다나 푸른 숲으로! [2] 이는 대화가 성신강림(聖神降臨) 대축일에 이르면, 거의 언제나 제일 먼저 갖게 되는 생각이다. [3] 누가 우리들의, 스트레스를 받은 오늘날의 대도시 사람들의 이런 것까지도 곡해할 수 있을까?

Ⅱ [4] 기독교의 성신강림 대축제 곧 "교회의 탄생일"을 아직도 기억하고 있는 사람은 거의 없다. [5] 아니면 우리는 여전히 신약성서에서 그것에 관해 이야기해 주고 있는 것을 기억하고 있는가? [6] 예루살렘에서 하느님의 영(靈)이 부활절 다음의 50일 후에 12 사도들에게 임하여, 이들이 수천 명에게 어떻게 연설하였는가, 그리고 전혀 다른 민족, 다른 문화, 그리고 다른 언어권에서 온 수많은 청중들이 그 사도들이 말하고 또 바라던 바를 어떻게 이해했는가. [7] 성공한 매스 커뮤니케이션의 획기적인 사례라고 우리는 말할 수 있을 것이다.

Ⅲ [8] 커뮤니케이션은 오늘날 특히 애용되는 슬로건이다. [9] 그러나 사람들이 그것에 관해 이야기를 많이 할 수록, 그것이 성공하는 경우는 당연히 더 적어진다. [10] 작은 가족 구성원간이나 늙은이와 젊은이 사이이든, 함부르크의 연극인들간이나 동과 서에서 온 실권자들 사이이든, - 여기에서는 말을 주고받기도 하고, 서로 말이 어긋나기도 하고, 오해되거나 전혀 말을 하지 않기도 하여 그 결과 인간의 이성에 대하여 회의적이 될 수도 있을 것이다.

Ⅳ [11] 이 시대에 우리는 적어도 사소한 것에서 새로운 시작을 하자: [12] 우리가 서로 이해할 수 있을 만큼 서로 대화를 나누자. [13] 간단하고 성실하고 완전하게 다른 사람을 이해하자. [14] 이런 일이 일어나는 곳은 어디든 우리가 사는 세상의 작은 부분이 조금은 친절하고 아름다워질 것이다.

의사소통·기능적인 관점에서 보면, 이 텍스트는 호소적 텍스트 기능을 실현하고 있다. 그런데 이 기능은 '직접적'으로 표출되지 않고 있으며(4.3.2.2절에서 논의한 첫 번째 기준의 의미에서), 이른바 (접속법 현재와 도치된 일인칭 복수 인칭대명사 - 제목, 분절문 [11]~[13]를 가진) 요청 구조를 통해 표출되고 있다. 호소 기능은 다음과 같은 풀어쓰기를 통해 명시될 수 있다: '생산자는 자기가 명료한 의사소통을 새로이 시작하도록 수용자의 마음을 움직이고 싶어함을 수용자에게 이해시킨다.'

구조주의적인 관점에서 보면, 다음과 같은 모습이 나타난다: 재수용 구조를 연구함으로써 텍스트 대상인 "Pfingsten [성신강림 대축일]"과 "Kommunikation [커뮤니케이션]"이 두 개의 지배적인 지시인자임이 밝혀진다.

[2] *Pfingsten* [성신강림 대축일](관련표현 1)

[4] *das christliche Pfingstfest* [기독교 성신강림 대축제](관련표현의 부분적인 반복; 의미론적 관계: 동의어 관계 - 언어 내적인)

[4] *den Geburtstag der Kirche* [교회의 탄생일](*Pfingsten*의 공지시적인 바꿔쓰기; 상위 언어적인)

[5] *davon* [그것에 관하여](대명사적 부사에 의한 명시적인 재수용)

[6] *50 Tage nach Ostern* [성신강림 대축일이 지난 50일 후](성신강림 대축제

(*Pfingstfest* [성신강림 대축일])의 시간적인 규정; 재수용적인 표현은 관련표현의 부분 국면과 관계가 있다; 관계: 상위 언어적; 형태: 함축적인 재수용)

[11] *in diesen Tagen* [오늘날](*Pfingsten* [성신강림 대축일]과의 관련은 텍스트 내적으로 재수용 원리를 통하여 중개되고 있는 것이 아니라 텍스트 외적으로 상황 맥락을 지시함으로써, 다시 말해서 성신강림 대축일을 지시함으로써 중개되고 있다; 관계: 상위 언어적인)

[7] *Massenkommunikation* [매스 커뮤니케이션](관련표현 2)

이 개념은 (신문, 라디오, 텔레비전과 같은 기술 매체를 통한 정보 전파라는) 일상적인 의미로 사용되고 있는 것이 아니라, "다중 소통"이라는, 곧 폭넓은 바탕 위에서의 소통이라는 의미로 재해석되어 사용되고 있다. 이에 따라 생산자는 두 지시인자 "*Pfingsten* [성신강림 대축일]"과 "*Kommunikation* [커뮤니케이션]"을 성공적으로 서로 접목시키고 있다.

[8] *Kommunikation* [커뮤니케이션](다중 소통의 상위 개념; 관계: 언어 내적인; 형태: 명시적인 재수용)

[9] *davon* [그것에 관하여]과 *damit* [그것에 의하여](대명사적 부사에 의한 재수용)

[10]~[13] *reden* [대화하다], *miteinander reden* [서로 이야기를 나누다], *mißverstehen* [오해하다], *überhaupt nicht mehr reden* [더 이상 대화가 안 되다]; *reden* [대화하다], *verstehen* [이해하다]; *Verstandnis* [이해]

이러한 표현과 어법들 그리고 "*Kommunikation* [커뮤니케이션]"이라는 표현 사이에는 명시적인 재수용 관계가 성립하지는 않으나, 어떤 의미론적 근접성, 곧 일종의 '함축적 재수용'이 성립한다(커뮤니케이션(의사소통)의 개념은 관련 단어 내용들을 함께 포함하고 있다).

(1)절에서 개진한 것처럼, 지배적인 지시인자를 텍스트 주제나 텍스트 주제들과 동일시하면 안 된다. 어떤 텍스트의 주제나 주제들을 공식화하기 위해서

는 텍스트 안에서 지시인자에 관해 무엇이 언급되고 있는지도 고려되어야 한다. 이 점을 고려할 때 우리는 다음의 두 가지 주제(테제)를 얻게 된다.

(1) 성서의 성신강림 사건은 폭넓은 바탕 위에서 성공한 의사소통의 한 예이다(분절문 [1]~[7]).[211]
(2) 명료한 의사소통을 새롭게 시작하는 일이 필요하다(함축적으로 제목과 분절문 [11]~[13]에 포함되어 있다).

두 번째 주제는 텍스트 기능('새 출발'하라는 호소)과 더 직접적인 증명 관계에 있는 핵심 주제이다((1)절에서 설정한 양립성의 원칙에 따라). 첫 번째 주제는 주변 주제이다. 그러므로 이 첫 번째 주제는 명백한 프레임 기능을 갖는다(핵심 주제의 상황화).

핵심 주제의 증명('새 출발이 필요하다')은 두 가지 방향에서 행해지고 있는데, 하나는 당면한 상황의 결함을 지적함으로써(명시적: weil unsere Welt durch gestörte Kommunikation gekennzeichnet ist [우리들의 세상은 방해받은 커뮤니케이션의 특징을 보여주기 때문에] - 분절문 [9]/[10]), 다른 하나는 행위 목표를 제시함으로써(명시적: damit unsere Welt freundlicher und schöner wird [우리들의 세상이 더 친절하고 더 아름답게 되도록] - 분절문 [14])증명되고 있다. 이러한 논거는 성서의 성령강림 사건이 분절문 [14]에서 진술된 신(神)의 약속의 확실성에 대한 "예증"으로서 기능하기 때문에 확실한 방식으로 첫 번째 주제를 통하여 지원되고 있다.

추론 규칙은 함축적으로만 표현되어 있다. 다시 말해서 지원은 전혀 표현되어 있지 않다. 가치기반에 속하는 것은 특히 인물 상호간의 관계를 위한 명료한 의사소통적 행위의 기본적인 의미를 교감적이라고 간주한 납득 행위이다.

전체적인 논증 관계를 도식화하면 다음처럼 나타낼 수 있을 것이다. 이를 위하여 우리는 3.5.3절에서 발전시킨 논증 모델에 기댈 것이다.

---

211) 분절문 [1] - [3]에서 우리는 더 넓은 주제를 찾을 수 있겠는데, 이것은 첫 번째 주제를 대비시킬 수 있도록 해준다는 점에서 부차적(주변적)이다.

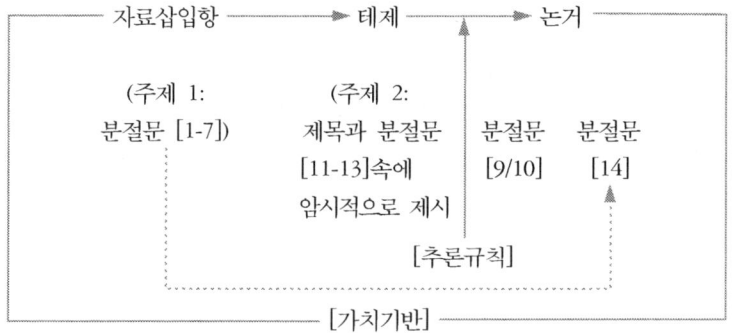

이 텍스트의 의사소통·화용론적 특성과 구조주의적인 특성간에는 극히 복잡한 제약 관계가 성립한다. 우리는 이 점을 두 가지 핵심적인 텍스트 자질들을 들어 설명해 보겠다.

- 생산자는 호소 기능을 권고로서 실현하고 있다. 다시 말해서 생산자는 자기가 행한 요구 속에 자신을 함께 포함시킨다(= 텍스트 기능).
- 생산자는 논증적 주제전개를 선택한다(=텍스트 구조).

이러한 텍스트 자질들은 한 편으로 대칭적인 관계로 특성화할 수 있는 생산자와 수용자간의 사회적인 상황과 일치한다. 다른 한 편으로 이 자질들은 주제의 종류를 통하여 제약받고 있다. 주제('명료한 의사소통을 위한 새출발')는 어떤 행함을 지시하고 있는데, 이 행함은 모든 의사소통 참가자들(생산자를 포함하여)[212]의 제휴적인 협력이 이루어질 때 비로소 성공적으로 실현될 수 있으며, 이해력 뿐 아니라 개인적인 노력도 요구하는 그런 행위이다. 이에 적합한 모형은 논증적 주제전개인데, 이의 언어적인 실현 과정에서는 설득적인 (언어적) 수단들도 사용된다(예: 분절문 [3]과 [5]의 수사적 질문, 점층법의 수사적인 문채, 단락 Ⅲ과 Ⅳ의 대구법). 위의 예시 텍스트는 이러한 수단들을 통해 한층

---

212) 생산자는 수용자와의 파트너 지향적인 관계를 형성시키고자 노력한다. 이는 생산자가 행하는 요청 뿐 아니라 생산자 자신이 발화하는 비판 속에 함께 포함시키고 있는 데에서 언어적으로 드러난다(제목, 분절문 11과 12 그리고 분절문 3과 5 참조).

더 두드러진 특성을 얻게 된다.

　마지막으로, 우리는 예시 텍스트에서 조목별로만 검토한 의사소통·화용론적인 자질과 구조적인 자질들 간의 관계를 텍스트 유형의 언어학적인 기술 문제와 관련시킴으로써 보다 일반적인 층위에서 논의하기로 한다.

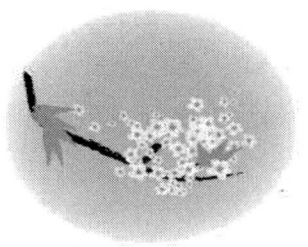

제 5 장   텍스트 유형의 분석

우리는 제2장에서 언어적인 형성체를 "텍스트"로 분류하기 위해서는 어떤 일반적인 조건들이 주어져 있어야 하느냐는 물음에서 논의를 시작하였다. 분명해진 것은 언어기호의 연속체를 텍스트화하는 문법적인 응집성과 주제적인 응집성 조건 밖에도 특히 의사소통적인 기능(텍스트 기능)이 있다는 점이다.

텍스트언어학에서는 이러한 일반적인 조건들이 - 이미 말했듯이 - '텍스트다움'의 개념 아래에서 총괄되고 있다.[213] 말하자면, 언어적인 형성체는 일정한 텍스트다움 자질들을 보여줄 때 비로소 텍스트로 간주되는 것이다.

그러나 구체적인 텍스트란 일반적인 단위로서 "텍스트"가 실현되었음을 뜻하는 것만은 아니다. 오히려 이것은 동시에 특정한 텍스트종류를 구현한 것이다. 다시 말해서, 구체적인 텍스트는 - 몇 가지 일상언어적인 텍스트종류의

---

213) 위의 제2장 각주 (18) 참조.

이름들만 나열해 보면 - 바로 TV 논평이나 신문 뉴스나 요리법이나 선전 광고이다.

텍스트 종류 - 동일한 의미로 텍스트 부류나 텍스트 유형 또는 텍스트 모형이라는 용어를 사용하기도 한다 - 는 먼저 극히 일반적으로 언어적인 의사소통의 복잡한 모형이라고 이해될 수 있는데, 복잡한 모형이란 어떤 언어 공동체 안에서 역사적 · 사회적인 발전의 흐름 속에서 의사소통의 필요성에 따라 생겨나는 것이기 때문이다. 구체적인 텍스트는 언제나 일정한 텍스트 유형의 범례로서 나타난다. 우리는 우리들의 텍스트 생산 뿐 아니라 텍스트 수용도 텍스트 유형의 틀 안에서 행해진다고 말할 수 있다. 따라서 의사소통적인 실재의 근본적인 의미는 마땅히 텍스트 유형의 몫이다.

이에 따라서 텍스트언어학에서는 일반적으로 "텍스트"라는 단위의 연구를 훨씬 넘어서는 상대적으로 폭넓은 과제가 설정되고 있다. 텍스트언어학의 과제는, 사회적으로 적합한 텍스트 유형들을 탐구하여 이들의 구성적인 자질들을 기술하는 일이다.[214] 이 때 중요한 것은 물론 조목별로 다루어진 연구 과제이다. 지금까지는 텍스트 유형의 문제를 다룬 극히 상이한 일련의 연구 업적들만 있는 실정이다.[215] 텍스트언어학은 완결되고 일치된 텍스트 유형학을 설정하기에는 아직 요원한 수준에 있다.

다만 이른바 문학적인 소통의 일부를 이루는, (독일의 경우) 18세기로 소급되는 문학적인 장르론은 텍스트 분류의 밑거름이 되고 있다. 이 장르이론은 세 가지 문학 양식(이른바 거시장르)인 시, 소설, 드라마에서 출발하여 이 영역 안에서 형식적인 자질과 내용적인 자질들에 의거하여 협의의 일련의 장르들이

---

214) 이 두 가지 질문 목록은 서로 밀접한 관련이 있다. 우리는 텍스트의 텍스트다움을 명확히 기술하기 위해서는 구체적인 텍스트들의 텍스트 유형 소속 관계를 명확하게 규정해 줄 수 있는 텍스트 유형학(Texttypologie)이 전제되어야 한다고 말할 수 있다. 왜냐하면, 결국 이러한 바탕 위에서만 텍스트유형 고유의 자질들이 일반적인, 다시 말해서 모든 텍스트 유형에 공통적인 특성들과 구별될 수 있기 때문이다. 귈리히와 라이블레(Gulich/Raible, 1975,147), 에르머트(Ermert, 1979,27), 딤터(Dimter, 1981,2) 참조.

215) 이를테면, 글린츠(Glinz, 1971), 귈리히와 라이블레(Gulich/Raible, 1972), 슈테거 외(Steger et al., 1974), 귈리히와 라이블레(Gulich/Raible, 1975), 베얼리히(Werlich, 1975), 잔디히(Sandig, 1978), 치머만(Zimmermann, 1978), 프리어(Frier, 1979), 마르푸르트(Marfurt, 1980), 슈테거(Steger, 1983), 잔디히(Sandig, 1983), 이젠베르크(Isenberg, 1984), 프랑케(Franke, 1987), 프랑케(Franke, 1991), 롤프(Rolf, 1993) 등이 중요하다.

구분되고 있는데, 예를 들면, 소설의 영역에서는 장편, 단편[216], 중편, 우화 등
으로, 시의 영역에서는 가요, 송가, 찬가, 소네트, 발라드 등으로, 드라마의 영
역에서는 비극, 희극, 교훈극, 익살극 등으로 구분되고 있다. 물론 장르론이 문
예학 안에서도 논란의 여지가 없는 것은 아니다. 이미 주어진 정의들은 대개
일반적인 의미로 받아들여지지 않고 있을 뿐 아니라, 불명확한 경우도 드물지
않기 때문이다. 명확한 구분 기준은 아직 없다. 또한 구체적인 텍스트를 정해
진 장르에 편입시키는 작업도 문제의 여지가 있는 경우가 흔하다. 우리는 이
입문의 틀 안에서는 이 점에 대하여 더 이상 논의하지 않겠다.[217] 그러나 분
명한 것은 일반 텍스트유형론은 문학적 장르들을 함께 포괄해야 한다는 점이
다. 그럼에도 일시적인 연구 상태로는 이에 대한 더 정확한 답변을 주기 어렵
다. 그래서 여기에서도 논의의 대상을 비문학적 텍스트, 이른바 실용 텍스트에
한정시키겠다.[218]

이제 어떤 자질들이 텍스트 유형의 분류에 중요하다고 간주될 수 있느냐
는 질문이 생긴다.

이젠베르크에 따르면, 적합한 텍스트 유형학을 구축하기 위한 본질적인 전
제조건은 통일된 "유형화의 토대"를 설정하는 일이다. 지금까지 제안된 텍스
트 유형 분류 안에 대한 이젠베르크의 비판은 바탕이 된 각 분석 범주들이 아
직 너무 이질적이라는 점이다. 그래서 "임의의 다른 자질 조합들뿐 아니라 응
용 가능한 자질 조합들에 비해 그때그때 어울리는 자질들을 선택하게 된 이유
가 증명될 수 있을 만한"[219] 그 어떤 기준이 전혀 인식될 수 없다는 지적이다.

이러한 비판은 절대적으로 맞는 말이다. 그러나 유형화의 토대가 동질적일
뿐 아니라 수용 가능하여야 한다는, 다시 말해서, 언어 참여자의 직관적인 텍
스트 유형 지식을 뒷받침하는, 적어도 이 지식과 모순되지 않는 구분에 이르
러야 한다는 점이 보완되어야 할 것이다. 즉, 학문의 "이론적인" 텍스트 유형

---

216)* 여기서는 'Erzählung'을 편의상 단편으로 번역하기는 하였지만, 문학에서는 서사체로
　　쓰인 모든 이야기(story, tale)를 지칭하기도 한다.
217) 이에 대해서는 크납(Knapp, 1973,258ff.), 잔더스(Sanders, 1977,109ff.) 참조.
218) 위의 제2장 각주 (21) 참조.
219) 이젠베르크(Isenberg, 1978,565ff.)(인용 571쪽).

들이 일상 세계의 "직관적인" 텍스트 유형들과 동떨어진 관계에 있다면, 이 영역에서의 언어학적인 연구는 경험적으로 적절하지 못하게 될 위험이 있다.

때문에 일상언어에서는 어떤 텍스트 유형들이 나타나고 있으며 어떤 기준들이 일상언어적인 텍스트 유형 연구의 바탕을 이루고 있느냐는 점, 간단히 말해서 어떤 자질들을 통하여 일상언어적인 텍스트 유형 개념들, 이른바 일상 개념들이 정의되고 있느냐는 점을 기초로 하여 일상언어 자체를 연구하는 일이 적절하다.[220]

이러한 일상 개념들은 언어학적인 텍스트유형론의 출발점이자 관련 토대로 간주될 수 있다. 물론 우리는 텍스트 유형에 관한 일상언어적인 개념들을 - 학문적인 텍스트 분류를 풍요롭게 해주는 바탕을 형성할 수 있도록 - 먼저 명확하게 설명하여, 기본적인 기준들을 언어이론적으로 해석해야 할 것인데, 다시 말해서 체계적인 방식으로 텍스트언어학적인 기술 모델과 관련지을 필요가 있다.[221]

이러한 노력에 따라 다음 장의 뼈대가 밝혀진다. 먼저 텍스트 유형의 개념을 일상언어적인 관점에서 뿐 아니라 언어학적인 관점에서 논의하여 보겠다. 다음으로 - 우리가 습득한 텍스트 기능과 텍스트 구조의 언어이론적인 구분을 배경으로 하여 - 텍스트 유형 분류의 기본 기준들을 발전시켜 몇 가지 예를 통하여 설명해 보겠다.

5.2   일상언어에서의 텍스트 유형

우리들의 의사소통적인 실제에서 통용되는 텍스트 유형의 기본적인 의미는 이미 일상 세계에는 텍스트 유형을 뜻하는 많은 명칭들이 존재하고 있다는

---

220) 이에 대해서는 딤터(Dimter, 1981), 귈리히(Gulich, 1986) 참조.
221) 딤터(Dimter, 1981,31)도 참조.

사실에서 읽을 수 있다. 딤터는 두덴 사전 시리즈의 1973년 판 정서법 사전에서 1,600개 이상의 텍스트 유형 명칭들을 가려내어서, 그 가운데 "겨우" 약 500개의 명칭을 "기본적인" 것으로 간주할 수 있는 것으로, 나머지 명칭들은 "파생된" 것으로 특성화할 수 있다고 보았다. 이와 관련해서 흔히 나타나는 명칭들은 합성어들이다. '기본적인' 것이라고 생각되는 것은 이를테면 '보고'이다. 기행문[222]), 작업 보고서, 결과 보고서 따위는 보고의 파생형들로 간주된다.[223])

일상언어적인 텍스트 분류는 - 딤터가 수행한 것처럼 - 매우 광범위할 뿐 아니라 다층적이어서, 아주 미세한 구분을 할 수 있도록 해준다(예: 날씨보고 - 여행 날씨보고 - 행글라이더 날씨보고). 더욱이 이러한 텍스트 분류는 의사소통적으로 필요할 경우에는 얼마든지 확장될 수 있을 것이다(예: 문자 다중 방송, (데이터 통신에 의한) 영상 정보 방송).[224])

일상언어적인 텍스트 유형 개념의 바탕을 이루는 핵심적인 자질들에 근거하여, 딤터는 결정적인 기준들이 본질적으로 의사소통 상황, 텍스트 기능, 텍스트 내용의 세 가지 범주에 속한다는 결론에 이른다.[225]) 몇 가지 예를 통하여 이 범주들을 설명하여 보겠다.

- 사용법, 주문서, 논평, 뉴스, 서약서 따위의 텍스트 유형 개념과 관련하여 우리는 이들이 결정적으로 텍스트의 의사소통적 기능, 곧 텍스트 기능을 통하여 정의되고 있음을 알게 된다. 생산자는 수용자로 하여금 특정한 행위를 행하도록 하고 싶어하며('사용법', '주문서'), 특정한 입장이나 태도를 얻도록 하고 싶어한다('논평'). 아니면, 생산자는 일정한 사태, 곧 특정한 사건을 제보하거나('뉴스'), 책임의 양도를 명시하고 싶어한다('서약서').
- "텍스트 내용"의 자질은 다음과 같은 텍스트 유형의 명칭들에서 특징적이다: 날씨보고, 기행문(여행보고), 스포츠보고, 결혼 증서, 결혼광고, 요

---

222)* 우리에게는 '기행문', '여행기', '여행담', '탐방기' 등의 명칭들이 두루 사용되고 있다.
223) 딤터(Dimter, 1981,33f.) 참조.
224) 딤터(Dimter, 1981,30).
225) 딤터(Dimter, 1981,35)와 3, 4, 5장 참조.

리법, 처방전 등. 이 명칭들은 첫째 구성성분에서 특정한 생활 영역이나 세상 내용을 주제화하고 있다. 그리고 둘째 부분은 텍스트 기능을 제시해 주고 있다.

이 개념들을 더 정확히 분석해 보면, 둘째 구성성분이 첫째 부분을 지배하고 있음을 알게 된다. 다시 말해서 주제('날씨', '의사', '스포츠', '결혼', '여행' 등)는 텍스트 기능을 통해 정해진 텍스트 유형들('보고', '증서', '광고' 등)을 세분시키거나 하위 분류시키는 데 이용되고 있다. 예를 들어 '결혼광고'와 '출생광고' 같은 텍스트 유형들은 서로 다른 주제를 가지기는 하지만, 중요한 것은 이 두 가지 텍스트 유형들이 특정한 사건을 대규모 구성원에게 알리는 일에 이들의 의사소통적 기능의 본질이 있는 광고의 부류에 속한다는 점이다. 이에 반해서 텍스트 유형 '출생광고'와 '출생증서(호적등본)'는 주제가 동일하기는 하지만 서로 다른 부류에 속한다. 왜냐하면 '증서(초본)'는 관청의 출생 증명서로서 '광고'와는 전혀 다른 행위 의미를 가질 뿐 아니라 전혀 다른 사회적인 진가를 가지기 때문이다.

• 끝으로 일차적으로 의사소통 상황과 관련된 일련의 명칭들이 있다. 예를 들어, 대면 대화, 편지, 전화 대화, 라디오 방송, 텔레비전 방송, 전보, 신문기사, 서적 등이 이에 해당된다. 그래서 상황 자질인 "의사소통 파트너들간의 시간적·공간적인 접촉"은 직접 대화(시간적, 공간적으로 직접적인), 전화 대화(시간적으로는 직접적이지만, 공간적으로는 분리된), 편지(시간적, 공간적으로 분리된)를 서로 구분하기에 적합하다. 그 밖의 기준들로는 텍스트를 중개하기 위하여 설정된 기술 매체들(라디오, 텔레비전, 전화 등)이 있다. 순수 상황적 표현과 매체적으로 정의된 표현들의 특징은 이 표현들이 *Fernsehnachricht* (텔레비전 뉴스), *Zeitungsnachricht* (신문 뉴스), *Mahnbrief* (경고 편지), *Kontaktbrief* (교제 편지), *Ansichtskarte* (그림 카드), *Gruβtelegramm* (문안 전보) 등과 같이 흔히 기능 명칭이나 내용 명칭과 결합하여, 텍스트 유형들을 지정해 줄 수 있다는 점이다.

특이한 것은 일상언어의 텍스트 유형 명칭들이 순수 언어적인(이를테면, 문

법적인) 자질들을 보여주지 않는다는 점이다. 그러나 이로부터 협의의 언어적
인 형성체가 텍스트 유형을 일상언어적으로 규정짓기에 무의미하다는 결론을
이끌어 내기에는 무리가 있다. 오히려 우리는 무수한 시험을 거쳐, 문법적인
구조들이 여러 텍스트들을 하나의 텍스트 유형에 편입시키는 데 커다란 역할
을 한다는 점을 알 수 있다.[226]

　　이런 의미가 텍스트 유형의 명칭에 반영되지 않고 있는 점은 의사소통적
실재에서 언어적인 형태와 구조를 "후원해 주는" 역할을 떠맡는 사실, 곧 언
어 구조가 의사소통적인 내용과 목표의 버팀목 구조로서 기능을 한다는 사실
에서 입증되고 있다.

　　우리는 일상언어의 텍스트 유형들이 주로 기능적, 주제적, 상황적인 자질
들을 통하여 정의되었다는 입장을 견지하였다. 이 때 텍스트 기능은 의사소통
양식을 규정짓는다는 점에서 지배적인 역할을 담당한다. 주제는 명세적인 의
미를 가질 뿐이다.[227] 그리고 상황은 의사소통적인 접촉이 실현되는 틀을 제
시해준다.

5.3 텍스트 유형의 언어학적인 개념

　　텍스트 유형의 문제는 텍스트언어학에서는 텍스트다움 조건들의 서술 정
도에 걸맞게 집중적으로 다루어지지 못했다. 이미 암시하였듯이, 텍스트 유형
론에 관한 일련의 논문들이 있기는 하였지만, 아직 폭넓은 자료들을 바탕으로

---

226) 딤터(Dimter, 1981,123ff.)는 정보 제공자들에게 모든 유의적(有意的) 단위들이 독일어
　　에서는 무의미한 단위들로 대치된 텍스트들임을 지적하였다. 그 결과, 딤터는 텍스트
　　들을 해당 텍스트 유형에 편입시키기 위해서는 일반적으로 (적어도 부음(사망 광고),
　　날씨 보고, 유언, 놀이규칙, 요리법, 계약 등과 같이 구조적으로 현저히 규범화된 텍
　　스트 유형에서는) 문법적인 구조만으로도 충분하다는 결론을 얻었다.
227) 딤터(Dimter, 1981,103)도 참조.

하여 검토된 것이 아니었다. 또한 지금까지 텍스트 유형들을 비교적 정확히 기술한 예는 극소수에 불과하다(예: 날씨보고, 요리법, 뉴스, 운세, 위트, 교제 광고, 편지 유형).228)

텍스트 유형론에 관한 언어학적인 논문들을 정리해 보면, 그 결과는 우리가 제2장에서 텍스트언어학의 연구 상황에 관하여 총체적으로 기술한 모습과 대개 일치한다.

언어학적 텍스트 유형론에서도 우리는 - 넓게 보아 - 두 가지 주된 연구 방향을 구분할 수 있다.229)

(a) 언어 체계 지향적인 연구 방향: 여기서는 구조적인, 곧 문법적인 자질들(예: 문장들의 대명사적 연결 형태, 직시적인 요소들의 사용 형태, 시제의 배분 형태)에 근거하여 텍스트 유형을 기술하고 분류하려는 시도가 수행된다.230)

(b) 의사소통 지향적인 연구 방향: 상황적인 국면과 의사소통 · 기능적인 국면들에 근거하여 텍스트 유형의 문제점을 해결하고자 한다.231)

언어 체계 지향적인, 곧 구조주의적인 연구는 더욱 정밀한 텍스트 유형 특유의 구분을 위한 근거를 세우지 못했다. 문법적인 자질들에 근거하여 제안한 학술 텍스트와 비 학술 텍스트 식의 분류는 별로 융통성이 없다. 이에 반해, 의사소통 지향적인 연구 방향이나 행위이론 지향적인 연구 방향은 훨씬 더 설득력이 있는 것 같다. 이 방향은 한층 더 우리들의 직관적인 (일상언어적인) 텍

---

228) 예를 들면, 잔디히(Sandig, 1970;1978: 날씨보고, 요리법, 운세), 슈톨트(Stolt, 1976: 결혼광고), 마르푸르트(Marfurt, 1977; 1978: 위트, 교제광고), 에르머트(Ermert, 1979: 편지유형), 뤼거(Luger, 1983: 언론 텍스트유형), 부허(Bucher, 1986: 신문소통), 부르거(Burger, 1990: 미디어 텍스트유형), 슐트(Schuldt, 1991: 약제의 동봉 물표), 클라인(Klein, 1991: 정치적인 텍스트유형) 등이 있다.

229) 이에 대한 간단한 개관적인 서술로는 에르머트(Ermert, 1979,27ff.) 참조.

230) 하르베크(Harweg, 1968;1968a;1968b), 바인리히(Weinrich, 1972) 등.

231) 예: 글린츠(Glinz, 1971), 슈테거 외(Steger et al., 1974), 귈리히와 라이블레(Gulich/Raible, 1975), 그로세(Große, 1976), 잔디히(Sandig, 1978), 에르머트(Ermert, 1979) 등.

스트 유형 지식과도 일치하기 때문이다.

행위이론적인 관점에서는 다음과 같은 텍스트 유형의 정의에 근거할 수 있다.[232]

텍스트 유형은 규약적으로 타당한 복합적인 언어적 행위 모형이며, 맥락적(상황적), 의사소통·기능적, 구조적인(문법적이고 주제적인) 자질들의 전형적인 결합체라고 볼 수 있다. 텍스트 유형은 언어 공동체에서 역사적으로 발전해 왔으며, 언어 참가자의 일상지식에 속한다. 그래서 텍스트 유형은 규범적인 효과를 갖기는 하지만, 동시에 의사소통 참여자들에게 텍스트의 생산과 수용을 위하여 어느 정도 고정된 지침을 주기 때문에 의사소통적인 교제를 편하게 해준다.

날씨보고, 요리법, 계약, 부음, 유언 따위의 현저하게 규범화된 텍스트 유형들이 언어적인 구성에 이르기까지 광범위하게 미리 만들어진 형태로 나타나는 데 비하면, 선전 광고, 신문 논평, 통속 과학적인 텍스트 따위의 다른 텍스트 유형에서는, 특히 구조적인 관점에서 보면, 극히 다양하게 실현될 수 있는 가능성이 있다. 물론 이 때 개인적인 텍스트 구성적인 놀이공간들은 문제가 되지 않는다. 오히려 이러한 텍스트 유형들은 마찬가지로 규약화된, 관련 텍스트 유형들의 하위 유형들이라고 부를 수 있는 다양한 전형들과 변이형들에서 나타난다.[233]

텍스트유형학 분야의 연구 업적의 축적이 아직 보잘것없는 실정에 있기 때문에, 각각의 구체적인 텍스트에서 해당하는 텍스트 유형에 전형적인 자질들을 텍스트다움의 (일반적인) 조건들 및 개인적인(저자 특유의) 특성들과 엄격하게 구분하기가 불가능하다.

그래서 아래에서 소개한 텍스트 유형 분류의 기준에 관한 계층구조도 텍스트 유형 특유의 분석을 위한 최초의 지침 골격을 줄 수 있을 것이다.

---

232) 에르머트(Ermert, 1979,41ff.), 잔디히(Sandig, 1978,69f.)도 참조.
233) 정치 논평에 나타난 규약적인 문체와 개인적인 논리 공간간의 관계에 대해서는 잔디히(Sandig, 1978,156ff.)참조.

5.4 분류 기준들

5.4.1 기본 기준으로서의 텍스트 기능

위에서 살펴본 행위이론적인 텍스트 유형 개념에 기대어 우리는 텍스트 기능을 텍스트 유형 분류의 기본 기준이라고 생각하였다.234) 이 기준은 - 언어이론적으로 보면 - 충분한 것으로 입증된 것 같은데, 이는 우리들의 일상언어적인 텍스트 분류와 눈에 띌 정도로 맞아떨어진다.235)

이 기준을 적용하면, 다음과 같은 5가지 텍스트 부류를 구분해 낼 수 있다.

- 제보 텍스트 : 뉴스, 보도, 넌픽션, 서평, …
- 호소 텍스트 : 선전 광고, 논평, 법규, 신청, …
- 책무 텍스트 : 계약, 보증서, 서약, …
- 접촉 텍스트 : 감사, 조의문, 그림카드, …
- 선언 텍스트 : 유언, 임명장, …

그러나 텍스트 기능의 기준을 적용하여 구분한 이 부류들은 아직은 범위가 매우 넓다. 왜냐하면 일상언어적인 텍스트 유형 분류의 국면에서 보면, 이들은 텍스트 유형의 부류들236)이라고 해석될 수 있기 때문이다. (협의의) 텍스트 유형에 접근할 수 있는 길은 이러한 거시 부류 안에서 (하위 부류로) 계속 구분해 나감으로써 가능하다. 이제 필요한 동질성(앞의 5.1절 참조)이 훼손되지

---

234) 브링커(Brinker, 1983,144ff.)도 참조.

235) 딤터(Dimter, 1981,116)에 따르면, 조사한 일상언어적인 텍스트 유형 개념의 80% 이상이 "텍스트 기능에 관한 정보"를 포함하고 있다.

236) 귈리히와 라이블레(Gulich/Raible, 1975,169)도 텍스트 유형의 부류와 텍스트 유형을 다른 기준들에 근거하여 서로 구분하고 있다. 그로세(Große, 1976,115)는 "텍스트부류"(하나의 기능이 지배하는 모든 텍스트 범례를 지칭하는 용어)라는 말을 사용한다.

않는 상태에서 하위 분류에 사용될 수 있는 기준으로는 어떤 것들이 있을까?

우리가 제시한 기술 모델로부터 우리는 기본 기준인 "텍스트 기능"과 밀접한 관계를 맺고 있는 두 가지 기준 그룹을 유도해 낼 수 있는데, 부분적으로 이미 다룬 바 있다.

두 가지 기준 그룹이란 바로 맥락적인(상황적인) 자질과 구조적인 자질, 특히 주제적인 자질이다.

다음으로 이 기준들의 도움으로 텍스트 유형들이 서로 구분될 수 있는데, 이들의 의사소통적 기능에 따라 동일한 텍스트 유형 부류에 편입된다(예: 호소적 텍스트 유형 "선전 광고"와 "처방전").

5.4.2 맥락적인 기준들

텍스트는 - 이미 여러 번 강조하였듯이 - 언제든지 구분 가능한 의사소통 상황 속에 들어 있다. 그래서 상황적인 요인들은 본질적으로 텍스트 구조의 형성에 영향을 미친다. 텍스트 유형론도 이러한 맥락을 고려해야 하며, 텍스트 유형을 의사소통 상황의 유형과 관련시켜야 할 것이다. 물론 이 영역에 대한 자세한 연구는 전혀 이루어지지 않았다. 그래서 우리도 아직 완성된 상황 유형론을 끌어들일 만한 처지는 아니다.

그래서 상황적인 기술 층위에서는 "의사소통 형태"와 "행위 영역"의 두 가지 분석 범주에 한정시키지 않을 수 없다.

(a) 의사소통 형태의 개념에 대하여

의사소통 상황은 텍스트를 중개하기 위하여 설정되는 매개체를 통하여 명확하게 정해진다. 우리는 기본적으로 다섯 가지 매개체를 구분할 수 있다: 대면 소통, 전화, 라디오, 텔레비전, 문자.[237) 이러한 각 매개체들은 의사소통 상

---

237) 베버(Weber, 1982,9ff.)도 참조.

황의 특수한 실상에 따라 특색을 나타내게 된다. 때문에 매개체는 의사소통 파트너들 간의 의사소통적인 접촉을 결정짓는다.

예를 들어, 대면 의사소통의 특징은 대화적인 의사소통 방향(KR), 시·공 간적인 관점에서 의사소통 참여자들 간의 직접적인 접촉(KO), 그리고 구두어 (S)인데, 매개체 "문자"와 연관된 특징은 대개 독화적인 의사소통 방향, 의사소 통 파트너들 간의 시·공간적인 분리, 그리고 문자어이다.

그러므로 개별적인 매개체들의 독특한 상황적인 자질들은 의사소통의 상 이한 방식이나 형태들을 정당화한다.[238]

가장 중요한 의사소통 방식이나 형태들로는 다음을 들 수 있다.

의사소통방식	의사소통 방향	의사소통 참여자들의 시·공간적 접촉	구두어
직접 대화 (대면소통)	대화적	음성적이고 시각적이며, 시·공간적으로 직접적인	구두적
전화 대화	대화적	음성적, 시간적으로 직접적이며, 공간적으로 분리된	
라디오 방송	독화적	음성적·시간적으로 직접적(생방송시)이거나 공간적으로 분리된(기록물일 경우)	
텔레비전 방송	독화적	음성적이고 시각적이며, 시간적으로 직접적 이거나 (라디오 방송시) 공간적으로 분리된	구두적/ 문자적
편지	독화적	시·공간적으로 분리된	문자적
신문기사/서적	독화적	시·공간적으로 분리된	문자적

이 의사소통 형태들의 특징은 이들이 - 텍스트 유형과는 달리 - 상황적, 매 체적인 자질들에 의해서만 정의되었다는, 곧 의사소통·기능적인 관점에서 확 정된 것이 아니라는 점이다.

우리는 이 점을 의사소통 형태 "편지"의 예에서 명시적으로 설명할 수 있

---

238) 의사소통 형태의 개념에 대해서는 에르머트(Ermert, 1979,59ff.) 참조. 저자는 여기에 서 다양한 의사소통 형태들의 차이점과 공통점에 관한 자세한 개관을 주고 있다.

다. 예를 들어 '편지'의 의사소통 형태는 호소형 편지(경고 편지, 부탁 편지, 공
개장, (주교) 교서 등), 제보형 편지(상용 편지, 사적인 전달 편지 형태 외에도 문
학적 편지) 접촉 편지(축하 편지, 조위 편지, 연애 편지 등)로 구분된다.

말하자면, 의사소통 형태는 다(多)기능적이다. 텍스트 유형들은 우리들의
정의에 따르면 언제나 일정한(지배적인) 의사소통 기능(텍스트 기능)과 접목되
어 있다.

의사소통 형태가 텍스트 구조를 얼마나 강도 높게 결정짓는지는 광고 선
전, 라디오 선전, 텔레비전 선전, 포스터 광고의 대립 관계나 직접 상담 대화,
전화 상담, 서면 상담역의 대립 관계를 통하여 분명해질 수 있을 것이다.

때문에 텍스트 유형들을 의사소통 형태의 테두리 안에서 구분하는 작업은
의미가 있다.

(b) 행위 영역의 개념에 대하여

텍스트 유형의 틀을 형성하는 의사소통 상황은 특유의 행위 규범과 평가
규범이 적용되는 일정한 사회적인 영역에 편입되는데, 이를테면 일상 세계, 학
문 세계, 법률 세계, 예술 세계, 종교 세계가 그런 영역이다.[239] 이 영역들은
물론 내용적인 관점에서는 (특히 이 영역들이 각각 구성적인(본질적인) 규칙과
사회적인 규범들과 관련하여) 더 세분되어야 할 것이다. 그러나 이러한 세분화
작업은 이 분야의 현재의 연구 상태로는 거의 불가능하다.

그래서 우리는 이 영역들을 내용적으로 규정하지 않고, 의사소통 파트너들
간의 역할 관계의 방식에 중점을 두고 사적, 공적, 공공적인 세 가지 행위 영
역으로 구분하기로 한다.[240]

사적인 영역의 특징은 생산자와 수용자가 사적인 역할에서, 곧 개인으로서
(가족 구성원, 친구 등으로서) 서로 의사소통을 한다는 점이다.

공적인 영역에서는 의사소통 참가자들이 공적인 기능(역할)을 하는 인물로

---

239) 귈리히와 라이블레(Gulich/Raible, 1975,152)의 "의사소통 과정의 유형"도 참조.
240) 이에 대해서는 에르머트(Ermert, 1979,75f.) 참조. 에르머트는 물론 사적, 공적인 행위
    영역만을 구분하고 있다.

서, 곧 무역 파트너, 회사, 관청으로서, 말하자면 본질적으로 직원과 공공 기관
에 대립하는 인물로 나타난다. 현행의 행동 규칙과 통용 규칙은 공적인 영역
에서는 사적인 영역에서보다 훨씬 강한 구속성을 가진다.

"공적"이란 표현에는 이미 논의한 "구속적" 자질이 포함될 수 있는데, 이
자질은 상황 범주 "행위 영역" 안에서는 텍스트 유형의 중요한 분류 자질임을
뜻한다. 이에 대한 근거로, 일상언어에서는 호소적인 기본 기능을 가진 텍스트
영역에서 구속적인 텍스트와 비 구속적인 텍스트를 나타내는 다양한 명칭들을
들 수 있다(예: 훈령, 지령, 주문, 법규 대 지침, 제안, 안내 등).

공공적인 영역은 사적인 영역과 대비된다. 이것은 (법률, 재판 따위에서는)
공적인 영역과 겹쳐지기도 한다. 우리는 "공공적"이란 용어를 특히 신문, 라디
오, 텔레비전과 같은 매스 커뮤니케이션의 매개체와 연결시키고 있다.

행위 영역을 "사적", "공적", "공공적"이라는 범주로 분류한 것은 아직은
조잡할 따름이다. 그러나 이 분류는 영역 특유의 언어적인 모형과 의사소통적
인 모형들(개개의 전형적인 형성체에 이르기까지)이 형성된다는 점에서 텍스트
유형을 규정하는 데 매우 중요하다. 그러므로 이 영역들에는 특히 모범적인
텍스트 유형들이 있는데, 사적인 행위 영역의 경우에는 그림 카드나 다양한
형태의 개인 편지, 공적인 영역의 경우에는 법규, 판결, 법령 등이 공공적인
영역의 경우에는 뉴스, 논평, 광고 등이 그러하다.

행위 영역들이 텍스트 구조의 형성에도 막대한 영향을 미친다는 사실은
개인 편지의 언어 구성과 주제 구성에서, 그리고 상용 편지나 관청 편지의 이
러한 구성 면에서 많은 차이가 나타난다는 점에서 분명해진다.

예를 들어보자.

(1) 텍스트 유형: 연애 편지(괴테가 1792년 9월 10일 크리스티아네 불피우스
    (Christiane Vulpius)에게 보낸 편지); 행위 영역: "사적"(수용자는 친한 사
    이이다 - 인사말이 "Du [너]"로 시작한다.)

Behalte mich ja lieb! denn ich manchmal in Gedanken eifersüchtig und stelle mir vor: daß dir ein andrer besser gefallen konnte, weil ich viele Manner hubscher und angenehmer finde als mich selbst. Das mußt du aber nicht sehen, sondern du mußt mich für den besten halten, weil ich dich ganz entsetzlich lieb habe und mir außer dir nichts gefallt. Ich träume oft von mir, allerlei konfuses Zeug, doch immer, daß wir uns lieb haben. Und dabei mag es bleiben.

<인용 : 괴테의 서간문들(Goethes Briefe) 제2권(1964), 154쪽부터>

나를 계속 사랑해 주오! 때때로 나의 사고에는 질투로 가득 차서, 많은 남정내들이 나보다 더 멋지고 호감이 간다고 여겨, 다른 이가 당신을 사로잡을 지도 모른다는 생각뿐이라오. 그러나 이것을 당신이 알 필요는 없다오. 다만 당신이 나를 최고의 남성으로 생각해 달라는 것이오. 나는 당신을 너무 너무 사랑하며, 내 마음을 사로잡고 있는 이는 오직 당신뿐이기 때문이오. 나는 가끔 나에 관해 여러 가지로 뒤죽박죽된 하찮은 일에 관한 꿈을, 아니 언제나 우리가 서로 사랑하고 있다는 꿈을 꾼다오. 게다가 그 순간을 간직하고 싶다오.

(2) 텍스트 유형: 상용 편지(더 정확히 말하면: 소송의 길을 암시하는 경고 편지); 행위 영역: "공적")

In den nächsten Tagen wollen wir unseren geplanten Auslandsaufenthalt antreten. Deshalb erwarten wir Ihre Überweisung bis spätestens 10.12. Wenn das Geld bis dahin nicht eingetroffen ist, werden wir die Angelegenheit unserem Rechtsanwalt übergeben. Wir sind jedoch sicher, daß es nicht soweit kommen wird.

<인용 : 루버스(B.Lubbers)의 『Persönliche und geschaftliche Briefe im Privatleben』(제5 판)(1982), 235쪽>

다음 며칠 동안 우리는 우리가 계획한 대로 외국에서 체류하고 싶습니다. 때문에 우리는 늦어도 12월 10일까지 당신의 전속증서(轉屬證書)를 기다리겠습니다. 수수료가 그때까지 도착하지 않으면, 업무를 우리 변호사에게 맡기겠습니다. 하지만 그렇게 오래 걸리지 않을 것으로 확신합니다.

5.4.3 구조적인 기준들

구조적인 관점에서 우리는 특히 주제 범주인 "텍스트 주제"와 "주제전개의 형태"를 텍스트 분류의 기본이라고 보았다. 이 점을 간단히 설명하겠다.

기준 1 텍스트 주제의 종류

텍스트 주제의 종류에 대하여 논의한다는 말이 곧 어떤 텍스트 유형의 틀 안에서 가능한 모든 주제들의 목록화 작업을 염두에 두었다는 뜻은 아니다. 이런 식으로 설정한다면 우리는 "한 사회의 전반적인 '의사소통 세계'를 하나의 주제 사전 안에서"[241] 파악할 수 있는 결과를 얻게 될 것이다. 그러나 이런 작업은 이루어질 수도 없고 필요한 것도 아니다. 확실한 주제상의 제약성을 제시하는 것으로 충분할 것이다. 이러한 제약성들이 어떻게 하나 하나씩 공식화될 수 있는지는 아직 더 연구되어야 할 것이다(이에 대한 논의로 3.5절 참조). 이 자리에서는 에르머트가 편지 유형을 주제적으로 분류하기 위하여 사용한 바 있는,[242] 텍스트 유형의 분류에도 중요한 두 가지 일반적인 국면들을 제시하겠다.

- 발화 시점에 맞추어 주제를 시간적으로 고착시킴("시간적인 방향 설정", 예: 전시적, 동시적, 후시적).
  예: 텍스트 유형 "뉴스", "보고서(의정서)", "별점(운세(運勢))"는 모두 제보적인 텍스트 유형의 부류에 속한다. 그러나 이들은 주제를 시간적으로 다양하게 방향 설정한 특징이 있다(전시적 대 동시적 대 후시적).

- 생산자 및 수용자와 주제와의 관계("처소적인 방향 설정", 다시 말하면: 주제 = 생산자; 주제 = 수용자; 주제 = 의사소통 파트너를 제외한 것)

---

241) 에르머트(Ermert, 1979,82).
242) 에르머트(Ermert, 1979,81f.). 딤터(Dimter, 1981,96ff.)도 참조.

예: 텍스트 유형 "선전 광고", "구직 광고", "신문 논평"은 호소적인 텍
스트 유형의 부류에 속한다. 그러나 이들은 주제의 처소적인 방향 설정
에 따라 분류된다. 선전 광고는 생산자의 생산품(상품)을 제공한다(주제
= 생산자), 구직 광고에서는 광고의 수취인이기도 한 인물을 찾는다(주
제 = 수용자). 신문 논평은 일차적으로 정치적, 사회적으로 의미있는 시
의적인 주제와 관련이 있다(주제 = 의사소통 파트너를 제외한 것).

기준 2 주제전개의 형태

이 자질은 이미 3.5절에서 자세히 논의되었다. 3.5절에서 우리는 기술형,
서사형, 설명형, 호소형 주제전개를 서로 구분하였다. 기술적인 주제전개의 예
에서 우리는 주제의 종류와 이 주제의 전개 가능성들이 부분적으로 서로 밀접
한 관계에 있음을 분명히 하였다. 그러나 이러한 관계에 관하여 알려진 것은
아직 거의 없다.

이런 사실은 주제전개와 텍스트 기능의 기본형들과의 결속 관계에도 적용
된다. 우리는 이 관계에서는 1:1 관계가 성립하지 않는다고 단정할 수 있다.
논의된 방법들은 아주 다양한 텍스트 유형 부류들에서 사용되고 있는데, 물론
상이한 비중을 두고 적용되고 있다. 기술형 주제전개의 차원은 제보적인 텍스
트 유형 "뉴스"와 "보고"이며, 설명형 주제전개의 차원은 제보적인 텍스트 유
형 "학습 교재"와 "학술 텍스트"이며, 논증형 주제전개의 차원은 호소적인 텍
스트 유형 "논평"과 "광고 텍스트와 홍보 텍스트"이다. 이런 텍스트 유형들에
서는 - 이미 논의되었듯이 - 다른 전개 형태들이 더 실현될 수 있기는 하지만,
중요한 것은 지배적인 형태이다. 그러므로 이 지배적인 형태는 일차적으로 주
제적인 텍스트 구조를 결정짓는다.

텍스트 기능과 주제전개 형태 사이에서도 1:1 관계가 성립하지 않는다면,
양립성의 정도를 구분할 필요가 있다. 예를 들어 제보적 텍스트 유형 "뉴스"
와 "보고"는 논증적인 구조와 결합하는 경우가 거의 없다.

끝으로 텍스트 유형의 분류를 위해 중요한 것은 주제전개의 기본 형태들
이 텍스트 유형들에서 실현되는 방식이다. 우리는 각 기본 형태를 위하여 정

해진(규약화된) 실현 형태들이 있다고 전제하기로 한다. 물론 어떤 실현 형태들이 설정될 수 있고, 이들이 개별적으로는 어떻게 기술될 수 있을 것인지는 아직 폭넓게 밝혀지지는 않았다.[243] 우리는 실현 형태들을 생산자의 주제 입장에 근거하여 특성화할 것을 제안하기로 한다(위의 4.3.2절의 (2) 참조). 그러면 우리는 기술형 주제전개의 영역 안에서 "사실 강조형" 실현 형태와 "의견 강조형" 실현 형태(신문 뉴스 대 서평)를 서로 구별하거나, 아니면 논증형 주제전개의 영역 안에서 "권유적-설득형" 모형과 "합리적-설득형" 모형의 실현 형태를 서로 구분할 수 있다(예: 광고 선전 대 신문 논평).[244] 기본형의 실현은 일차적으로 의사소통 기능적인 요인과 상황적인 요인들로부터 제약받기 때문에, 분석 범주인 "실현 형태"는 독특한 방식으로 언어학적 텍스트 분석의 구조주의적인 국면과 의사소통·화용론적인 국면을 접목시키기에 적합하다.

이 장에서는 이러한 암시만으로 만족하겠다. 텍스트언어학은 이러한 관계들을 규칙에 따라 파악할 수 있기에는 아직 너무나 미약한 발전 단계에 있다.

5.4.4 기준들의 계층화

이미 암시하였듯이, 우리는 여러 기준들 간의 서열을 고려하여 텍스트 기능이 텍스트 유형 부류를 정의한다고 규정하였다. 반면에 어떤 부류 내의 개개의 텍스트 유형들은 "의사소통 형태"와 "행위 영역", "텍스트 주제의 종류"와 "주제전개의 형태" 등의 범주들을 통하여 경계가 그어진다. 이 기준들을 기초로 한 텍스트 유형론은 일상언어적인 텍스트 분류와 완전히 일치하지는 않지만, 적어도 전반적으로 이들과 호환성이 있는 것 같다.

끝으로 강조되어야 할 것은 위에서 제시한 기준들이 일차적으로 텍스트 유형들을 분류하는 데 이용된다는 점이다. 텍스트 유형을 서술하기 위해서는 특히 텍스트의 '언어적인' 구성과 관련된 자질들(통사론, 어휘론 등)이 고찰되

---

243) 브링커(Brinker, 1983,146) 참조.
244) 이에 상응하는 '주제 입장'에 대해서는 위의 4.4.2절과 4.4.3절 참조.

어야 한다. 제안된 기준들에 근거하여, 우리는 텍스트 유형에 구성적인 언어적 형태와 구조들의 광범위한 텍스트를 바탕으로 하여 체계적으로 연구될 수 있도록 폭넓게 적어도 실용 텍스트들의 영역을 계통적으로 정리할 수 있을 것이다. 먼저 우리는 개개의 텍스트 유형들이 양적·통계적인 방법론으로도 파악될 수 있는 일정한 어휘적, 통사적인 수단들을 어느 정도 선호한다고 전제하기로 한다.[245]

5.5 분석 단계의 예시적인 서술

텍스트 유형의 분류(구체적인 텍스트들을 하나의 텍스트 유형에 편입시키는 방법)는 서로 긴밀한 관계에 있는 아래의 각 단계들에 따라 수행될 수 있다.[246]

단계 1 : 텍스트 기능의 서술

단계 2 : 의사소통 형태와 - 흔히 이와 밀접한 관계에 있는 - 행위 영역의 서술

단계 3 : 주제 제약에 관한 서술(특히 시간적, 처소적인 방향 설정과 관련하여)

단계 4 : 기본적인 주제 모형(주제전개의 기본 형태)와 모형의 실현 방식(실현 형태)의 서술

---

245) 딤터(Dimter, 1981,34f.)도 참조.

246) 지금까지 이 책에서 발전시킨 텍스트 기능적인 기술 방법을 바탕으로 하여 다음과 같은 텍스트 영역들에 대한 텍스트 유형이 분류되었는데, 부르거(Burger, 1990)에서는 미디어의 텍스트 유형의 분류가, 비르켄마이어와 몰(Birkenmaier/Mohl, 1991)에서는 러시아어 전문어 텍스트(Fachtext) 유형의 분류가 시도되었다.

단계 5 : 텍스트 유형에 구성적인 언어적인(어휘적, 통사적인) 수단들, 경우
    에 따라 비언어적인 수단들의 서술

우리는 이러한 단계들을 아주 간결하게 텍스트 유형 "날씨보고"를 예로
들어 구체화해 보겠다.247)

단계 1 : 텍스트 유형 "날씨보고"는 제보적인 텍스트 유형의 부류에 편입
    될 수 있다. 지배적인 것은 정보 기능이다. 이것은 생산자가 수
    용자에게 현재와 미래의 사건이나 상태에 관한 지식을 전달하려
    는 데 본질이 있다. 텍스트 기능은 보통 직접적으로 표현되지 않
    는다(위의 (2)절 기준 Ⅰ 참조). 텍스트 기능을 암시하는 것으로 볼
    수 있는 것은 제목('das Wetter [⋯][날씨 ⋯]')과 알림('unser
    Wetter, das Wetter von morgen, [⋯] [우리 지방의 날씨, 내일의 날
    씨 ⋯]')이다.
단계 2 : 텍스트 유형 "날씨보고"는 다양한 의사소통 형태들에서 (신문기
    사, 라디오, 또는 텔레비전 방송으로서) 실현되며, 공공적인 행위
    영역에 속한다.
단계 3 : 주제는 이미 고착되어 있다("날씨"). 그래서 주제는 의사소통 파
    트너와는 무관한 관계에 있으며("지역적인 방향 설정"), 시간적인
    방향 설정의 국면에서는 "동시적"(기상 상태), "후시적"(날씨 전
    망)이라는 자질을 통하여 특성화된다.
단계 4 : 텍스트 유형 "날씨보고"의 토대를 이루는 것은 기술형 주제전개
    이다. 주제("날씨")는 장소와 시간을 제시하는 것으로 위치가 정
    해지며, 부분 주제 "날씨 상황"과 "날씨 예보"(계속해서 "날씨 개
    황", "기온", "이 후의 날씨 정세"로 하위 분류된다)로 세분된다.

---

247) 텍스트 유형 "날씨 보고"에 대해서는 라트(Rath, 1968), 잔디히(Sandig, 1970), 쉐르너
    (Scherner, 1973) 참조. 아래에서는 특히 잔디히(Sandig, 1970,179-184)의 논의에 기대
    고 있다.

부분 주제들의 배열 순서는 이미 정해져 있다: 자연적인 순서에
따라 날씨 예보가 보통 날씨 상황에 관한 보고의 다음에 온다.

단계 5 : 언어적·문법적인 관점에서 보면, 텍스트 유형 "날씨보고"의 특
징은 부분 주제 "날씨 상황"이 이른바 완전한 문장으로, 부분 주
제 "날씨 예보"가 생략된 문장(다양한 축약 문형에 따라)으로 실
현되고 있다는 점이다. 이와 관련하여 문법적인 응집성은 특히 2
부 "날씨 예보"에서 미약하게만 형성되고 있다.

사용된 어휘의 규모가 극히 미미한 이유는 주제상의 제약성과
무관하지 않기 때문이다. 날씨 분야의 어휘들 외에도(이 가운데
'*Luftdruckgegensatz* [기압차이], *Hoch* [고기압], *Tiefdrucksystem* [저기압계]'
등과 같은 전문 용어들을 제외하고도) 특히 장소와 시간 첨가 표
현들이 발견된다.

마지막으로 구체적인 텍스트에 근거하여 이 텍스트가 텍스트 유형 "날씨
보고"에 편입될 수 있는지 살펴보겠다.

예를 들어보자.

Hochsommer in Hamburg

[1] Nach einer Reihe von trüben Tagen ist der Sommer auch in Hamburg
zurückgekehrt. [2] Schon heute steigen die Temperaturen wieder auf 25 Grad an.
[3] Für das Wochenende sagen die Meteorologen hochsommerliches Wetter voraus.
[4] An der Küste kann vorübergehend leichte Bewölkerung aufkommen. [5] Die
neue Schönwetterperiode soll auch in der kommenden Woche anhalten.

[6] Besonders warm war es gestern in Süddeutschland. [7] Das Thermometer
kletterte auf 26 Grad. [8] Die Wetterstation auf Deutschlands höchstem Berg, der
Zugspitze, meldete bei starker Sonneneinstrahlung fünf Grad Wärme. [9] Die
Schneedecke ist hier bis auf einen etwa 35 Zentimeter hohen Rest abgetaut.

<인용 : 함부르거 아벤트블라트(Hamburger Abendblatt) 석간지, 1982.08.12.>

함부르크의 한여름
머칠간의 흐린 날이 지난 후 여름이 함부르크에도 돌아왔다. 벌써 오늘 온도가
다시 25까지 올랐다. 주말에는 한여름 날씨가 되겠다고 기상학자들이 예보하고
있다. 해변가에는 일시적이나마 성급한 주민들이 얼굴을 내밀 수 있을 것이다.
새로운 온난기후 기간이 다음 주에도 지속될 것이라고 한다.
어제는 남부 독일도 특히 더웠다. 온도계는 26도에 육박했다. 독일에서 가장 높
은 축슈피체 산(山)의 날씨 상태는 햇볕이 강하게 내리 쬘 때 5도의 따뜻함을 보
인다고 말했다. 여기서는 눈의 잔여 높이가 약 35cm까지 녹아 내렸다.

위의 텍스트는 의심할 여지없이 제보 텍스트의 부류에 속한다. 텍스트 기
능은 직접 표현되지 않았다. 그러나 생산자는 - 날씨 보고와는 달리 - 분절문
[3]과 [5]에서 명시적으로 자기가 전달하는 지식의 확신성을 한정시킴으로써
(예: '… *sagen die Meteorologen* … *voraus* [기상학자들은 … 예보하고 있다]'; '… *soll*
… *anhalten* [지속될 것이라고 한다]') 자기의 주제 입장을 피력한다.

텍스트는 신문기사로서 실현되고는 있지만, - 신문의 날씨 보고와는 달리 -
구체적인(내용과 관련된) 제목('*Hochsommer in Hamburg* [함부르크의 한여름]') 아래
에 있으며, 인쇄 방법상 나머지 텍스트와 확연히 구분된 섹션의 틀 안에서 모
습을 드러내지는 않았다.

주제전개는 기술형이다. 기본적인 주제 범주는 상황화(기상 개황)와 명세화
이다. 첫째 단락에서는 주제 "함부르크의 한여름"이 부분 주제 "기온"과 "날
씨 전망"을 통하여 명세화되고 있다. 주제적인 관점에서 보면, 텍스트 유형
"날씨보고"에서 전형적으로 실현되고 있는 (명시적, 함축적으로 실현될 수 있는)
이분법을 인식할 수 있다(날씨 상태: 분절문 [1]/[2] - 날씨 예보: 분절문 [3]/[4]).
텍스트의 둘째 단락은 물론 날씨보고의 도식에 전혀 어울리지 않는다. 여기서
는 생산자가 지나간 사건에 관하여 보고하고 있기 때문이다(남부 독일의 어제
날씨; 요점: 기온). 그러므로 이 단락은 보완적인 기능을 가진다.

언어적인 관점에서 보면, 이 텍스트는 특히 다음의 두 가지 자질 면에서
날씨 보고와 일치한다.

- 문장들이 거의 문법적으로 (이를테면 대용형, 접속사 등을 통하여) 연결되지 않았다. 텍스트 응집성은 거의 주제적으로만 조건적인 관계에 있다.
- 처소 첨가어와 시간 첨가어가 흔하게 사용되었다.

그러나 규칙적인 날씨 보고와는 달리 위의 텍스트는 전적으로 완전한 문장들로 구성되어 있다.

전체적으로 보면, 위의 예시 텍스트는 텍스트 유형 "날씨보고"의 전형적인 범례를 보여주지 않고 있다는 결론에 이른다. 이 텍스트는 - 엄밀히 말하면 - 날씨 보고가 아니라 (함부르크와 남부 독일의) 날씨에 관한 일종의 보고이므로 제보적인 텍스트 유형 부류의 다른 텍스트 유형, 이를테면 텍스트 유형 "사건보고"에 넣을 수 있다. 이런 경우 날씨 보고에 근접하기 위해서는 한층 더 엄격한(규약화된) 주제적인 연쇄 구조가 필요하다.

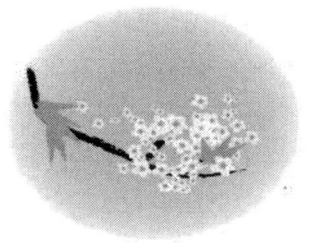

제 6 장 요 약

6.1 언어학적 텍스트 분석의 범주와 기준들에 관한 총괄적인 개관

먼저 지금까지 논의한 분석 범주와 분석 기준들을 일목요연하게 요약하여 보겠다.

분석의 출발점은 언어학적인 연구의 토대가 되는 구조와 기능의 구분이다. 구조적인 국면에서는 문법적인 구조 층위와 주제적인 구조 층위를 서로 구분하겠다.

문법적인 층위의 핵심적인 분석 범주로 볼 수 있는 것은 문법적인 응집성인데, 이는 텍스트를 구성하는 문장들 간의 통사론적인 접속 관계와 의미론적인 접속 관계에 뿌리를 두고 있다.

주제적인 층위에서는 텍스트 내용의 구조를 문제삼는데, 이는 핵심 주제(텍스트 주제)와 텍스트의 명제나 명제 복합체에 표현된 부분 내용이나 부분 주제와의 관계 조직망이라고 이해할 수 있다. 이 층위의 가장 중요한 분석 범주는 "텍스트 주제"와 "주제전개의 형태"이다.

언어학적 텍스트 분석의 두 번째 기본 국면인 의사소통·기능적인 국면은
텍스트의 행위 특성, 다시 말해서 생산자와 수용자간의 의사소통적인 관계에
서 텍스트가 갖는 사용 의미와 관계가 있다. 여기서는 텍스트에서 규약적으로
명시된 생산자의 지배적인 의사소통 의도라고 정의되는 분석 범주로서 텍스트
기능이 사용된다. 각 분석 범주들에는 때에 따라 일련의 기준들이 편입되어
있는데, 다시 한 번 개별적으로 언급하지는 않겠다.

기술 범주, 분석 범주, 분석 기준들 간의 관계를 도식으로 나타내면 다음
과 같다.

기술 국면			분석 범주	분석 기준
의사소통·기능적 국면			텍스트기능	제보적 ┌── 직접 표명된 호소적 책무적 접촉적 선언적 └── 간접 표명된
구조적 국면	주제적 층위	주제	종류	사건, 대상, 테제 등
			처소적 방향설정	·생산자/수용자와 관련된 방향설정 ·생산자/수용자와 무관한 방향설정
			시간적 방향설정	·과거적, 현재적, 미래적 방향설정, 무(無)시간적 방향설정
		주제전개	기본형태	기술형 서사형 설명형 논술형
			실현형태	기술적 - 사실강조형/의견강조형 합리적 - 설득형/권유적 - 설득형, [……]
	문법적 층위		문법적 응집성	재수용 < 명시적 재수용 함축적 재수용 시제의 연속성 접속사적 연결 의미론적 텍스트화 유형들, [……]

그밖에도 '상황적인' 국면이 고려된다. 이 국면은 텍스트 구조의 형성에 영향을 미치는 의사소통 상황의 요인들과 관계가 있다. 이 영역은 아직 본격적으로 연구되지 않았기 때문에, 여기서는 "의사소통 형태"와 "행위 국면"의 두 가지 범주에 국한시켰다.

6.2 분석 단계의 개관

마지막으로 각 단원에서 발전시킨 분석 단계들을 다시 한 번 체계적으로 정리해 보겠다.

구성요소가 되는 단위와 구조들의 전체인 텍스트에 근거해야 한다는 점이 바로 각각의 텍스트 분석의 방법론적인 원칙이다. 그 결과 구체적인 텍스트 분석에서 다음과 같은 작업 단계들이 나타난다.

단계 1

다음과 같은 국면들에서의 맥락 분석 :
- 맥락 자질의 서술(의사소통 형태/행위 영역), 특히 유효한 상호 작용 조건들을 고려한 서술작업
- 텍스트 구성을 위해 이로부터 얻은 결론의 점검

단계 2

다음과 같은 관점들에서 텍스트 기능의 분석(과 경우에 따라 텍스트의 나머지 하위 의사소통 기능의 분석) :
- 언어적, 비언어적, 맥락적인 표지들에 근거한 텍스트 기능의 규정(과 경우에 따라 나머지 기능들의 규정)

  언어적인 표지로서 논의되어야 할 요소들 : 이른바 명시적인 수행 공식

과 이와 등가적인 문장 모형들, 서법, 일정한 부사어와 불변화사, 그리고 입장(태도)표명어들. 비언어적인 표지들로서 사용될 수 있는 것으로는 그래프와 인쇄 기술에 의한 텍스트 구성, 삽화 등이 있다. 맥락적 표지들은 텍스트의 상황적인 틀, 특히 제도적인 틀, 세상지식(주제 선택에 관한 배경지식), 텍스트 유형 지식(텍스트가 소속될 수 있는 텍스트 유형에 관한 배경 지식) 등이다.

- 텍스트 기능과 나머지 의사소통 기능들(이른바 보완 기능들) 간의 관계 규정
- 텍스트 기능의 표명과 관련하여 직접성이나 간접성의 정도 규정
- 텍스트 기능과 생산자의 진정한 의도와의 관계 서술(차이를 규정지을 수 있을 경우)

단계 3

다음과 같은 국면들에서 주제적인(그리고 문법적인) 텍스트 구조의 분석

- 텍스트 주제와 경우에 따라 존재하는 부분 주제들의 규정(너무 지나치지 않을 정도의 축소 또는 환원 단계에서)

  주제를 텍스트 분석적으로 규정할 때 우리는 텍스트 문법적인 관점에서 다양한 재수용 형태들에서 표현되고 있는 핵심적인 텍스트 대상들에 근거할 수 있다(주제적인 텍스트 구조를 위한 버팀목 구조로서의 재수용 구조 분석). 다수의 주제들이 나타나 있을 경우, 주제의 서열(주제 계층구조)이 매겨져야 한다. 핵심 주제는 양립성과 유도 가능성의 기준에 근거하여 탐구될 수 있다.

- 주제전개와 주제전개 유형의 서술(기술형, 서사형, 설명형, 논증형)
- 주제 취급 방식(양태성의 서술(사실 강조적, 의견 강조적, 평가적, 진지한, 익살스런, 역설적인 방식, 등)

  주제 취급의 양태성에 대한 연구는 아직 거의 이루어지지 않았다. 이에 대해서는 주제 입장과 그 실현 형태(다시 말해서 주제적인 기본 모형의 실현 형태)에 관한 논의도 참고하라.

- 주제 선택을 명시해 주는 언어적인(그리고 경우에 따라 비언어적인) 수단
  들에 관한 자세한 서술
  이에 속하는 것으로는 특히 다음을 들 수 있다: 중요한 어휘들의 의미
  분석(이른바 핵심어들), 주제전개 유형의 언어적인 실현 분석(다시 말해
  이 유형들의 협의의 언어적-문체적인 형태 분석), 주제적인 기능과 관련하
  여 비언어적인 텍스트 부분들(사진과 그와 유사한 것들)의 분석

  개별적인 서술 층위와 국면들은 텍스트를 분석할 때 정확히 구분되어야
하겠지만 서로 고립시키면 안 된다. 텍스트의 상황적, 매체적인 맥락, 의사소
통 기능(텍스트 기능), 주제적 구성과 언어적·문법적인 구조화의 사이에는 복
잡한 관계가 성립한다. 특히 여기서는 다시 한 번 문법적 단위와 구조들의
"부수적인" 역할이 강조되어야 한다. 그런데 이들 문법적인 단위와 구조들은
그의 표지적 기능에서 밝혀져야 한다. 다시 말해서, 이들은 텍스트의 의사소
통·기능적 개념과 주제적인 개념들을 고려하여 탐구되어야 할 것이다. 이 때
주의해야 할 것은 이들 간에는 고정된 병렬 관계가 존재하지 않는다는 점이
다. 의사소통 기능과 주제전개의 형태, 문법적 단위와 구조들 사이에는 원칙적
으로 1:1 관계가 받아들여질 수 없다.
  이 장에서 우리는 아직은 극히 일반적인 이러한 이론 정립에 만족하고자
한다. 텍스트언어학은 의사소통 상황, 텍스트 기능, 텍스트 구조를 체계적으로
기술하여 규칙에 따라 이해할 수 있을 만큼 폭넓게 발전하지 못했기 때문이
다.
  여기에서 더 발전시켜 나가기 위해서는, 경험적인 기반을 확장시킬 필요가
있다. 다시 말해서 언어학적 텍스트 분석을 더 넓은 범위에서 수행해 나갈 필
요가 있다. 이 책은 이런 분석을 위한 개념적, 방법론적인 방향 설정을 위한
뼈대를 마련하고자 하였다.

참·고·문·헌

Adamzik, K.(1991). Forschungsstrategien im Bereich der Textsortenlinguistik. In: Zeitschrift 'fur Germanistik. Neue Folge I/1, 99~109.

Adamzik, K.(1995). Textsorten - Texttypologie. Eine kommentierte Bibliographie. Munster.

Adamzik, K.(2001). Sprache: Wege zum Verstehen. Tubingen.

Agricola, E.(1977). Text - Textaktanten - Informationskern. In: F. Danes/D. Viehweger (Hg.), Probleme der Textgrammatik II. Berlin, 11~32.

Agricola, E.(1979). Textstruktur - Textanalyse - Informationskern. Leipzig.

Antos, G.(1982). Grundlagen einer Theorie des Formulierens. Textherstellung in geschriebener und gesprochener Sprache. Tubingen.

Antos, G./H. P. Prings(Hrsg., 1989). Textproduktion: ein interdisziplinärer Forschungsüberblick. Tubingen.

Antos, G.(1997). Texte als Konstitutionsformen von Wissen. Thesen zu einer evolutionstheoretischen Begründung der Textlinguistik. in: Antos, G./ H. Tietz(Hrsg., 1997). a.a.O., 43~63.

Antos,G./H.Tietz(Hrsg., 1997). Die Zukunft der Textlingustik. Traditionen, Transformationen, Trends. Tübingen.

Antos, G./Brinker, K./W. Heinemann/S. Sager(Hrsg, 2000/2001). Text- und Gesprachslinguistik. 2 Bde. Berlin: de Gruyter.

Austin, J. L.(1962/72). Zur Theorie der Sprechakte. Stuttgart.[장석진 편: 오스틴의 화행론. 서울대 출판부].

Bachem, R.(1979). Einfuhrung in die Analyse politischer Texte. Munchen.

Ballmer,T. T.(1979). Probleme der Klassifikation von Sprechakten. In: G. Grewendorf

(Hg.). Sprechakttheorie und Semantik. Frankfurt/M., 247~274.

Baumann,H. H.(1970). Der deutsche Artikel in grammatischer und textgrammatischer Sicht. In: Jahrbuch 'fur Internationale Germanistik 2, 145~154.

Baumann, H. H.(1992). Integrative Fachtextlinguistik. Tubingen.

Baumgart, M.(1992). Die Sprache der Anzeigenwerbung. Eine linguistische Analyse aktueller Werbeslogans. Heidelberg.

Bayer, K.(1981). Einige Aspekte des Sprechakttyps "Erklaren". In: Deutsche Sprache 9, 25~43.

de Beaugrande, R. A./W. U. Dressler(1981). Einführung in die Textlinguistik. Tubingen. [김태옥 외 역. 담화·텍스트언어학 입문. 한신문화사]

Beck, G.(1973). Textsorten und Soziolekte. Funktion und Reziprozitat in gesprochener und geschriebener Sprache. In: Sitta/Brinker(1973), 73~112.

Becker-Mrotzek, M.(1990/91). Kommunikation und Sprache in Institutionen. ein Forschungsbericht zur Analyse institutioneller Kommunikation. Teil I/II. in: Deutsche Sprache 18, 158~190, 241~259, 350~372.

Beisbart, O./E. Dobnig-Julich/H. W. Eroms/G. Koß(1976). Textlinguistik und ihre Didaktik. Donauwörth.

Belke, H.(1973). Literarische Gebrauchsformen. Dusseldorf.

Bellert, I.(1970). On a Condition of the Coherence of Texts. In: Semiotica 2, 335-363(독어역 In: Kallmeyer et al.(1974/II), 213~245.

Biere, B. U.(1991). Textverstehen und Textverständlichkeit. Heidelberg. (Studienbibliographien Sprachwissenschaft. Bd.2).

Birkenmaier, W./I. Mohl(1991). Russisch als Fachsprache. Tubingen.

Brandt, M./W. Koch/W. Motsch/I. Rosengren/D. Viehweger(1983). Der Einfluß der kommunikativen Strategie auf die Textstruktur - dargestellt am Beispiel des Geschaftsbriefs. In: I. Rosengren(Hg.). Sprache und Pragmatik. Lunder Symposium 1982. Malmö, 105~136.

Brandt, M.(1991). Zeitungssprache heute: ¨Uberschriften. Eine Stichprobe. In: Brinker(1991), 213~244.

Brandt, M./I. Rosengren(1992). Zur Illokutionsstruktur von Texten. In: LiLi 86 (Textlinguistik), 9~51.

Braunmuller, K.(1977). Referenz und Pronominalisierung. Zu den Deiktika und

Pro-Formen des Deutschen. Tubingen.

Breuer, D.(1974). Einfuhrung in die pragmatische Texttheorie. Munchen.

Brinker, K.(1971). Aufgaben und Methoden der Textlinguistik. Kritischer ˝Uberblick ˝uber den Forschungsstand einer neuen linguistischen Teildisziplin. In: Wirkendes Wort 21, 217~237.

Brinker, K.(1971a). Das Passiv im heutigen Deutsch. Form und Funktion. Munchen.

Brinker, K.(1972). Konstituentenstrukturgrammatik und operationale Satzgliedanalyse. Methodenkritische Untersuchungen zur Syntax des einfachen Satzes im Deutschen. Frankfurt.

Brinker, K.(1973). Zum Textbegriff in der heutigen Linguistik. In: Sitta/Brinker (1973), 9~41.

Brinker, K.(1977). Modelle und Methoden der strukturalistischen Syntax. Eine Einfuhrung. Stuttgart.

Brinker, K.(1979). Zur Gegenstandsbestimmung und Aufgabenstellung der Text-linguistik. In: J. S. Pëtofi(Hg.). Text and sentence. Bd.1, 3~12.

Brinker, K.(1980). Zur logischen Analyse von näturlich-sprachlichen Argumenten. In: J. Ballweg/H. Glinz(Hg.). Grammatik und Logik. Jahrbuch 1979 des IdS. Dusseldorf, 53~71.

Brinker, K.(1980a). Textthematik als spezifisch textlinguistischer Forschungsbereich. In: W. Kuhlwein/A. Raasch(Hg.). Sprache und Verstehen. Bd.II. Tubingen, 138~141.

Brinker, K.(1983). Textfunktionen. Ansatze zu ihrer Beschreibung. ZGL 11, 127~148.

Brinker, K.(1988a). Bedingungen der Textualitat. Zu Ergebnissen textlinguistischer Forschung und ihren Konsequenzen fur die Textproduktion. In: Der Deutsch- unterricht 40/3, 6~18.

Brinker, K.(1988b). Thematische Muster und ihre Realisierung in Talkshowges-prachen. In: ZGL 16, 26~45.

Brinker, K.(1990). Textanalytische Voraussetzungen forensisch-linguistischer Gutach-ten. In: H. Kniffka(Hg.). Texte zu Theorie und Praxis forensischer Linguistik. Tubingen, 115~123.

Brinker, K.(Hg., 1991). Aspekte der Textlinguistik. Hildesheim et al.

Brinker, K.(1993). Textlinguistik. Heidelberg. (Studienbibliographien Sprachwissen-schaft; Bd.7).

Brinker, K.(1994). Zum Zusammenhang von Textfunktion und thematischer Ein-stellung am Beispiel eines Zeitungskommentars. in: Moilanen/Titula 1994, 35~44.

Brinker, K.(1994a). Textkonstitution und Textkompetenz. in: M. Bartha(Hrsg.). Textverstehen - Textarbeit - Textkompetenz. Beiträge zum Workshop am 9.-10. Mai 1994 am Germanistischen Institut der Eotvos-Lorand-Universitat. Budapest, 109~123.

Brinker, K.(1996). Zur Analyse der narrativen Themenentfaltung am Beispiel einer Alltagserzahlung. in: J. Hennig/J. Meier (Hrsg.). Varietaten der deutschen Sprache. Festschrift fur D. Mohn. Frankfurt, Berlin, 279~289.

Brinker, K.(1996a). Die Konstitution schriftlicher Texte. in: H. Gunther/O. Ludwig (Hrsg.). Schrift und Schriftlichkeit. Bd.2. Art 136. Berlin, New York, 1515-1526.(Handbucher zur Sprach- und Kommunikationswissenschaft; Bd. 10.2).

Brinker, K./S. F. Sager(1989). Linguistische Gesprachsanalyse. Berlin.

Bublitz, W./U. Lenk/E. Ventola(Hrsg, 1999). Coherence in Spoken and Written Discourse. Amsterdam.

Buhler, K.(1934/65). Sprachtheorie. Darstellungsfunktionen der Sprache. Frankfurt/M.

Bucher, H. J.(1986). Pressekommunikation. Grundstruktur einer ¨offentlichen Komunikation aus linguistischer Sicht. Tubingen.

Burger, H.(1990). Sprache der Massenmedien. 2. durchgesehene und erweiterte Auflage. Berlin.

Busse, D.(1992). Recht als Text. Linguistische Untersuchungen zur Arbeit mit Sprache in einer gesellschaftlichen Insitution. Tubingen.

Busse, D.(1992a). Textinterpretation. Sprachtheoretische Grundlagen einer explikativen Semantik. Opladen.

Conte, M. E.(Hrsg, 1989). Kontinuitat und Diskontinuitat in Texten und Sachverh-altskonfigurationen. Diskussion¨uber Konnexitat, Kohasion und Koharenz. Hamburg.

Coseriu, E.(1980). Textlinguistik. Eine Einfuhrung. Tubingen.

Daneš, F.(1970). Zur linguistischen Analyse der Textstruktur. In: FoL 4, 72-78.

Diewald, G. M.(1991). Deixis und Textsorten im Deutschen. Tubingen.

van Dijk, T.(1972). Some aspects of text grammars. A Study in Theoretical Linguistics and Poetics. The Hague: Mouton.

van Dijk, T.(1972a). Beiträge zur generativen Poetik. Munchen.

van Dijk, T.(1977). Text and Context. Explorations in the Semantics and Pragmatics of Discourse. London.

van Dijk, T.(1980). Textwissenschaft. Eine interdisziplinäre Einführung. Munchen. [정시호 역. 텍스트학. 민음사]

van Dijk, T.(1980a). Macrostruktures. An interdisciplinary Study of Global Structures in Discourse, Interaction, and Cognition. Hilsdale.

Dimter, M.(1981). Textklassenkonzepte heutiger Alltagssprache. Kommunikationssituation, Textfunktion und Textinhalt als Kategorien alltagssprachlicher Textklassifikation. Tubingen.

Dovifat, E./J. Wilke(1976). Zeitungslehre I. Berlin.[박유봉 외 역: 신문원론. 전예원].

Dreitzel, H. P.(1972). Die gesellschaftlichen Leiden und das Leiden an der Gesellschaft. Stuttgart.

Dressler, W.(1970). Modelle und Methoden der Textsyntax. In: FoL 4, 64-71.

Dressler, W.(1973). Einführung in die Textlinguistik. Tubingen.

Dressler, W.(Hg., 1978). Textlinguistik. Darmstadt.

Dressler, W./S. J. Schmidt(1973). Textlinguistik. Kommentierte Bibliographie. Munchen.

Duden-Grammatik(1973). Duden. Grammatik der deutschen Gegenwartssprache. Hg. von P. Grebe. 3.Aufl. Mannheim (4.Aufl. 1984).

Ehlich, K./C. Noack/S. Scheiter(Hrsg, 1994). Instruktion durch Text und Diskurs. Zur Linguistik 'Technischer Texte'. Opladen.

Ermert, K.(1979). Briefsorten. Untersuchungen zu Theorie und Empirie der Textklas- sifikation. Tübingen.

Eroms, H. W.(1991). Die funktionale Satzperspektive bei der Textanalyse. In: Brinker(1991), 55-72.

Figge, U.(1971). Syntagmatik, Distribution und Text. In: W.D. Stempel(Hrsg.). Beiträge zur Textlinguistik. Munchen, 161~181.

Fix, U.(Hrsg, 1990). Beiträge zur Stiltheorie. Leipzig.

Fluck, H. R. et al.(1975). Textsorte Nachricht. Textheft und Begleitheft. Dortmund.

Franke, W.(1987). Texttypen - Textsorten - Textexemplare: Ein Ansatz zu ihrer Klassifizierung und Beschreibung. In: ZGL 15, 263~281.

Franke, W.(1990). Elementare Dialogstrukturen. Darstellung, Analyse, Diskussion. Tubingen.

Franke, W.(1991). Linguistische Texttypologie. In: Brinker (1991), 157~182.

Frier, W.(1979). Linguistische Aspekte des Textsortenproblems. In: W. Frier/G. Labroise(Hg.). Grundfragen der Textwissenschaft. Linguistische und literaturwissenschaftliche Aspekte. Amsterdam, 7~58.

Fries, U.(1971). Textlinguistik. In: Linguistik und Didaktik 2, 219~234.

Fritz, G.(1982). Koharenz. Grundfragen der linguistischen Kommunikationsanalyse. Tubingen: Narr.

Fritz, G.(1999). Coherence in Hypertext. in: Bublitz, W./U. Lenk/E. Ventola(Hrsg, 1999). a.a.O., 221~232.

Fritz, G./M. Muckenhaupt(1984). Kommunikation und Grammatik. Tubingen.

Fritz, Th.(1994). Die Botschaft der Markenartikel. Vertextungsstrategien in der Werbung. Tubingen.

Gansel, Ch./J. Frank(2002). Textlinguistik und Textgrammatik. Eine Einführung. Hamburg.

Glinz, H.(1971). Soziologisches im Kernbereich der Linguistik. Skizze einer Texttheorie. In: Sprache und Gesellschaft. Jahrbuch 1970 des IdS. Dusseldorf, 80~88.

Glinz, H.(1975). Deutsche Grammatik I. 3.Aufl. Wiesbaden.

Glinz, H.(1975a). Deutsche Grammatik II. 2.Aufl. Wiesbaden.

Glinz, H.(1977). Textanalyse und Verstehenstheorie I. 2.Aufl. Wiesbaden.

Glinz, H.(1979). Text - Satz - Proposition. In: Petofi(1979/I), 43~48.

Gobyn, L.(1984). Textsorten. Ein Methodenvergleich, illustriert an einem Marchen. Leuven.

Goepferich, S.(1995). Textsorten in Naturwissenschaften und Technik. Pragmatische Typologie - Kontrastierung - Translation. Tubingen.

Große, E. U.(1976). Text und Kommumikation. Eine Einführung in die Funktionen der Texte. Stuttgart.

Grucza, S.(1995). Zum Gegenstand der Textlinguistik. in: Zeitschrift für Germanistik. Neue Folge V/1, 122~130.

Gulich, E.(1976). Ansatze zu einer kommunikationsorientierten Erzahltextanalyse. In: W. Haubrichs(Hg.): Erzahlforschung 1. Gottingen, 224~256.

Gulich, E.(1986). Textsorten in der Kommunikationspraxis. In: W. Kallmeyer(Hg.). Kommunikationstypologie. Jahrbuch des IDS. Dusseldorf, 15~46.

Gulich, E./R. Meyer-Hermann(1983). Zum Konzept der Illokutionshierarchie. In: I. Rosengren(Hg.). Sprache und Pragmatik. Lunder Symposium 1982. Malmö, 245~261.

Gulich, E./W. Raible(Hg. 1972). Textsorten. Differenzierungskriterien aus linguistischer Sicht. Frankfurt.

Gulich, E./W. Raible(1975). Textsorten-Probleme. In: Linguistische Probleme der Textanalyse. Jahrbuch des IDS. Dusseldorf, 144~197.

Gulich, E./W. Raible(1977). Linguistische Textmodelle. Munchen.

Hafele, J.(1979). Der Aufbau der Sprachkompetenz. Untersuchungen zur Grammatik des sprachlichen Handelns. Tubingen.

Halliday, M. A. K./R. Hasan(1976). Cohesion in English. London.

Harnisch, H./G. Michel(1986). Textanalyse aus funktional-kommunikativer Sicht. In: ZfG 7/4, 389~401.

Harras, G.(1983). Handlungssprache und Sprechhandlung. Berlin.

Hartmann, P.(1964). Text, Texte, Klassen von Texten. In: W. A. Koch(Hg.). Strukturelle Textanalyse. Hildesheim 1972, 1~22.

Hartmann, P.(1968). Zum Begriff des sprachlichen Zeichens. In: ZPSK 21, 205~222.

Hartmann, P.(1971). Texte als linguistisches Objekt. In: W.-D. Stempel(Hg.). Beiträge zur Textlinguistik. Munchen, 9~29.

Harweg, R.(1968). Pronomina und Textkonstitution. Munchen.

Harweg, R.(1968a). Textologische Analyse einer Zeitungsnachricht. In: Replik 2, 8-12.

Harweg, R.(1968b). Textanfange in geschriebener und gesprochener Sprache. In: Orbis 17, 343~388.

Harweg, R.(2001). Studien zur Textlinguistik. Shaker.

Heinemann, W./D. Viehweger(1991). Textlinguistik. Eine Einfuhrung. Tubingen.[백
  설자 역. 텍스트언어학 입문. 역락].

Heinemann, M./W. Heinemann(2002). Grundlagen der Textlinguistik. Interaktion -
  Text - Diskurs. Tubingen.

Helbig, G.(1980). Zur Stellung und zu Problemen der Textlinguistik. In: DaF 17,
  257~266.

Helbig, G.(1986). Entwicklung der Sprachwissenschaft seit 1970. Leipzig, 152~179.

Helbig, G./J. Buscha(1984). Deutsche Grammatik. 8.Aufl. Leipzig.

Hellwig, P.(1984). Grundzuge einer Theorie des Textzusammenhangs. In: Rothkegel/
  Sandig 1984, 51~79.

Hellwig, P.(1984). Titulus oder uber den Zusammenhang von Titeln und Texten.
  Titel sind ein Schlussel zur Textkonstitution. In: ZGL 12, 1~20.

Henne, H./H. Rehbock(1982). Einfuhrung in die Gesprachsanalyse. 2.Aufl. Berlin.

Hennig, J./L. Huth(1975). Kommunikation als Problem der Linguistik. Gottingen.

Hensel, C.(1989). Produktbegleitende Texte - der Versuch einer Analyse unter
  illokutionaren spekt. In: Beitrage zur Erfoschung der deutschen Sprache 9,
  138-157.

Herbig, A./B. Sandig(1994). Das kann doch wohl nur ein Witz sein! Argument-
  atieren, Bewerten und Emotionalisieren im Rahmen persuasiver Strategien.
  in: Moilanen/Titula 1994, 59~100.

Heydrich, W./J. S. Petofi(Hg. 1986). Aspekte der Konnexitat und Koharenz von
  Texten. Hamburg.

Hindelang. G.(1983). Einfuhrung in die Sprechakttheorie. Tubingen. [김갑년 역. 화
  행론 입문, 한국문화사]

Hindelang, G.(1978). Auffordern. Die Untertypen des Aufforderns und ihre sprachlichen
  Realisierungsformen. Goppingen.

Hlavsa, Z./D. Viehweger(Hg. 1989). Makrostrukturen im Text und im Gesprach.
  Akademie d. Wiss. d. DDR. Zentralinstitut fur Sprachwissenschaft. Lingui-
  stische Studien. Reihe A. Bd.191.

Hoffmann, L.(1983). Arzneimittel-Gebrauchsinformationen: Struktur, kommunikative
  Funktionen und Verstandlichkeit. In: Deutsche Sprache 11, 138~159.

Holly, W.(1979). Zum Begriff der Perlokution. In: Deutsche Sprache 1, 1～27.

Holly, W.(1979a). Imagearbeit in Gesprächen. Zur linguistischen Beschreibung des Beziehungsaspekts. Tubingen.

Ihwe, J.(Hg. 1973). Literaturwissenschaft und Linguistik. Bd.2. Frankfurt.

Isenberg, H.(1968). ˝Uberlegungen zur Texttheorie. In: Kallmeyer, W. et al.(1974/ II), 193～212.

Isenberg, H.(1970). Der Begriff "Text" in der Sprachtheorie. Bericht 8 der Arbeits- gruppe Strukturelle Grammatik. Zentralinstitut ˙fur Sprachwissenschaft. Berlin.

Isenberg, H.(1976). Einige Grundbegriffe ˙fur eine linguistische Texttheorie. In: F. Danes/D. Viehweger(Hg.). Probleme der Textgrammatik I. Berlin, 47～ 145.

Isenberg, H.(1978). Probleme der Texttypologie. Variation und Determination von Texttypen. In: Wissenschaftliche Zeitschrift der Karl-Marx-Universitat Leipzig. Gesellschafts- und Sprachwissenschaftliche Reihe 27, 565～579.

Isenberg, H.(1984). Texttypen als Interaktionstypen. In: ZfG 5, 261～270.

Jahr, S.(1991). Zur semantischen Makrostruktur von "erklarungstexten". in: Fachsprache 13, 35～39.

Kallmeyer, W./W. Klein/R. Meyer-Hermann/K. Netzer/H. J. Sieben(Hg. 1974). Lekturekolleg zur Textlinguistik. 2.Bde. Frankfurt.

Kallmeyer, W./R. Meyer-Hermann(1980). Textlinguistik. In: H. P. Althaus/H. Henne/ H. E. Wiegand(Hg.). Lexikon der Germanistischen Linguistik. 2.Aufl. Tubingen, 242～258.

Kalverkamper,H.(1981). Orientierungen zur Textlinguistik. Tubingen.

Klauke, M.(1993). Instruktive fachliche Aufforderungstexte. Eine kritische Betands- aufnahme. in: Zeitschrift ˙fur Germanistik. Neue Folge III/1, 245～278.

Klein, J.(1991). Politische Textsorten. In: Brinker(1991), 245～278.

Knapp, G. P.(1973). Textarten - Typen - Gattungen - Formen. In: H. L. Arnold/V. Sinemus(Hg.). Grundzuge der Literatur- und Sprachwissenschaft. Bd. 1. Munchen, 258-274.

Kopperschmidt, J.(1980). Argumentation. Sprache und Vernunft. Teil II. Stuttgart.

Krebs, B. N.(1993). Sprachhandlung und Sprachwirkung. Untersuchungen zur

Rhetorik. Sprachkritik und zum Fall Jenninger. Berlin.

Krings, H. P./G.Antos(Hrsg, 1992). Textproduktion. Neue Wege der Forschung. Trier.

Kuper, Ch.(1978). Textgrammatik oder Texttheorie? Eine kritische Bestandsaufnahme gegenwärtiger Richtungen der Textlinguistik. In: ZDL 45, 175～191.

Kurz, G.(1977). Hermeneutische Aspekte der Textlinguistik. In: Archiv fur das Studium der neueren Sprachen und Literaturen 129, Bd.214, 262～280.

Labov, W./J. Waletzky(1967). Narrative Analysis. Oral Versions of Personal Experience (1967); 독어역: Erzahlanalyse. Mundliche Versionen persönlicher Erfahrung. In: Ihwe 1973, 78～126.

Lang, E.(1973). Uber einige Schwierigkeiten beim Postulieren einer Textgrammatik. In: Ihwe 1973, 17～50.

Lang, E.(1976). Erklarungstexte. In: F.Danes/D.Viehweger(Hg.). Probleme der Text-grammatik I, Berlin, 147～181.

Langer, G.(1995). Textkoharenz und Tetxspezifitat. Textgrammatische Untersuchung zu den Gebrauchstextsorten Klappentext, Patienteninformation, Garantieerk-larung und Kochkonzept. Frankfurt, Berlin u.a.

Levinson, S. C.(1983/1990). Pragmatics. Cambridge(독어역: Pragmatik. Tubingen 1990; 이익환 외 역: 화용론. 한신문화사).

Linke, A./M. Nussbaumer(1988). Koharenz durch "Prasuppositionen". In: Der Deutschunterricht 40/6, 29～51.

Lotscher, A.(1987). Text und Thema. Studien zur thematischen Konstituenz von Texten. Tubingen.

Luger, H. H.(1983). Pressesprache. Tubingen.

Lutz, L.(1981). Zum Thema "Thema". Einführung in die Thema-Rhema-Theorie. Hamburg.

Lux, F.(1981). Text, Situation, Textsorte. Probleme der Textsortenanalyse, dargestellt am Beispiel der britischen Registerlinguistik. Mit einem Ausblick auf eine adaquate Textsortentheorie. Tubingen.

Marfurt, B.(1977). Textsorte Witz. Möglichkeiten einer sprachwissenschaftlichen Textsorten-Bestimmung. Tübingen.

Marfurt, B.(1978). Textsorten und Interaktionsmuster. In: Wirkendes Wort 28, 1

9~36.

Marfurt, B.(1980). Textrezeption und Textsorte. In: Wirkendes Wort 30, 293~311.

Mohn, D.(1991). Instruktionstexte. Ein Problemfall der Textidentifikation. In: Brinker (1991), 183~212.

Mohn, D./R. Pelka(1984). Fachsprachen. Eine Einführung. Tubingen.

Moilanen, M./L. Tittula(Hrsg, 1994). ¨Uberredung in der Presse. Texte, Strategien, Analysen. Berlin, New York.

Morgenthaler, E.(1980). Kommunikationsorientierte Textgrammatik. Dusseldorf.

Moskalskaja, O. I.(1984). Textgrammatik. Leipzig.

Motsch, W.(1978). Sprache als Handlungsinstrument. In: W. Motsch(Hg.). Kontexte der Grammatiktheorie. Berlin, 11~49.

Motsch, W.(1986). Anforderungen an eine handlungsorientierte Textanalyse. In: ZfG 7, 261~282.

Motsch, W.(1987). Zur Illokutionsstruktur von Feststellungstexten. In: ZPSK 40, 45~67.

Motsch, W.(Hrsg, 1996). Ebenen der Textstruktur. Sprachliche und kommunikative Prinzipien. Tubingen.

Motsch, W./D. Viehweger(1981). Sprachhandlung, Satz und Text. In: I. Rosengren (Hg.). Sprache und Pragmatik. Lunder Symposium 1980, Malmö, 125~153.

Motsch, W./D. Viehweger(1991). Illokutionsstruktur als Komponente einer modularen Textanalyse. In: Brinker(1991), 107~132.

Motsch, W./R. Pasch(1987). Illokutive Handlungen. In: W.Motsch (Hg.): Satz, Text, sprachliche Handlung. Berlin, 11~79.

Muckenhaupt, M.(1986). Pressekommunikation. Grundlagen der Beschreibung von Text-Bild-Kommunikation aus sprachwissenschaftlicher Sicht. Tubingen.

Nickel, G.(1968). Kontextuelle Beziehungen zwischen ˜Satzen im Englischen. In: Praxis des Neusprachlichen Unterrichts 15, 15~25.

Nussbaumer, M.(1991). Was Texte sind und wie sie sein sollen. Ansatze zu einer sprachwissenschaftlichen Begründunge eines Kriterienrasters zur Beurteilung von schriftlichen Schülertexten. Tubingen.

Oldenburg, H.(1992). Angewandte Fachtextlinguistik. "Conclusion" und Zusammenfassungen. Tubingen.

Oomen, U.(1972). Systemtheorie der Texte. In: Kallmeyer et al. (1974/II), 47~70.

Ortner, H. P.(1992). Nachdenken¨uber die Funktionen der Sprache. in: Zeitschrift
    ¨fur Germanistische Linguistik(ZGL) 20, 271~297.

Ortner, H. P.(1992). Textkonstitutive Merkmale von Stellenangeboten um 1900. in:
    Deutsche Sprache 20, 1~31.

Pëtofi, J. S.(1971). Transformationsgrammatiken und eine kotextuelle Texttheorie.
    Frankfurt.

Pëtofi, J. S.(Hg. 1979). Text vs. sentence. Basic Questions of Textlinguistics. 2 Bde.
    Hamburg.

Plett, H. E.(1975). Textwissenschaft und Textanalyse. Semiotik, Linguistik, Rhetorik.
    Heidelberg.

Plett, H. F.(Hrsg, 1991). Intertextuality. Berlin, New York.

von Polenz, P.(1980). Moglichkeiten satzsemantischer Textanalyse. In: Zeitschrift für
    Germanistische Linguistik 8, 133~53.

von Polenz, P.(1988). Deutsche Satzsemantik. Grundbegriffe des Zwischen-den-
    Zeilen-Lesens. 2., durchgesehene Auflage. Berlin.

Presch, G.(1991). Widersprüche zwischen Textfunktionen als ein Ausgangspunkt
    sozialgeschichtlicher Pragmalinguistik. In: D. Busse(Hg.). Diachronische
    Semantik und Pragmatik. Tubingen, 83~100.

Quasthoff, U.(1980). Erzählen in Gesprächen. Tubingen.

Raible, W.(1971). Linguistik und Literaturkritik. In: Linguistik und Didaktik 2,
    300~313.

Ramge, H.(1978). Alltagsgespräche. Arbeitsbuch ¨fur den Deutschunterricht in der
    Sekundarstufe 2 und zum Selbststudium. Frankfurt.

Rath, R.(1968). "Unvollständige Satze" im heutigen Deutsch. Eine Studie zur
    Sprache des Wetterberichts. In: R. Rath/A. Brandstetter. Zur Syntacx des
    Wetterberichts und des Telegramms. Mannheim, 9~22.

Rolf, E.(1993). Die Funktionen der Gebrauchstextsorten. Berlin, New York.

Rosengren, I.(1980). Texttheorie. In: H. P.Althaus/H. Henne/H. E. Wiegand (Hg.
    1980), 275~286.

Rosengren, I.(1983). Die Realisierung der Illokutionsstruktur auf der Vertextungsebene.

In: F. Danes/D. Viehweger(Hg.). Ebenen der Textstruktur. Berlin (Linguistische Studien. Reihe A. Bd.112), 133～151.

Rosengren, I.(1987). Hierarchisierung und Sequenzierung von Illokutionen: zwei interdependente Strukturierungsprinzipien bei der Textproduktion. In: Zeitschrift fur Phonetik, Sprachwissenschaft und Kommunikationsforschung 40, 28～44.

Rothkegel, A./B. Sandig(Hg. 1984). Text - Textsorten - Semantik. Linguistische Modelle und maschinelle Verfahren. Hamburg.

Sanders, W.(1977). Linguistische Stilistik. Gottingen.

Sandig, B.(1970). Probleme einer linguistischen Stilistik. In: Linguistik und Didaktik 1, 177-194.

Sandig, B.(1973). Beispiele pragmalinguistischer Textanalyse. In: Der Deutschunterricht 25/1, 5-23.

Sandig, B.(1978). Stilistik. Spragpragmatische Grundlegung der Stilbeschreibung. Berlin.

Sandig, B.(1986). Stilistik der deutschen Sprache. Berlin, New York.

Scherner, M.(1973). Textkonstitution und -rezeption. Zum Aufbau eines Textmodells fur den Deutschunterricht. In: Der Deutschunterricht 25/6, 60-86.

Scherner, M.(1977). Wie Texte das Verstehen steuern. Eine Einfuhrung in die Textlinguistik fur die Sekundarstufe I. 2.Aufl. Dortmund.

Scherner, M.(1984). Sprache als Text. Ansatze zu einer sprachwissenschaftlich begrundeten Theorie des Textverstehens. Tubingen.

Scherner, M.(1994). Textverstehen als "Spurenlesen". - Zur texttheoretischen Tragweite dieser Metapher. in: Canisius, P./C. P. Herbermann/G. Tschauder (Hrsg.). Text und Grammatik. Festschrift fur Roland Harweg zum 60. Geburtstag. Bochum.

Schlieben-Lange, B.(1979). Linguistische Pragmatik. 2.Aufl. Stuttgart.

Schmidt, S. J.(1973). Texttheorie. Probleme einer Linguistik der sprachlichen Kommunikation. Munchen.

Schmidt, W. et al.(1981). Funktional-kommunikative Sprachbeschreibung. Leipzig.

Schoenke, E.(Hrsg, 1996). Wirtschaftskommentare. Textlinguistische Analysen - kontrasitive Untersuchungen. Universitat Bremen.

Schuldt, J.(1992). Den Patienten informieren. Beispiel von Medikamenten. Tubingen.

Schwitalla, J.(1997). Gesprochenes Deutsch. Eine Einfuhrung. Berlin.

Searle, J. R.(1969/71). Sprechakte. Ein sprachphilosophischer Essay. Frankfurt.

Searle, J. R.(1973). Linguistik und Sprachphilosophie. In: R. Bartsch/Th.Vennemann (Hg.). Linguistik und Nachbarwissenschaften. Kronberg, 113～125.

Searle, J. R.(1975/82). A Taxonomy of Illocutionary Acts. In: J. R. Searle(1979). Expression and Meaning. Studies in the Theory of Speech Acts. Cambridge, 1-29 (독어역: Ausdruck und Bedeutung. Untersuchungen zur Sprechakttheorie. Frankfurt, 17～50).

Simmler, F.(1984). Zur Fundierung des Text-und Textsorten- Begriffs. In: H. W. Eroms et al.(Hg.). Studia Linguistica et Philologica. Festschrift f. K. Matzel. Heidelberg, 25～50.

Simmler, F.(1993). Zum Verhaltnis von publizistischen Gattungen und linguistischen Textsorten. in: Zeitschrift fur Germanistik. Neue Folge III/2, 349-363.

Sitta, H.(1973). Kritische Uberlegungen zur Textsortenlehre. In: Sitta/Brinker(1973), 63～72.

Sita, H./K. Brinker(Hg. 1973). Studien zur Texttheorie und zur deutschen Grammatik. Festgabe fur H. Glinz zum 60. Geburtstag. Dusseldorf.

Sokeland,(1980). Indirektheit von Sprechhandlungen. Eine linguistische Untersuchung. Tubingen.

Sowinski, B.(1979). Werbeanzeigen und Werbesendungen. Munchen.

Sowinski, B.(1983). Textlinguistik. Eine Einfuhrung. Stuttgart.

Sperber, D./D. Wilson(1986). Relevance. Cambridge.[김태옥/이현호역. 인지적 화용론. 한신문화사].

Steger, H.(1983). Uber Textsorten und andere Textklassen. In: Textsorten und literarische Gattungen. Berlin, 25～69.

Steger, H./K. H. Deutrich/G. Schank/E. Schutz(1974). Redekonstellaton, Redekonstellationstyp, Textexemplar, Textsorte im Rahmen eines Sprachverhaltensmodells. Begrundung einer Forschungshypothese. In: Gesprochene Sprache. Jahrbuch 1972 des Instituts fur deutsche Sprache. Dusseldorf, 39～97.

Stegmuller, W.(1974). Probleme und Resultate der Wissenschaftstheorie und Analytischen Philosophie. Bd. I. Wissenschaftliche Erklarung und Begrundung.

Studienausgabe. Teil I. Berlin.

Steinitz, R.(1968). Nominale Pro-Formen. In: Kallmeyer et al. (1974/II), 246~265.

Steinitz, R.(1969). Adverbial-Syntax. Berlin.

Stolt, B.(1976). "Hier bin ich - wo bist du?" Heiratsanzeigen und ihr Echo, analysiert aus sprachlicher und stilistischer Sicht. Kronberg.

Straßner, E.(1975). Nachrichten. Entwicklungen - Analysen - Erfahrungen. Munchen.

Stutterheim, Ch. von(1997). Einige Prinzipien des Textaufbaus. Empirische Untersuchungen zur Produktion mundlicher Texte. Tubingen.

Toulmin, St.(1958). The Uses of Argument. Cambridge(독어역: Der Gebrauch von Argumenten. Kronberg 1975).

Ulkan, M.(1992). Zur Klassifikation von Sprechakten. Eine grundlagentheoretische Fallstudie. Tubingen.

Vater, H.(1975). Pro-Formen des Deutschen. In: M. Schecker/ P. Wunderli(Hg.). Textgrammatik. Beiträge zum Problem der Textualität. Tubingen, 20~42.

Vater, H.(1991). Referenzrelationen in Texten. In: Brinker (1991), 19~54.

Vater, H.(1994). Einführung in die Textlinguistik. 2. Aufl. Munchen.[이성만 역. 텍스트언어학 입문. 한국문화사 1996].

Vater, H.(2002). Einführung in die Textlinguistik. 3. neu bearbeitete Aufl. Munchen.

Viehweger, D./G. Spies(1987). Struktur illokutiver Handlungen in Anordnungstexten. In: W. Motsch(Hg.). Satz, Text, sprachliche Handlung. Berlin, 81~118.

Wawrzyniak, Z.(1980). Einführung in die Textwissenschaft. Probleme der Textbildung im Deutschen. Warschau.

Weber, U.(1969). Instruktionsverhalten und Sprechhandlungsfahigkeit. Eine empirische Untersuchung zur Sprachentwicklung. Tubingen.

Weinrich, H.(1969). Textlinguistik. Zur Syntax des Artikels in der deutschen Sprache. In: Jahrbuch fur Internationale Germanistik 1, 61~74.

Weinrich, H.(1972). Die Textpartitur als heuristische Methode. In: Der Deutschunterricht 24/4, 43~60.

Weinrich, H.(1993). Textgrammatik der deutschen Sprache. Mannheim.

Werlich, E.(1975). Typologie der Texte. Entwurf eines textlinguistischen Modells zur Grundlegung einer Textgrammatik. Heidelberg.

Wrobel, A.(1995). Schreiben als Handlung. Überlegungen und Untersuchungen zur

Theorie der Textproduktion. Tubingen.

Wunderlich, D.(1970). Die Rolle der Pragmatik in der Linguistik. In: Der Deut-
schunterricht 22/4, 5~41.

Wunderlich, D.(1972). Sprechakte. In: U. Maas/D. Wunderlich. Pragmatik und
sprachliches Handeln. Frankfurt, 69~188.

Wunderlich, D.(1972a). Zur Konventionalitat von Sprechhandlungen. In: D.
Wunderlich(Hg.). Linguistische Pragmatik. Frankfurt, 11~58.

Wunderlich, D.(1976). Studien zur Sprechakttheorie. Frankfurt.

Zillig, W.(1982). Bewerten. Sprechakttypen der bewertenden Rede. Tubingen.

Zimmermann, K.(1978). Erkundungen zur Texttypologie. Tubingen.

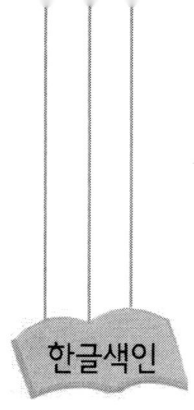

한글색인

ㄱ

가치기반 112, 174
개념적 근접 51
거시 규칙 73
거시구조 73
거시 명제 17,74
결과 보고서 181
결론 103
결합가 문법 32, 35
결혼광고 182
계약 185
계약서 163
공공적 189, 190
공적 189, 190
공지시 38, 41
관련표현 38, 43, 44, 61, 64
관심도의 기준 95
광고 전략 162
교시 154
교시적 텍스트 95
교양 텍스트 102
구두적인 텍스트 31
구성 규칙 74, 119
구속적 190
구정보 41, 42
구조적인 텍스트 자질 170

구직 광고 193
규범적 텍스트 95, 142
규범적인 기능 142
규약 31
그림 엽서 167
근접 대치 57
근접성 관계 52
기능 115
기능·의사소통적 언어 기술 방법론 94
기능적 문장 시점 68
기능적인 텍스트 자질 170
기술 94
기술적 88
기술 층위 29, 187
기술형 주제전개 95, 193
기술형 주제전개 모형 88
기행문 181
기호 연쇄 25

ㄴ

난외 조건 96
날씨 상황 196
날씨 예보 196
날씨보고 185, 196
내용적 접촉 52

내포의미　27, 159
넌픽션　146
논거　103, 105, 111
논리적(개념적)으로 기초한 근접성 관계
　52
논증　76
논증 텍스트　104
논증구조　110
논증적　88
논증형 주제전개　103, 193
논증형 주제전개 모형　113
논평　112, 113, 152, 181
뉴스　81, 90, 181, 182
뉴스 단신　90

ㄷ

단순 선형식 전개 유형　69
대면 대화　182
대면 소통　187
대명사　45
대용형　46, 47
대화　182
대화 분석　26
대화적 언어 형성　26
도구 모델　138
독자 편지　147
독화적 텍스트　26, 27
동일 대치　57

ㄹ

라디오 뉴스　116, 148

라디오 방송　182, 188

ㅁ

맥락　136
명령문　152
명세화　86
명시적 수행 공식　124, 166
명시적 재수용　37, 42
명제　35, 121
명제 입장　136
명제내용　35, 124
문법적인 응집성　177
문장　15, 31
문장 모형　123
문장 서법　127
문장능력이 없는 표현　34
문장 언어학　20
문장 연속체　15
문장 연쇄　17, 25, 44
문장 유형　124
문채　132, 134, 158, 175
문화에 기초한 근접성 관계　81
문화적으로 기초한 근접성 관계　52
미시분석적 국면　37

ㅂ

발화수반구조　125, 127, 128
발화수반력　35, 121
발화수반표지　122, 123
발화수반행위　25, 35, 122, 125
발화행위　121

발화효과행위   121, 122
백과사전적 지식   61
별점   182
보고   90, 94
보고서   182
보증서   163
부분 주제   85
부음   185
부정문 구문   153
분절문   31
비(非) 텍스트   17
비언어적인 수단   26
비언어적인 의사소통 수단   117

ㅅ

사실 강조적   148
사용 지침   153
사용법   181
사적   189
삭제 규칙   73
상용 편지   191
상위 명제적 근저   133, 136
상위 주제 파생식 전개 유형   70
상품 전단   163
생성문법   75
서비스 안내   153
서사적   88
서사형   95
서약서   163, 181
서적   182, 188
서평   147
선서   163
선언 기능   167, 168

선언 텍스트   186
선언 행위   140
선전 광고   157, 193
선지식   68
선행 표지   132, 133
설명부   68
설명부 분열식 전개 유형   70
설명적   88
설명적 바꿔쓰기   151, 163
설명항   96
설명형 주제전개   102
설명형 주제전개 모형   96
세상지식   61, 68, 81
소견서   147
수행 공식   137
수행 동사   120
스키마   75
시니피앙   24
시니피에   24
시작 조건   96
신문 논평   193
신문 뉴스   145
신문기사   182, 188
신정보   41, 42
실용 텍스트   27

ㅇ

암시적 재수용   37
양립성의 원칙   79
양상 연산자   103
양태어   123, 145
어휘지식   61
언어 체계   184

언어 형성 19
언어 형성체 26
언어 화용론 21, 22
언어 화행론 118
언어능력 22, 23
언어수행 22
언어적인 수단 26
언어체계 19
언어체계 지향적 텍스트언어학 19, 21
언어행위 22, 117, 118, 120, 121, 122,
  125
예외 조건 103
요리법 153, 185
외연의미 159
유도 가능성의 원칙 79, 83
유언 185
유언장 168
응집성 27
의도 23, 78, 117, 119, 125, 129, 130,
  156, 165
  - 진정한 의도 118, 119, 129, 130, 204
  - 숨겨진 의도 130
의미론적 근접성 173
의미론적 근접성 52
의사소통 23, 184
의사소통 기능 25, 123
의사소통 방식 94
의사소통 상황 181, 205
의사소통 수단 117
의사소통 의도 129, 143
의사소통 지향적 텍스트언어학 21
의사소통 형태 187, 203
의사소통적 기능 11, 115, 177
의사소통 행위 117
이야기 76

일반화 규칙 74
일상언어 27
임명장 168

ㅈ

자기서술 139
자료 103
자료 삽입항 112, 113
자책적인 텍스트 165
작업 보고서 181
재보적 기능 1248
재수용 45, 47
재수용 관계 43, 67
재수용 원리 57, 65
재수용 표현 38
재수용된 표현 49
재수용할 표현 45, 49, 61
전달가치 68
전보 182
전조응 47
전화 대화 182, 188
접촉 기능 137, 139, 165, 166
접촉 텍스트 166, 186
정보 가공 75
정보전달 139
정표 행위 140
제보 기능 144, 166
제보 텍스트 186, 198
제보적 텍스트 기능 116
제시 행위 140
제어 규칙 119
조문 엽서 167
조위 편지 167

조작법 안내 153
존재론적(자연법적)으로 기초한 근접성
　관계 52
주문서 181
주변 주제 79
주제 15, 16, 77, 182
주제 비약식 전개 유형 71
주제 전개 68
주제 전개 형태 77
주제 취급 방식 204
주제(적) 입장 136
주제구조 128
주제문 74
주제부 68
주제부-설명부 68, 72
주제어 74
주제적 순환식(관통식) 전개 유형 69
주제적인 응집성 177
주제전개 85, 95, 182, 198, 204
주제전개의 형태 201
지시 행위 140
직접 대화 182, 188
진단 소견서 146
진정한 의도 118, 119, 129, 130
집단 표시적 기능 139

ㅊ

참여 텍스트 166
책무 기능 137, 163, 165
책무 텍스트 186
책무 행위 140
초시구조 73, 75
추가 부문 34

추론 규칙 103, 108, 111, 174
축하 편지 167
출생광고 182
출생증서 182

ㅌ

테제 103, 105, 110
텍스트 12, 15, 17, 18, 24
텍스트 가공 75
텍스트 구성 11, 15
텍스트 구조 12, 27, 175, 205
텍스트 기능 12, 81, 115, 116, 125, 129,
　130, 174, 175, 177, 181, 186, 205
텍스트 기능의 표지 135
텍스트 내용 30, 77, 88, 181
텍스트 능력 11
텍스트 모형 178
텍스트 부류 178
텍스트 분절문 31, 36
텍스트 생산 178
텍스트 수용 11, 15, 178
텍스트 유형 82, 178, 180, 185
텍스트 유형론 187
텍스트 유형학 179
텍스트 응집성 21, 25, 57, 62
텍스트 이해 11, 60, 74
텍스트 종류 178
텍스트 주제 74, 77, 85, 182, 201, 207
텍스트 형성 11, 20
텍스트 효과 129, 130
텍스트다움 25, 177
텍스트언어학 12
텍스트화 유형 59

텔레비전 방송　182, 188
통사구조　127
툴민　103, 104, 105, 108, 110, 111, 112, 113, 158

ㅍ

편지　182, 188
평가 규범　189
평가적 입장　146
표현 기능　138
프레임 기능　174
피 설명항　96

ㅎ

학술 텍스트　102
함축적 재수용　49, 81, 173
함축적 재수용 관계　64

합의서　163
핵심 내용　30
핵심 주제　79, 85, 174
행위　117
행위 국면　203
행위 규범　189
행위 규칙　132, 133
행위 내용　121
행위 영역　136, 187, 189
호소 기능　138, 150, 156, 158, 172
호소 요인　132
호소 첵스트　186
호소적 텍스트　95, 113
호소적 텍스트 기능　172
화자 능력　23
화행(언어행위)　22
화행론　25, 116
화행유형　122
확언 텍스트　126
후조응　47

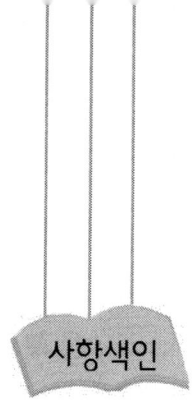

A

Abhandlung 논문
- wissenschaftliche A. 학술 논문
Ableitbarkeitsprinzip 유도 가능성의 원칙
Absicht 의도   Intention[의도]도 참조
- wahre A. 진정한 의도
- geheime A. 숨겨진 의도
- persuasive A. 설득적 의도
Abtonungspartikel 명암 불변화사
Akt 행위
- illokutiver A. 발화수반 행위(화자의 도 행위)
- perlokutiver A. 발화효과 행위
- propositionaler A. 명제 행위
Alltagserzahlung 일상 이야기
Alltagssprache 일상어
Analyseschritte 분석 단계
Anaphorik 조응 관계
- Anapher(=Ruckwartsverweisung) 전조응
- Katapher(=Vorwartsverweisung) 후조응
Angebot (상품)공급
Anordnungstext 지침텍스트
Ansatz 방안, 방법
Ansichtskarte 그림 엽서

Antrag 신청(서)
Anweisung 지침(서)
Anzeige 광고
- Geburtsanzeige 출생 광고
- Heiratsanzeige 결혼 광고
- Kontaktanzeige 교제 광고
- Stellenanzeige 구직 광고
- Todesanzeige 사망 광고(부음)
Appellcharakter 호소 특성
Appellfaktor 호소 요인
Appellfunktion 호소 기능
Arbeitsanleitung 작업 안내
Argument 논거
Argumentationsanalyse 논증 분석
argumentativer Text 논술텍스트
Argumentationsmodell Toulmins 툴민의 논증 모델
- Argument 논거
- Einbettung 삽입(항)
- Schlußregel(=Schlußprasupposition) 추론 규칙(=추론 전제)
- Stutzung 지원
- These 테제
- Wertbasis 가치기반
Artikel 관사 Begleiter[동반사]도 참조
- bestimmter A. 정관사
- unbestimmter A. 부정관사

Artikelformen 관사형
Arztrezept 의사 처방전
Aspekt 국면(양상)
  - kommunikativ · funktionaler A. 통보 ·
    기능적 국면
  - mikroanalytischer A. 미시분석적 국면
  - situativer A. 상황적 국면
  - struktureller A. 구조적 국면
Aufforderung 요구, 요청
  - bindende A. 구속적 요구(요청)
Aufmachung 편집(=Lay-Out)
Auftrag 주문(서)
Ausdruck 표현
  - nicht-satzwertiger A. 문장능력이 없는
    표현
  - wiederaufnehmender A. 재수용할 표
    현
Ausdrucksfunktion 표현 기능
Äußerungsakt 발화 행위

B

Beamtengesetz 공무원법
Bedeutung 의미
  - konnotative B. 내포의미(진의)
  - denotative B. 외연의미
Bedeutungsbeziehungen zwischen Substan-
  tiven 명사들 간의 의미 관계
Bedienungsanleitung 서비스 안내
Beipackzettel (화물 등의 동봉)물표
Bekanntheit - Unbekanntheit 구정보 - 신
  정보
Belletristik 픽션
Bericht 보도

  - Ereignisbericht 사건보도
  - Reisebericht 기행문(여행기)
  - Sportbericht 스포츠 보고
  - Wetterbericht 날씨 보고
Berichten 보고
Berichterstattung 보도
Bescheinigung 증명(서)
Beschreiben 기술(방법)
Beschreibung 기술
Beschreibungsebene 기술 층위
  - grammatische B. 문법적 기술 층위
  - thematische B. 주제적 기술 층위
Besprechung 서평(=Rezension)
Bevollmächtigung 전권 위임
Bewertung 평가
  - sprachliche B. 언어적 평가
Bezeichnungsidentität 지칭 동일성 Kore-
  ferenz[공지시 관계] 참조
Beziehung 관계
  - kommunikative B. 의사소통적 관계
Bezugsausdruck 관련 표현
Bittschrift 청원서
Brief 편지
  - Bittbrief 부탁 편지
  - Geschäftsbrief 상용 편지
  - Gluckwunschbrief 축하 편지
  - Gratulationsbrief 축하 편지
  - Hirtenbrief 주교 교서
  - Kondolenzbrief 조위 편지
  - Leserbrief 독자 편지
  - Liebesbrief 연애 편지
  - Mahnbrief 경고 편지
  - Offener Brief 공개장
Buch 서적

D

Darstellung 서술
  - sachbetonte D. 사실 강조형 서술
Darstellungsfunktion 서술 기능
Datum 날짜
Deklarationsfunktion 선언 기능
Deklarative 선언 화행
deskriptiver Text 기술적 텍스트
Diensteid 복무 선서
direction of fit 적정성 방향
Direktive 지시 화행

E

Einbettung 삽입
Einstellung 입장(태도)
  - evaluative E. 평가적 입장
  - intentionale E. 의도적 입장
  - normative E. 규범적 입장
  - propositionale E. 명제적 입장
  - psychische E. 심리적 입장
  - thematische E. 주제(적) 입장
  - voluntative E. 자의적 입장
Einstellungsbekundung 입장 표명
Emittent 생산자
Entfaltung 전개
  - thematische E. 주제전개 Themenent-
    faltung [주제전개]도 참조
Enthaltensein-Relation 함의 관계
Ernennungsurkunde 임명장 Urkunde [증
  서]를 참조
Erklärungsschema(H-O-Schema) 설명 도식
  (H-O 도식)

Erklärungstext 설명 텍스트
Erzähltextanalyse 설화 (서사) 텍스트 분석
Evaluation 평가
Explanans 설명항
Explanandum 피 설명항
Expressive 정표 화행

F

Face-to-Face-Gespräch 대면대화
face-to-face-Kommunikation 대면소통
Fernsehsendung 텔레비전 방송
Feststellungstext 확언텍스트
Figur 문채
Formel 공식
  - explizit performative F. 명시적 수행
    공식
Fragebogen 설문지
Funktion 기능
  - deklaratorische F. 선언적 기능
  - kommunikative F. 의사소통적 기능
    Textfunktion [텍스트 기능]도 참조
  - unipersonale F. 단인칭적 기능
  - gruppenindizierende F. 집단 표시적
    기능
  - legistrative F. 입법적 기능
  - pluripersonale F. 다인칭적 기능
  - proklamatorische F. 포고적 기능
  - selbstverpflichtende F. 자책적 기능
  - vereinbarende F. 합의적 기능
  - zertifikatorische F. 보증적 기능

G

Garantieschein 보증서
Gattung-Art-Relation 유종 관계
Gattungslehre 장르론
  -literarische G. 문학적 장르론
Gebrauchsanweisung 사용 지침(사용법)
Gebrauchstext 실용 텍스트
Gélobnis 서약
Gélubde 맹세
Generative Transformationsgrammatik 생성
  변형문법
Gerichtsentscheidung 판결
Geschaftsbrief 상용 편지
Gesetz 법(규)
Gespräch 대화
  - direktes G.(face-to-face) 직접 대화(대
    면 대화)
  - Telefongespräch 전화 대화
Gesprächsanalyse 대화 분석
Gesprächssorte 대화종류
Gesuch 신청(서)
Grundinformation 기본 정보
Gutachten 소견서

H

Haltung, psychische 심리적 태도
Handlung 행위
  - kommunikative H. 통보(적) 행위
  - sprachliche H. 언어(적) 행위 Sprech-
    handlung [화행]도 참조
Handlungsbereich 행위 영역
  - privater H. 사적 행위 영역

  - offizieller H. 공적 행위 영역
  -¨offentlicher H. 공공적 행위 영역
Handlungsplane 행위계획
Hierarchie 계층구조
  - Illokutionshierarchie 발화수반 계층구
    조
Homogenitat 동질성
Horoskop 별점(운세)
Hyponymie 하위포의관계

I

Illokution 발화수반행위(화자의도행위)
  - illokutive Rolle/Kraft 발화수반력
  - illocutionary point 발화수반목적
Illokutionsindikator 발화수반표지 Sprech-
  handlungstyp [화행유형]도 참조
Illokutionshierarchie 발화수반행위 계층구
  조
Illokutionsstrukturanalyse 발화수반(행위)
  구조 분석
Illokutionstypologie Searles 서얼의 발화수
  반행위 유형론
Imperativsatz 명령문
Indikatorenkonkurrenz 표지일치
Infinitivkonstruktion 부정사구문
Informationsfunktion 정보기능
Informationskern 정보핵
Informationsstruktur 정보구조
Informationstransfer 정보 전달체
Instruktion 교시 Textfunktion [텍스트 기
  능]도 참조
Instruktionstext 교시(교훈)텍스트
Intention 의도

- geheime I. 숨겨진 의도
Interessantheitskriterium 관심도의 기준
Interrogativsatz 의문문

K

Karte 엽서
- Kondolenzkarte 조위 엽서
- Ansichtskarte 그림 엽서
Kochrezept 요리법
Koda 결미
Koharenz 응집성 Textkoharenz [텍스트
응집성]도 참조
Koharenzbedingungen 응집성 조건
- grammatische K. 문법적 응집성 조건
- thematische K. 주제적 응집성 조건
Kohasion 응결성
Kommissive 위임 화행
Kommentar 논평
- politischer Kommentar 정치 논평
- Zeitungskommentar 신문 논평
Kommunikation 의사소통, 커뮤니케이션
- dialogische K. 대화적 의사소통
- monologische K. 독화적 의사소통
- einseitige K. 일방적 의사소통
- wechselseitige K. 양방적 의사소통
Kommunikationsakt 의사소통 행위
Kommunikationsform 의사소통 형태
Kommunikationsmodus 의사소통 양식
Kommunikationsprozeß 의사소통 과정
Kommunikationsrichtung 의사소통 방향
Kommunikationssituation 의사소통 상황
Kommunikationsverfahren 의사소통 방식
Kommunikativer Sinn 의사소통적 진의

Kompatibilitatsprinzip 양립성의 원칙
Kompetenz 능력 Textkompetenz [텍스트
능력]도 참조
- kommunikative K. 의사소통 능력
- sprachliche K. 언어 능력
Komplementarfunktion 상보적 기능, 보충
기능
Komplikation 분규
Konklusion 결론
Kontaktfunktion 친교적 기능
Kontextindikator 맥락 표지
Kontiguitat 근접성
- semantische K. 의미론적 근접성
Konvention 규약, 관습
Konventionalitat 규약성, 관습성
Koreferenz 공지시 관계(=Referenzidentitat
[지시 동일성] 참조)
Kurzform 축약형

L

Langue 랑그 Sprachsystem [언어체계]를
참조
Lehrbuch 강의 교재
Lexikonartikel 사전 표제어
Linearitat 선형성
Linguistik 언어학
- strukturalistische L. 구조주의 언어학

M

Makrooperation 거시 연산법
Makroprosition 거시명제

Makroregeln 거시 규칙
  - Generalisierung 일반화 규칙
  - Konstruktion 구성 규칙
  - Tilgung 삭제 규칙
Makrostruktur 거시구조
Medium 매개체
Meldung 뉴스 단신
metapropositionale Basis 상위 명제적 근저
Minimalbedingungen von Ungewöhnlichkeit
  진기성의 최소조건
Mitteilungswert 전달가치
Modalitat 양태성
Modalwort 양태어
Modus 서법

N

Nachricht 뉴스
  - Rundfunknachricht 라디오 뉴스
  - Zeitungsnachricht 신문 뉴스
Nachtrag 추가 부문
Nicht-Text 비 텍스트
normativ - nicht-normativ 규범적 - 비 규
  범적

O

Obligationsfunktion 책무 기능
Obligationssignale 책무 신호
Organon-Modell Buhlers 뷜러의 도구 모
  델
Orientierung 방향 설정
  - lokale O. 처소적 방향 설정

- temporale O. 시간적 방향 설정
- thematische O. 주제적 방향설정

P

Parole 파롤 Sprachverwendung [언어 사
  용] 참조
Partizipationstext 참여 텍스트
Partnerbeziehung 파트너 관계
Partnereinschatzung 파트너 평가
Performanz 수행(遂行) Sprachverwendung
  [언어사용] 참조
Perlokution 발화효과 행위
  - Bewirkungsversuch 영향 시도
  - Bewirkungsziel 영향 목표
  - tatsachliche Folge(=erreichte Folge)
    사실상의 결과(효과)
Pragmatik 화용론
- linguistische P. 언어 화용론
Pradikat 서술어(敍述語)
Pradikation 서술(敍述)
Prasignal선행표지, 예비표지
Predigt 설교
Prinzip des Nacheinander 연속 원리
Prinzip des Nebeneinander 병렬 원리
produktbegleitender Text 제품 설명서
Pro-Formen 대용형
  - anaphorische P. 전조응적 대용형
  - kataphorische P. 후조응적 대용형
Progression 전개
  - thematische P. 주제전개
  - einfach lineare P. 단순 선형식
  - P. mit einem durchlaufenden Thema
    주제 순환식(관통식)

- P. mit von einem Hauptthema abge-
leiteten Themen 상위주제 파생식
- Entwickeln eines gespalteten Themen
설명부 분열식
- P. mit einem thematischen Sprung
주제 비약식
Pronomen 대명사
Pronominaladverb 대명사적 부사
Pronominalisierung 대명사화
Propagandatext 홍보 텍스트
Proposition 명제
- propositionaler A. 명제 행위
- propositionaler Gehalt 명제 내용
- propositionale Einstellung 명제 입장
Protokoll 보고서(의정서)
Psycholinguistik 심리언어학

R

Rahmenfunktion 프레임 기능
Realisationsform 실현 형태
- meinungsbetonte R. 의견 강조형 실
현형태
- persuasiv-uberredende R. 설득적-납득
형
- rational-uberzeugende R. 합리적-설득
형
- sachbetonte R. 사실 강조형 실현형태
Referenz 지시
- Referenzteil 지시부
Referenzidentitat 지시 동일성(공지시 관
계)
Referenzträger 지시인자
Regel 규칙

- konstitutive R. 구성 규칙
- regulative R. 제어 규칙
Relevanz 관여성, 적합성
Repetition(Wiederholung) 반복
Repräsentative 제시 화행
Resolution 타결
Rezension 서평
Rezept 요리법(처방전)
rhetorische Figur 수사적 문채
Rolle, soziale 역할, 사회적
Rundfunknachricht 라디오 뉴스 Nachricht
[뉴스]도 참조
Rundfunksendung 라디오 방송

S

Sachbuch 넌픽션
Sachinformation 사실 정보
Satz 문장
- elliptischer S. 생략형 문장
- semantischer S. 의미론적 문장
Satzbegriff 문장 개념
Satzlinguistik 문장 언어학
Satzbauplan 구문안(構文案)
Satzmodi 문장 서법
Satzmuster 문(장모)형
Satzperspektive, funktionale 기능적 문장
시점
Satztyp 문장 유형
Satzverknüpfung 문장 연결
Schuldspruch 유죄 판결
Segmentierung 분할
Selbstdarstellungsfunktion 자기서술 기능
- selbstverpflichtende 자책적

- vereinbarende 합의적
- deklarativierende 선언적
Schlagzeile 표제어
Sendung 방송
- Rundfunksendung 라디오 방송
- Fernsehsendung 텔레비전 방송
Signal 신호
Signalisierung 신호화
- direktive S. 직접적 신호화
- indirekte S. 간접적 신호화
Sinn 진의(眞意), 의의
- kommunikativer 의사소통적 진의
Situierung 상황화(=Einordnung)
Spezifizierung 명세화(=Aufgliederung)
Sprachphilosophie 언어철학
- angelsächsische S. 영국의 언어철학
Sprachsystem 언어 체계
Sprachverwendung 언어사용
Sprechakttheorie 화행론
Sprechhandlung(=Sprechakt) 언어행위(화행)
Sprechhandlungstyp 화행 유형
- Indikatoren des S. 화행 유형 표지
- Searles Klassifikation der S. 서얼의 화행 유형 분류
Sprechpause 발화 휴지
Substitution 대치
- syntagmatische S. 결합적 대치 Wiederaufnahme[재수용]도 참조
Superonymie 상위포의 관계
Superstruktur 초시구조 Makrostruktur [거시구조] 참조
Syllogismus 삼단논법
Symbol 상징
Symptom 징후(=Anzeichen)

Synonymie 동의어 관계

T

Teil-Ganzes-Relation 부분-전체 관계
Telefongespräch 전화 대화
Telegramm 전보
- Grußtelegramm 문안 전보
Tempuskontinuität 시제 연속성
Testament 유언장
Text 텍스트
- appellativer T. 호소적 텍스트
- informativer T. 제보적 텍스트
- literarischer T. 문학적 텍스트
- monologischer T. 독화적 텍스트
- normativer T. 규범적 텍스트
- popularwissenschaftlicher T. 통속과학적 텍스트
- wissenschaftlicher T. 학술적 텍스트
Textbegrenzungssignale 텍스트경계신호
Textbegriff 텍스트 개념
- alltagssprachlicher T. 일상언어적 텍스트 개념
- integraler T. 통합적 텍스트 개념
- linguistischer T. 언어학적 텍스트 개념
Textbildung 텍스트 형성 Textkonstitution [텍스트 구성]을 참조
Textfunktion 텍스트 기능
- appellative T. 호소적 텍스트 기능 Appellfunktion [호소 기능] 참조
- deklarative T. 선언적 텍스트 기능 Deklarationsfunktion [선언 기능]을 참조

- gruppenindizierende T. 집단 표시적 기능
- informative T. 제보적 텍스트 기능 Informationsfunktion [제보 기능] 참조
- instruktive T. 교시적 텍스트 기능
- kontaktspezifische T. 접촉 특유의 텍스트 기능 Kontaktfunktion [접촉 기능] 참조
- nicht-normative T. 비규범적 텍스트 기능
- normative T. 규범적 텍스트 기능
- obligatorische(selbstverpflichtende) T. 책무적(자책적) Obligationsfunktion [책무 기능]을 참조
- poetische T. 시적 기능
- Indikatoren der T. 텍스트 기능의 표지
- Klassifikation der T. 텍스트 기능의 분류
Textinhalt 텍스트 내용
Textklassifikation 텍스트 분류
- alltagssprachliche T. 일상어적 텍스트 분류
- wissenschaftliche T. 학술적 텍스트 분류
Textkoharenz 텍스트 응집성
- grammatische T. 문법적 텍스트 응집성
- thematische T. 주제적 텍스트 응집성 Koharenz [응집성], Koharenzbedingungen[응집성 조건]도 참조
Textkompetenz 텍스트 능력
Textkonstitution 텍스트 구성
Textlinguistik 텍스트언어학
- kommunikationsorientierte T. 의사소통 지향적 텍스트언어학
- (sprach-)systematisch ausgerichtete T. (언어)체계 지향적 텍스트언어학
- Hauptrichtungen der T. 텍스트언어학의 주된 방향
Textproduktion 텍스트 생산
Textreduktion 텍스트 환원법
Textrezeption 텍스트 수용
Textsegment(Segment) 텍스트 분절문(분절문)
Textsorte 텍스트 유형
- Begriff der T. 텍스트 유형의 개념
Textsortenbezeichnung 텍스트 유형 명칭
- alltagssprachliche T. 일상언어적 텍스트 유형 명칭
Textsortendifferenzierung 텍스트 유형 분류
- Ansatze zur T. 텍스트 유형 분류에 관한 논문들
- Kriterien der T. 텍스트 유형 분류의 기준
Textsortenklasse 텍스트 유형 부류
Textsortenlehre 텍스트 유형론
Textsortenlinguistik 텍스트 유형 언어학
Textsortenvorstellung 텍스트 유형 개념
- alltagssprachliche T. 일상언어적 텍스트 유형 개념
Textstruktur 텍스트 구조
- grammatische T. 문법적 텍스트 구조
- thematische T. 주제적 텍스트 구조
Textthema 텍스트 주제 Thema [주제]도 참조
Texttiefenstruktur 텍스트 심층구조
Texttyp 텍스트 유형 Textsorte [텍스트 유형]를 참조

Texttypologie 텍스트 유형학
Textualität 텍스트성, 텍스트다움
Textverknüpfung 텍스트 연결
Textverstehen 텍스트 이해
Textwirkung 텍스트영향(텍스트 효과)
Thema 주제 Textthema [텍스트 주제]도
  참조
  - Hauptthema 핵심 주제
  - Nebenthema 주변 주제
Themenanalyse 주제 분석
Themenbehandlung 주제 취급
  - Modalität der T. 주제 취급의 양태성
Themenentfalung 주제전개
  - argumentative T. 논증적 주제전개
  - deskriptive T. 기술적 주제전개
  - explikative T. 설명적 주제전개
  - narrative T. 서사적 주제전개
  - Formen der T. 주제전개의 형태
Themenformulierung 주제 구성(작성)
Themenhierarchie 주제 계층구조
Thema-Konzept 주제 개념
  - alltagssprachliches T. 일상언어적 주
    제 개념
Thema-Rhema-Konzept von Daneš 다네쉬
  의 주제부-설명부 개념
thematische Einstellung 주제적 입장(주제
  를 바라보는 화자태도)
Todesanzeige 부음, 사망광고
Toulminsches Schema 툴민의 도식

U

Untersuchungsbefund 진단 소견서
Urkunde 증서

  - Ernennungsurkunde 임명장
  - Gebrauchsurkunde 사용 증서
  - Heiratsurkunde 결혼 증서

V

Valenzgrammatik 결합가 문법
Verb 동사
  - performatives V. 수행동사 Formel [공
    식]도 참조
Verbindlichkeit 구속성
Vereinbarung 합의(협정)
Verknüpfungssignal 연결 신호
Verordnung 법령
Vertextung 텍스트화
Vertextungstyp 텍스트화 유형
Vertrag 계약(서)
Vorgangspassiv 과정 수동
Volmacht 전권
Vorwissen 선지식

W

Wahrheit 진실(성), 진리
Weltkenntnis/Weltwissen 세상지식, 세계
  지식
Werbeanzeige 광고 선전
Werbestrategie 광고 책략
Wertbasis 가치기반
Wertung 가치평가, 비평
Wetterbericht 날씨보고
Wiederaufnahme 재수용 (관계)
  - explizite W. 명시적 재수용
  - implizite W. 함축적 재수용

- spezifizierende W. 명세적 재수용
- Formen der W. 재수용의 형태
- Richtung der W. 재수용의 방향
Wiederaufnahmestruktur 재수용 구조
Wissen 지식
- enziklopädisches W. 백과사전적 지식
- kontextuelles W. 맥락적 지식
- lexikalisches W. 어휘적 지식
- thematisches W. 주제적 지식
Witz 위트(기지[奇智])
Wortgruppe 단어그룹
- nicht-satzwertige W. 문장 능력이 없는 단어그룹
- substantivische W. 명사적 단어그룹

Z

Zeichen 기호
- einfaches Z. 단순한 기호
- komplexes Z. 복합적 기호
- sprachliches Z. 언어적 기호
Zeitungsartikel 신문기사
Zeitungsinterview 신문 인터뷰
Zeitungskommentar 신문 논평 Kommentar[논평]도 참조
Zeitungsnachricht 신문 뉴스 Nachricht [뉴스]도 참조
Zielhierarchie 목적 계층구조
Zusatzfunktion 보완 기능

옮긴이

이성만은 현재 배재대학교 독어독문학과 교수로 있다. 텍스트언어학, 화용론, 커뮤니케이션이론, 기호학에 관심이 있으며, 관련 논문들을 발표하였다. 이 책을 읽고 의문이 있으면 이메일(leesm@mail.pcu.ac.kr)로 연락을 하면 된다

텍스트언어학의 이해 [수정 제5판]
- 언어학적 텍스트분석의 기본 개념과 방법 -

인 쇄 2004년 01월 26일
발 행 2004년 01월 30일
저 자 클라우스 브링커
역 자 이 성 만
펴낸이 이 대 현
편 집 박 윤 정
펴낸곳 도서출판 역락 / 서울 성동구 성수2가 3동 301-80
(주)지시코별관 3층(우 133-835)
TEL 대표·영업 3409-2058 편집부 3409-2060 FAX 3409-2059
E-MAIL youkrack@hanmail.net / yk3888@kornet.net
등 록 1999년 4월 19일 제2-2803호
ISBN 89-5556-265-9-93750

정가 10,000원